RASS

Das Nachbarrecht in Niedersachsen

Das Nachbarrecht in Niedersachsen

mit Übersichten und Abbildungen

zusammengestellt und erläutert von
Ministerialrat a.D. Dr. Rudolf Hoof †

fortgeführt von
Ltd. Ministerialrat a.D. Rechtsanwalt Peter Keil †

vollständig überarbeitet von
Ministerialrat Dr. Jens Rass, LL.M. (N.U.I.)

12. Auflage, 2019

Bibliografische Information der Deutschen Nationalbibliothek | Die Deutsche Nationalbibliothek verzeichnet diese Publikation in der Deutschen Nationalbibliografie; detaillierte bibliografische Daten sind im Internet über www.dnb.de abrufbar.

12. Auflage, 2019
ISBN 978-3-415-06465-2

Titelfoto: © RBV/zimmytws – Fotolia | Satz: Olaf Mangold Text&Typo, 70374 Stuttgart | Druck und Bindung: Medienhaus Plump GmbH, Rolandsecker Weg 33, 53619 Rheinbreitbach

Richard Boorberg Verlag GmbH & Co KG | Scharrstraße 2 | 70563 Stuttgart
Stuttgart | München | Hannover | Berlin | Weimar | Dresden
www.boorberg.de

Vorwort

Das Nachbarrecht ist eines der wenigen Rechtsgebiete des Zivilrechts, die durch landesrechtliche Normen wesentlich ausgestaltet sind. Daher erläutert dieses Werk zuvorderst die Vorschriften des Niedersächsischen Nachbarrechtsgesetzes. Bei der letzten Änderung vom 23.07.2014 wurde mit dem § 21a eine Vorschrift zur nachträglichen Wärmedämmung in das Niedersächsische Nachbarrechtsgesetz eingefügt.

Um ein umfassendes Bild des in Niedersachsen geltenden zivilrechtlichen Nachbarrechts zu vermitteln, werden in einem anschließenden Teil die nachbarrechtlich relevanten Normen des Bürgerlichen Gesetzbuches dargestellt. Ergänzt werden diese durch die verfahrensrechtliche Vorschrift des § 1 des Niedersächsischen Schlichtungsgesetzes, die in vielen nachbarrechtlichen Streitigkeiten eine außergerichtliche Schlichtung verlangt, bevor ein gerichtliches Verfahren durchgeführt werden darf.

Oftmals bedingen oder ergänzen sich die niedersächsischen mit den Bundesvorschriften. Da die Normen des Niedersächsischen Nachbarrechtsgesetzes und des Bürgerlichen Gesetzbuches chronologisch kommentiert werden, sind sie auch ohne Querverweise leicht aufzufinden.

Das vorliegende Erläuterungswerk wurde bis zur 7. Auflage von Rudolf Hoof bearbeitet und bis zur 11. Auflage von Peter Keil fortgeführt. Mit der 12. Auflage hat der Unterzeichnende die Bearbeitung übernommen. Die zum Nachbarecht veröffentlichte niedersächsische Rechtsprechung wurde bis November 2018 berücksichtigt.

Wie in den Vorauflagen ist es Ziel dieses Buches, dem großen Kreis der Interessenten, insbesondere den Grundstückseigentümern, Gartenbesitzern, Landwirten und Pächtern, nicht zuletzt auch den Gemeindevorständen und gemeindlichen Schiedsämtern, die oft mit dem Nachbarrecht zu tun haben, ein zuverlässiges Hilfsmittel an die Hand zu geben. Sie erhalten durch die Erläuterungen die Möglichkeit, sich selbst über das in Niedersachsen geltende Recht und die dazu ergangene Rechtsprechung zu unterrichten. Die zahlreichen Übersichten und Abbildungen sollen zu einem besseren Verständnis der Vorschriften beitragen.

Hannover, im Januar 2019
Jens Rass

Inhaltsverzeichnis

Abkürzungen

a. a. O.	am angegebenen Ort
Abb.	Abbildung
Abt.	Abteilung
AG	Amtsgericht
AGBGB	Allgemeines bürgerliches Gesetzbuch (Österreich)
Allg.LandR	Allgemeines Landrecht
Art.	Artikel
BauGB	Baugesetzbuch
BauNVO	Baunutzungsverordnung
BauO	Bauordnung
BauR	Zeitschrift für das Baurecht
BGB	Bürgerliches Gesetzbuch
BGBl.	Bundesgesetzblatt
BGH	Bundesgerichtshof
BGHZ	Entscheidungen des Bundesgerichtshofs in Zivilsachen
BImSchG	Bundes-Immissionsschutzgesetz
BNatSchG	Bundesnaturschutzgesetz
Braunschw. GVS	Braunschweigische Gesetzes- und Verordnungssammlung
BWaldG	Bundeswaldgesetz
DVO	Durchführungsverordnung
DWW	Deutsche Wohnungswirtschaft
EG	Einführungsgesetz
EGBGB	Einführungsgesetz zum Bürgerlichen Gesetzbuch
EGZPO	Gesetz betreffend die Einführung der Zivilprozessordnung
EnWG	Energiewirtschaftsgesetz
ErbbauRG	Erbbaurechtsgesetz
FluLärmG	Gesetz zum Schutz gegen Fluglärm
FlurbG	Flurbereinigungsgesetz

G	Gesetz
GewO	Gewerbeordnung
GMBl.	Gemeinsames Ministerialblatt der Bundesministerien
GS	Gesetzessammlung
GVBl.	Gesetz- und Verordnungsblatt für das Land Niedersachsen
HaftPflG	Haftpflichtgesetz
i.d.F.	in der Fassung
Kap.	Kapitel
LG	Landgericht
MDR	Monatsschrift für Deutsches Recht
Nds.	Niedersächsisch
NBauO	Niedersächsische Bauordnung
Nds. MBl.	Niedersächsisches Ministerialblatt
Nds. Rechtspflege	Niedersächsische Rechtspflege
NJG	Niedersächsisches Justizgesetz
NNachbG	Niedersächsisches Nachbarrechtsgesetz
NJW	Neue Juristische Wochenschrift
NJW-RR	Neue Juristische Wochenschrift – Rechtsprechungsreport Zivilrecht
NSchÄG	Niedersächsisches Schiedsämtergesetz
NSchlG	Niedersächsisches Schlichtungsgesetz
NStrG	Niedersächsisches Straßengesetz
NuR	Natur und Recht
NWaldLG	Niedersächsisches Gesetz über den Wald und die Landschaftsordnung
NWG	Niedersächsisches Wassergesetz
NVermG	Niedersächsisches Gesetz über das amtliche Vermessungswesen
NZM	Neue Zeitschrift für Mietrecht
NVwZ	Neue Zeitschrift für Verwaltungsrecht
Old. GBl.	Oldenburgisches Gesetzblatt
OLG	Oberlandesgericht

OLGR	OLG-Report
OLGReport	Schnelldienst zur Zivilrechtsprechung der Oberlandesgerichte Celle, Braunschweig, Oldenburg
OWiG	Gesetz über Ordnungswidrigkeiten
Pr., Preuß.	Preußisch
Preuß.AGBGB	Preußisches Ausführungsgesetz zum Bürgerlichen Gesetzbuch
Preuß.GS	Preußische Gesetzessammlung
Preuß.WasserG	Preußisches Wassergesetz
RdL	Recht der Landwirtschaft
Reg.Bl.	Regierungsblatt
RGBl.	Reichsgesetzblatt
RGZ	Entscheidungen des Reichsgerichts in Zivilsachen
Sb.	Sonderband der Sammlung des bereinigten niedersächsischen Rechts
Schaumb.-Lipp.LVen	Schaumburg-Lippische Landesverordnungen
StGB	Strafgesetzbuch
TKG	Telekommunikationsgesetz
TA-Lärm	Technische Anleitung zum Schutz gegen Lärm
TA-Luft	Technische Anleitung zur Reinhaltung der Luft
VersR	Versicherungsrecht
VO	Verordnung
Vorbem.	Vorbemerkung
VwGO	Verwaltungsgerichtsordnung
WEG	Wohnungseigentumsgesetz
WG	Wassergesetz
WHG	Wasserhaushaltsgesetz
WiGBl.	Gesetzblatt der Verwaltung des Vereinigten Wirtschaftsgebietes
ZAP	Zeitschrift für die Anwaltspraxis
ZMR	Zeitschrift für Miet- und Raumrecht
ZPO	Zivilprozessordnung

Literaturverzeichnis

Bauer/Schlick	Thüringer Nachbarrecht – Kommentar, 6. Auflage 2018
Birk	Nachbarrecht für Baden-Württemberg, 6. Auflage 2018
Erman	Bürgerliches Gesetzbuch – Kommentar, 15. Auflage 2017
Palandt	Bürgerliches Gesetzbuch, 77. Auflage 2018
Pardey	Niedersächsisches Nachbarrechtsgesetz – Kommentar, 4. Auflage 2017
Schäfer	Niedersächsisches Nachbarrechtsgesetz (NNachbG) – Kommentar, 2. Auflage 2015
Schulte	Niedersächsisches Schlichtungsgesetz und Niedersächsisches Schiedsämtergesetz, 3. Auflage 2010
Stadler	Das Nachbarrecht in Bayern, 8. Auflage 2016
Staudinger	Bürgerliches Gesetzbuch – Kommentar, 2016
Warnecke	Nachbarrechtsfibel für Niedersachsen, 13. Auflage 2010
Zöller	Zivilprozessordnung: Kommentar, 32. Auflage 2017

I. Einleitung

1. Unter Nachbarrecht versteht man den Inbegriff aller Rechtssätze, die auf der Grundlage des nachbarlichen Gemeinschaftsverhältnisses einen angemessenen Ausgleich der widerstreitenden Interessen der Nachbarn suchen. Das Nachbarrecht ist ein Teil des bürgerlichen Rechts. Vereinzelt greifen auch öffentlich-rechtliche Vorschriften (z. B. die Nds. Bauordnung) in die Beziehungen der Nachbarn ein. Das Bürgerliche Gesetzbuch (BGB) selbst regelt allerdings in seinen §§ 903 bis 924 nur einen Teil der nachbarrechtlichen Tatbestände. Daneben werden durch Art. 124 EGBGB die landesgesetzlichen Vorschriften aufrechterhalten,

> „welche das Eigentum an Grundstücken zugunsten der Nachbarn noch anderen als den im Bürgerlichen Gesetzbuch bestimmten Beschränkungen unterwerfen ... insbesondere ... nach welchen Anlagen sowie Bäume und Sträucher nur in einem bestimmten Abstand von der Grenze gehalten werden dürfen“.

Im Rahmen dieses Vorbehalts können gemäß Art. 1 Abs. 2 EGBGB auch neue landesgesetzliche Vorschriften erlassen werden. Von dieser Kompetenz haben fast alle Landesgesetzgeber Gebrauch gemacht.

2. Zur Rechtslage vor dem Inkrafttreten des NNachbG wird in der amtlichen Begründung zum Gesetzentwurf (Landtagsdrucksache Nr. 839 der 5. Wahlperiode) unter anderem Folgendes ausgeführt:

> Für Niedersachsen ist als durch Art. 124 EGBGB vorbehaltene Rechtsquelle von größerer Bedeutung – neben der braunschweigischen Bauordnung von 1899 – nur das preußische Allgemeine Landrecht zu nennen, dessen nachbarrechtliche Bestimmungen in den schon vor 1806 preußischen Gebieten Niedersachsens, insbesondere in Ostfriesland, noch heute gelten. Hannover, Oldenburg und Braunschweig waren bis 1900 Gebiete des gemeinen Rechts. Dort galt das römische

Corpus Juris Civilis, welches jedoch an Nachbarrecht im Wesentlichen nur die in das BGB übernommenen Normen des Nachbarrechts enthalten hat.

3. Das am 1. Januar 1968 in Kraft getretene Niedersächsische Nachbarrechtsgesetz (NNachbG) vom 31. März 1967 (Nds. GVBl. S. 91) hat für die nicht in §§ 903 bis 924 BGB geregelten Tatbestände ein einheitliches Landesnachbarrecht geschaffen und damit die zuvor in Niedersachsen bestehende Rechtszersplitterung auf dem nachbarrechtlichen Gebiet weitgehend beseitigt. Das diesem Gesetz entgegenstehende oder gleichlautende Recht wurde aufgehoben (§ 65 des Gesetzes).

4. Das NNachbG regelt die Verhältnisse der Nachbarwand (§§ 3–15) und der Grenzwand (§§ 16–22), das Fenster- und Lichtrecht (§§ 23–25), die nachbarrechtlichen Verpflichtungen bei Bodenerhöhungen (§ 26), die Einfriedung (§§ 27–37), das wasserrechtliche Nachbarrecht (§ 38), das Dachtrauferecht (§§ 45–46), das Hammerschlags- und Leiterrecht (§§ 47–48), das Höherführen von Schornsteinen (§ 49) sowie die Grenzabstände für Pflanzen (§§ 50–60) und schließlich die Grenzabstände für Gebäude im Außenbereich (§§ 61–62). Die Vorschriften des NNachbG sind wie jede privatrechtliche Vorschrift grundsätzlich dispositiv. Die oben erwähnten Vorschriften des Bürgerlichen Gesetzbuchs sind in der folgenden Darstellung mitberücksichtigt.

5. Eine Abgrenzung zum öffentlichen Baurecht sieht das NNachbG nicht vor. Der Regierungsentwurf (§ 2) enthielt noch eine ausdrückliche Bestimmung, wonach die Rechte und Pflichten nach öffentlichem Recht durch das NNachbG nicht berührt werden. Diese Regelung ist jedoch nicht in das NNachbG übernommen worden. Indessen hat sich dadurch – die Bestimmung war nur als Klarstellung gedacht – an der Rechtslage nichts geändert. Die Baugenehmigungsbehörde hat die bei ihr eingereichten Bauanträge und Befreiungsanträge daher **nicht** unter nachbarrechtlichen Gesichtspunkten zu prüfen. Der Bauherr muss deshalb vor Baubeginn selbst kontrollieren, ob der Verwirklichung seines Bauvorhabens entsprechend dem erteilten Baubescheid nachbarrechtliche Vorschriften entgegenstehen. Stimmt die Bauausführung nicht mit dem Bescheid der Baugenehmigungsbehörde überein, so wird dem Bauherrn das Weiterbauen behördlich untersagt. Wenn dagegen nachbarrechtliche Vorschriften dem Bauvorhaben entgegenstehen, muss sich der Bauherr mit dem Nachbarn einigen, sonst kann dieser durch zivilgerichtliche Entscheidung das Weiterbauen untersagen lassen und gegebenenfalls die Beseitigung der eingetretenen Beeinträchtigung durchsetzen.

6. Aber auch das **öffentliche Recht** gibt dem Nachbarn die Möglichkeit, in gewissem Umfang der Baugenehmigungsbehörde gegenüber Einwendungen gegen die ihr vorliegenden Bauanträge und Befreiungsanträge vorzubringen. Er kann eventuell sogar gegen Bescheide der Baugenehmigungsbehörde, die seine Rechte beeinträchtigen, durch Klage beim Verwaltungsgericht vorgehen (sog. Verwaltungsakt mit Doppelwirkung, vgl. §§ 80 Abs. 1 Satz 2, 80a VwGO, ferner OVG Lüneburg Nds. Rechtspflege 2004, 299).

7. Das öffentliche Baurecht ist in der Nds. BauO und der Nds. DVO zum BauGB zusammengefasst. Bei dem Umfang der Vorschriften ist es aber nicht möglich, dieses öffentlich-rechtliche Rechtsgebiet im Zusammenhang mit den privatrechtlichen Nachbarrechts-Vorschriften des BGB und des NNachbG hier zu behandeln. Beachtlich sind auch oftmals die örtlichen Baumschutzsatzungen, die vorgeben, unter welchen Bedingungen Bäume beschnitten oder gefällt werden dürfen. Diese gehen den zivilrechtlichen Ansprüchen vor.

8. Nach der durch das Gesetz zur Förderung der außergerichtlichen Streitbeilegung vom 15.12.1999 (BGBl. I S. 2400) geschaffenen, am 01.01.2000 in Kraft getretenen Bestimmung des § 15a EGZPO kann durch Landesgesetz bestimmt werden, dass u. a.

> „in Streitigkeiten über Ansprüche aus dem Nachbarrecht nach den §§ 910, 911, 923 des Bürgerlichen Gesetzbuches und nach § 906 des Bürgerlichen Gesetzbuches sowie nach den landesgesetzlichen Vorschriften im Sinne des Artikels 124 des Einführungsgesetzes zum Bürgerlichen Gesetzbuche, sofern es sich nicht um Einwirkungen von einem gewerblichen Betrieb handelt,“

eine Klage zum ordentlichen Gericht erst zulässig ist, nachdem von einer durch die Landesjustizverwaltung eingerichteten oder anerkannten Gütestelle versucht worden ist, die Streitigkeit einvernehmlich beizulegen.

Niedersachsen hat von dieser Möglichkeit Gebrauch gemacht und mit dem Niedersächsischen Gesetz zur obligatorischen außergerichtlichen Streitschlichtung (Niedersächsisches Schlichtungsgesetz – NSchlG) vom 17. Dezember 2009 (Nds. GVBl. S. 436) die Grundlage dafür geschaffen, dass bevor in nachbarrechtlichen Angelegenheiten Klage vor dem Amtsgericht erhoben wird, zunächst eine außergerichtliche Streitschlichtung vor einer anerkannten Gütestelle versucht werden muss.

9. Insgesamt sollte in jeglicher nachbarrechtlichen Konstellation der Gedanke einer gütlichen Einigung stets im Vordergrund stehen. Das nachbarliche Verhältnis zwischen zwei Eigentümern (bzw. Erbbauberechtigten), auf das sich die nachbarrechtlichen Vorschriften beziehen, ist ein Gemeinschaftsverhältnis, das in der Regel über einen langen Zeitraum besteht. Auch wenn ein Nachbar seine Rechtsposition in einem Fall – notfalls gerichtlich – gegenüber dem anderen Nachbarn durchzusetzen vermochte, wird es immer wieder zu Situationen kommen, in denen er auf den guten Willen des anderen angewiesen ist.

10. Wenn zwischen Nachbarn Streit entsteht, lohnt es sich daher besonders, auf die Instrumente der außergerichtlichen Streitschlichtung zurückzugreifen. Hier liefern nicht nur die **Schiedsämter**, sondern auch die anerkannten **Gütestellen** (§ 97 NJG) oder die freiberuflich tätigen **Mediatoren** eine gute Hilfe, um Rechtstreitigkeiten und damit zum Teil äußerst belastende Konflikte zu vermeiden oder beizulegen.

II. Das Niedersächsische Nachbarrechtsgesetz

Erster Abschnitt – Allgemeine Vorschriften

Begriff des Nachbarn
§ 1 NNachbG

Nachbar im Sinne dieses Gesetzes ist nur der Eigentümer eines Grundstücks, im Falle des Erbbaurechts der Erbbauberechtigte.

Anmerkungen

1. Diese Vorschrift beschreibt den persönlichen Anwendungsbereich des Nachbarrechts in Niedersachsen.
2. Die Definition des Begriffes **„Nachbar“** im Sinne von „Eigentümer eines Grundstücks“ ist in § 1 aufgenommen worden, weil an den meisten Stellen des Gesetzes nur der Eigentümer des Nachbargrundstücks Träger von Rechten oder Pflichten ist, während im allgemeinen Sprachgebrauch auch der Pächter oder Mieter des Nachbargrundstücks als Nachbar bezeichnet wird. Als Eigentümer wird nach § 981 BGB derjenige vermutet, der im Grundbuch als Eigentümer eingetragen ist. Unter den Begriff des Eigentümers fallen naturgemäß auch die Miteigentümer (§ 741 BGB) und die Gesamthandseigentümer (z.B. § 718 BGB). Dies können natürliche und juristische Personen sein.
3. **Wohnungseigentümer** im Sinne des Wohnungseigentumsgesetzes (WEG) können ebenfalls unter die Anwendung des NNachbG fallen. Sobald ein Wohnungseigentümer durch andere in seinem Sondereigentum beeinträchtigt wird, kann er seine Rechte aus dem NNachbG geltend machen (§ 13 WEG). Allerdings ist in einer Wohnungseigentumsgemeinschaft das Gebot der Rücksichtnahme strenger auszulegen als im norma-

len nachbarschaftlichen Verhältnis. Daher legt auch § 14 Nr. 1 bzw. 3 WEG einen strengeren Maßstab als das NNachbG an.

4. Ein **Miteigentümer** kann einen Anspruch aller Eigentümer aus dem Eigentum gegenüber Dritten geltend machen (§ 1011 BGB). Andererseits müssen alle Miteigentümer als notwendige Streitgenossen zusammen verklagt werden, es sei denn, einzelne Miteigentümer haben sich zum Anspruch des Nachbarn bekannt (vgl. BGH NJW 1992, 1101).
5. Auch der Erwerber eines Grundstücks kann Nachbarrechte geltend machen, soweit er eine gesicherte Rechtsposition in Form eines Anwartschaftsrechts erworben hat. Dies ist beim Abschluss des Grundstückskaufvertrags und der Eintragung einer Auflassung (§ 925 BGB) der Fall, sowie bei der Eintragung einer Vormerkung im Grundbuch (§ 883 ff. BGB).
6. Sofern neben dem Eigentümer auch die Nutzungsberechtigten berechtigt oder verpflichtet sein sollen, ist dies im Gesetz jeweils ausdrücklich ausgeführt (§§ 14, 21a, 38, 45, 47 und 49 NNachbG).
7. Der Nachbar muss nicht zwingend der direkte Nachbar sein. Es kommt allein auf einen engen räumlichen und zeitlichen Bezug zum anderen Grundstück an; das Nachbargrundstück ist mithin nicht zwingend das unmittelbar an der Grundstückgrenze anschließende (vgl. OLG Düsseldorf BauR 2012, 1979). Dies ist insbesondere bei Immissionen (Wasser, Gase) von Bedeutung. Nachbargrundstücke grenzen aber entsprechend dem Wortsinne unmittelbar aneinander.
8. Eine Legaldefinition des **Grundstücks** existiert nicht. Allerdings lässt sich aus § 905 Satz 1 BGB ableiten, dass damit nicht nur ein abgrenzbarer zweidimensionaler Raum auf der Erdoberfläche gemeint ist, sondern auch der Raum über und unter der Oberfläche mit erfasst wird.
9. Das **Erbbaurecht** ist das veräußerliche und vererbliche dingliche Recht, auf oder unter der Erdoberfläche ein Bauwerk zu

haben (§ 1 ErbbauRG). Aus § 11 ErbbauRG ergibt sich, dass unter „Nachbar“ gegebenenfalls an Stelle des Eigentümers der Erbbauberechtigte auf dem Nachbargrundstück zu verstehen ist, da dieser über eine annähernd vergleichbare Rechtsstellung wie ein Grundstückseigentümer verfügt. Zur Klarstellung ist dies in § 1 NNachbG erwähnt.

10. Im Innenverhältnis zum Grundstückseigentümer ist auf den Erbbaurechtsvertrag abzustellen. Der Grundstückseigentümer hat die Maßnahmen des Erbbauberechtigten hinzunehmen, wenn sich diese innerhalb dessen gesetzlicher Kompetenzen und den im Erbbaurechtsvertrag eingeräumten Befugnissen halten. Abweichende Vereinbarungen wirken nicht gegenüber Dritten (Ausnahmen in §§ 5, 6 ErbbauRG). Der Erbbauberechtigte kann sich allenfalls schadensersatzpflichtig gegenüber seinem Vertragspartner machen.

11. Da das NNachbG in der Regel Entscheidungen oder Maßnahmen betrifft, die von langer Dauer sind (z. B. Grenzwände, Einfriedungen, Bepflanzungen), spricht das NNachbG dem **Besitzer** des Grundstücks als der direkt betroffenen Person keine Rechte zu. Als Ausnahme ist hier das Informationsrecht nach § 8 Abs. 3 NNachbG zu nennen. Der Besitzer soll dem Eigentümer nicht vorgreifen und diesen auch nicht binden.

12. So hat der **Mieter** eines Grundstücks regelmäßig nur vertragliche Ansprüche gegenüber seinem Vermieter (z. B. Mietminderung, § 536 Abs. 1 BGB), sollte er einer Störung aus dem nachbarschaftlichen Verhältnis ausgesetzt sein. Allein dem Vermieter obliegt es, die nachbarrechtlichen Ansprüche gegenüber dem Grundstücksnachbarn durchzusetzen. Der Mieter ist allenfalls befugt, besitzrechtliche Ansprüche (§§ 906, 1004 BGB) gegenüber seinem Nachbarn geltend zu machen.

Verjährung
§ 2 NNachbG

Für die Verjährung von Ansprüchen nach diesem Gesetz gilt Abschnitt 5 des Buches 1 des Bürgerlichen Gesetzbuchs (BGB) entsprechend. In den Fällen der §§ 54, 55 Abs. 1 Nr. 3 und Abs. 2 sowie des § 59 Abs. 2 Nr. 2 tritt die Verjährung jedoch nicht vor Ablauf der dort bestimmten Frist ein.

Anmerkungen

1. Die Vorschrift richtet sich an den Nachbarn, dessen Sachgüter betroffen sind, und den Nachbarn, der durch sein Tun oder Unterlassen das Eigentum, den Besitz oder das Nutzungsrecht des anderen Nachbarn beeinträchtigt. Die Vorschrift soll die Nachbarn dazu anhalten, ihren Streit über Ansprüche im Sinne der Rechtssicherheit und des Rechtsfriedens möglichst zeitnah auszutragen.
2. Rechte und Rechtsstellungen, so z. B. das Eigentum als absolutes Recht, verjähren nicht. Nur der aus einem Recht erwachsene Anspruch kann verjähren.
3. Ansprüche nach dem NNachbG werden in Satz 1 einheitlich den Verjährungsvorschriften des BGB unterworfen, das sind die §§ 194 bis 218 BGB.
4. Entsprechendes gilt für die nachbarrechtlichen **Schadensersatzansprüche**. Auch ihre Verjährung richtet sich nach §§ 194, 199 ff. BGB. Die regelmäßige Verjährungsfrist beträgt drei Jahre und beginnt mit dem Schluss des Kalenderjahres, in dem der Anspruch entstanden ist und der Gläubiger von dessen Entstehen Kenntnis erlangt hat oder ohne grobe Fahrlässigkeit hätte erlangen müssen (§ 199 BGB). Daher ist die grob fahrlässige Unkenntnis von den anspruchsbegründenden Umständen und der Person des Schuldners der Kenntnis gleichgestellt. **Grobe Fahrlässigkeit** liegt vor, wenn die im Verkehr erforderliche Sorgfalt in besonders schwerem Maße verletzt worden ist, schon einfachste, ganz naheliegende Überlegungen nicht an-

gestellt worden sind und auch nicht beachtet worden ist, was jedem einleuchten musste (BGH NJW-RR 2010, 681).

5. Von der Verjährungsfrist umfasst sind z. B. Entschädigungsansprüche nach § 904 Satz 2 BGB und § 906 Abs. 2 Satz 2 BGB oder Kostenerstattungsansprüche nach § 919 Abs. 3 BGB oder § 923 Abs. 2 Satz 2 BGB.
6. Bei Schadensersatzansprüchen ist die Kenntnis von der Pflichtverletzung, dem Eintritt des Schadens oder – soweit notwendig – dem Verschulden erforderlich. Die Kenntnis des Schuldners beinhaltet Name und Anschrift. Für den Beginn des Laufs der Verjährungsfrist muss der Anspruch fällig sein.
7. Dieselben Vorschriften gelten auch für die sonstigen Geldansprüche nach dem NNachbG. Diese verjähren ebenfalls in drei Jahren.
8. Aufgrund der subjektiven Komponente des Verjährungsbeginns sieht § 199 Abs. 2, 3 und 4 BGB Höchstfristen für den Eintritt der Verjährung von Schadensersatzansprüchen vor, damit jeder Anspruch einmal verjährt. Die absoluten Verjährungsfristen belaufen sich zwischen 10 und 30 Jahren.
9. Der Lauf der Verjährungsfrist kann sich durch Hemmung (§ 209 BGB) und Neubeginn der Verjährung (§ 212 BGB) ändern.
10. Satz 2 bestimmt, dass in den Fällen der §§ 54, 55 Abs. 1 Nr. 3 i. V. m. Abs. 2 und § 59 Abs. 2 Nr. 2 des NNachbG die Verjährung nicht vor Ablauf der in diesen Vorschriften vorgesehenen Ausschlussfrist eintritt.
11. Nach Eintritt der Verjährung ist der Verpflichtete berechtigt, die Leistung zu verweigern (§ 214 Abs. 1 BGB). Auf die **Einrede** der Verjährung muss sich berufen werden, um in einem Rechtsstreit beachtlich zu sein.
12. Ein nachbarrechtlicher Anspruch kann aber auch verwirkt werden. **Verwirkung** tritt ein, wenn der Berechtigte über einen längeren Zeitraum (Zeitmoment) sein Recht nicht ausgeübt hat

und der Verpflichtete sich zu Recht darauf einstellen durfte, dass der Berechtigte dies auch abschließend nicht mehr tun wird (Umstandsmoment). In einem solchen Fall würde eine spätere Anspruchsausübung gegen Treu und Glauben (§ 242 BGB) verstoßen und wäre als unzulässige Rechtsausübung ausgeschlossen.

Zweiter Abschnitt – Nachbarwand

Begriff der Nachbarwand
§ 3 NNachbG

Nachbarwand ist eine auf der Grenze zweier Grundstücke errichtete Wand, die mit einem Teil ihrer Dicke auf dem Nachbargrundstück steht und den Bauwerken beider Grundstücke als Abschlusswand oder zur Unterstützung oder Aussteifung dient oder dienen soll.

Anmerkungen

1. Oftmals kann man beobachten, dass beim Bau eines Hauses die Grenzmauer unmittelbar auf die Grundstücksgrenze zum Nachbarn gesetzt wird, sodass der Nachbar diese bei der Errichtung seines Gebäudes mitnutzen kann. Über die Entwicklung des „Nachbarrechts der geschlossenen Bauweise“ heißt es in der amtlichen Begründung zum Gesetzentwurf (Landtagsdrucksache Nr. 839 der 5. Wahlperiode) dann auch wie folgt:

   „Normen über das ‚Nachbarrecht der geschlossenen Bauweise‘ sind weder im gemeinen Recht noch im preußischen Recht entwickelt worden. Das altrömische Zwölf-Tafel-Recht enthielt vielmehr eine Bestimmung, dass zwischen Gebäuden mindestens ein ambitus (etwa 2 ½ Fuß) freibleiben sollte. Eine ähnliche Bestimmung findet sich in ALR § 139 I 8. Mit zunehmender Bedeutung von massiven Scheidemauern zwischen aneinandergrenzenden Gebäuden sind die damit zusammenhängenden Rechtsfragen vorzugsweise im rheinischen Raum geregelt worden. Der dort in der Franzosenzeit eingeführte Code civil enthielt insbesondere die Bestimmung, dass jeder von seinem Nachbarn verlangen konnte, dass er ‚zur Erbauung und Ausbesserung der Scheidemauer mit beitrage' (Art. 663 CC). Die überragende Bedeutung, welche die geschlossene Bauweise unter Verwendung massiver Wände heutzutage erlangt hat, macht es notwendig, die einschlägigen Rechtssätze in neuzeitlicher Bearbeitung in unseren Rechtsraum zu übernehmen."

2. Die Nachbarwand – früher als Kommunmauer bezeichnet – ist nicht wie die Grenzmauer (vgl. §§ 16 bis 22 NNachbG) bis an die Grenze des Grundstücks herangebaut; sie steht vielmehr zum Teil auf dem Nachbargrundstück (vgl. Abb. 1). Hierbei ist nicht entscheidend, an welcher Breite sie auf der Grenze steht. Die Grenze muss mithin nicht zwingend auf deren Mitte liegen. § 5 Abs. 2 NNachbG ist indes zu beachten. Keine Nachbarwand liegt hingegen vor, wenn eine Wand die Grundstückgrenze quert, also ein Teil der Wand jeweils komplett auf einem Grundstück der aneinandergrenzenden Nachbarn steht. Die Nachbarwand darf nur im Einvernehmen mit dem Nachbarn errichtet werden (§ 4 NNachbG).

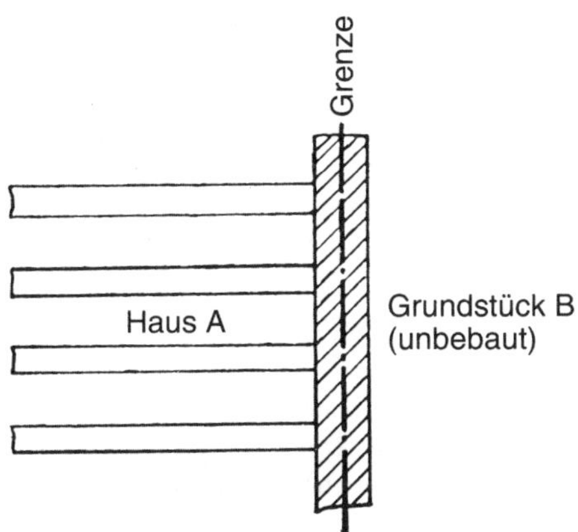

Abb. 1: Nachbarwand (Grundriss)

3. Die Bezeichnung Kommunmauer ist aufgehoben worden, weil der Begriff Mauer bei den heute vielfach üblichen Betonkonstruktionen zu eng erschien. Unter Bauwerk sind nicht nur Gebäude zu verstehen. Es ist nicht erforderlich, dass die Grundstücke im Eigentum verschiedener Personen stehen.
4. Bei der Nachbarwand handelt es sich um einen **Überbau**, auf den die Vorschriften der §§ 912 ff. BGB aber nicht anwendbar sind, da es sich bei der Nachbarwand nach dem NNachbG um eine rechtmäßige Überschreitung der Grundstücksgrenze handelt. Dementsprechend besteht auch kein Anspruch auf Zahlung einer Überbaurente (§ 912 Abs. 2 Satz 1 BGB), § 6 NNachbG.
5. Hinsichtlich des Begriffs des Nachbarn im Sinne des NNachbG vgl. Anm. 2 zu § 1 NNachbG.
6. Nach § 3 NNachbG handelt es sich nur dann um eine Nachbarwand, wenn die Wand dazu bestimmt ist, den Bauwerken beider Grundstücke „als Abschlusswand oder zur Unterstützung oder Aussteifung" zu dienen. Als **Abschlusswand** dient die Wand auch dann, wenn das daneben errichtete Gebäude statisch selbstständig ist, jedoch – ohne die Nachbarwand – nach der Nachbarseite hin offen wäre. Zur **Unterstützung** dient die Wand, wenn sie nicht nur unbedeutende Kräfte aus Bauteilen des angebauten Gebäudes aufzunehmen hat. Zur **Aussteifung** dient die Nachbarwand, wenn das angebaute Gebäude zwar eine eigene Wand hat, diese aber – ohne die Nachbarwand – für sich allein nicht hinreichend steif wäre. Bei einer auf der Grenze errichteten Wand liegt eine tatsächliche Vermutung vor, dass diese als Nachbarwand dienen soll. Eine nachträgliche Zweckänderung beeinträchtigt die Einordnung als Nachbarwand nicht.
7. Die Vorschriften über die Nachbarwand (namentlich über die Zahlungspflicht des später Bauenden) sind nur anwendbar, wenn nach der getroffenen Vereinbarung die Wand dem später errichteten Gebäude auf eine der drei in Anm. 6 bezeichneten

Arten und Weisen dienen soll. Ist das nicht beabsichtigt, so ist die zuerst errichtete Wand keine Nachbarwand, sondern ein gewöhnlicher Überbau. Für diesen gelten die §§ 912 ff. BGB und – gemäß §§ 21a und 22 NNachbG – die Vorschriften über die Grenzwand. Eine **Grenzwand** (§ 16 NNachbG) steht vollständig auf dem Grundstück des Erbauers und ist keine Grenzeinrichtung (§ 921 BGB), da sie die Grundstücksgrenze nicht überschreitet.

8. Keine Nachbarwand im Sinne der Vorschriften des NNachbG entsteht z. B., wenn der Nachbar nicht einverstanden war, wenn der Erstbauende gar keine Mitbenutzung durch den Nachbarn wollte (er hat z. B. nur versehentlich etwas über die Grenze gebaut), oder wenn die Nachbarn nur eine solche Form der Mitbenutzung vereinbaren, die die gesetzliche Definition der Nachbarwand nicht ausfüllt (es wird z. B. vereinbart, dass das später errichtete Gebäude eine eigene Grenzwand haben und lediglich „angeschlossen“ – vgl. § 19 NNachbG – werden soll). Siehe auch § 22 NNachbG. Eine Hof- oder Gartenmauer fällt ebenfalls nicht unter den Begriff der Nachbarwand.

9. Die Nachbarwand kann aus Backsteinen, Beton, Stahlbeton oder Fertigteilen bestehen. Holzwände werden im Allgemeinen nicht in Betracht kommen, da sie nicht die erforderliche Standfestigkeit haben, um die Belastung beider Bauwerke zu tragen.

10. Die Kostentragungspflicht für die Errichtung der Wand liegt zunächst beim Erbauer. Soweit der Nachbar an die Wand anbaut, gilt § 7 NNachbG. Die Kosten der Unterhaltung der Wand regelt § 10 NNachbG.

11. Die Eigentumsverhältnisse an der Nachbarwand richten sich nach dem BGB. Danach gilt Folgendes: Bis zum Anbau ist der Nachbar, der die Nachbarwand errichtet hat, Eigentümer der Nachbarwand. Er hat daher auch das Recht, die Wand wieder zu beseitigen, muss aber hierbei § 11 NNachbG beachten. Das Nutzungsrecht an der Wand steht ihm ebenfalls zu.

12. Wie die Eigentumsverhältnisse nach dem Anbau sind, ist strittig: Die herrschende Meinung (so BGHZ 57, 245) nimmt Eigentum nach Bruchteilen an, andere Eigentum des Anbauenden, soweit die Nachbarwand auf seinem Grundstück steht, wieder andere meinen, auch nach dem Anbau behalte der bisherige Eigentümer unverändert sein Eigentum an der ganzen Wand. Das NNachbG konnte keine Klärung dieser Zweifelsfragen bringen, da der Landesgesetzgeber zur Änderung von Bundesrecht nicht befugt ist.
13. Bei der Errichtung einer Nachbarwand ist § 30 NBauO zu beachten, wonach die Nachbarwand ggf. als Brandwand ausgestaltet sein muss.
14. Aus Gründen des Schallschutzes verliert die Nachbarwand zugunsten der Grenzwand (§ 16 NNachbG) an Bedeutung.

Einvernehmen mit dem Nachbarn
§ 4 NNachbG

Eine Nachbarwand darf nur im Einvernehmen mit dem Nachbarn errichtet werden. Für die im Einvernehmen mit dem Nachbarn errichtete Nachbarwand gelten die §§ 5 bis 15.

Anmerkungen

1. Das von der Vorschrift geforderte Einvernehmen kann durch eine einseitige Zustimmungserklärung des Nachbarn (Einwilligung § 183 Satz 1 BGB) oder durch eine vertragliche Regelung erzielt werden. Die Erklärungen bedürfen keiner Form. Da eine mündliche Einigung, oder gar ein als Einwilligung auszulegendes schlüssiges Verhalten, im Streitfalle Beweisschwierigkeiten nach sich ziehen können, bietet sich die Schriftform an. Soweit mehrere Eigentümer vorhanden sind, ist die Einwilligung aller erforderlich.
2. Das Einvernehmen des Nachbarn kann aber auch erst im Nachhinein ausdrücklich oder konkludent erklärt werden, z.B. da-

durch, dass er die Nachbarwand ebenfalls nutzt und an sie anbaut. Die Vorschriften über die Nachbarwand sind in einem solchen Falle entsprechend anzuwenden. Eine Überbaurente (§ 912 Abs. 2 Satz 1 BGB) kann der Nachbar dann auch nicht mehr verlangen.

3. Das Einvernehmen des Nachbarn ist freiwillig, bedingungslos und nicht ersetzbar. Es kann bis auf eng begrenzte Ausnahmefälle wegen unzulässiger Rechtsausübung nicht erzwungen werden.

4. Das Einverständnis ist **unwiderruflich**, wenn es im Rahmen eines Vertrages erklärt worden ist. Es kann nur durch neuen Vertragsschluss mit dem Nachbarn aus der Welt geschafft werden. Im Übrigen kann es frei widerrufen werden, bis mit dem Bau der Nachbarwand begonnen worden ist. Danach ist auch das frei erklärte Einverständnis unwiderruflich.

5. Das Einverständnis wirkt aber nur solange, wie sich der Bauende an dieses hält. Weicht er davon ab, kann er sich nicht mehr auf das Einverständnis berufen.

6. Der Rechtsnachfolger des Einwilligenden ist durch dessen Einwilligung gebunden, da er komplett in die Rechte und Pflichten des Voreigentümers eintritt. Dies gilt allerdings nicht ohne weiteres für einen Sonderrechtsnachfolger, wie z. B. den Käufer des Nachbargrundstücks. Diesen bindet die vom Voreigentümer erklärte Einwilligung nur dann, wenn bereits von ihr Gebrauch gemacht worden ist, d. h. die Nachbarwand errichtet worden oder zumindest mit dem Bau derselben begonnen worden ist. Gleiches gilt, soweit bereits eine Grunddienstbarkeit eingetragen worden ist. In allen anderen Fällen ist eine erneute Einwilligung des neuen Grundstückseigentümers erforderlich.

7. Baut ein Nachbar ohne Einvernehmen über die Grenze, liegt keine Nachbarwand, sondern ein Überbau vor. Gleiches gilt, wenn ein Nachbar dem anderen gestattet hat, über die Grenze zu bauen, ohne dass die weiteren Voraussetzungen des § 3 NNachbG

vorliegen. In diesem Falle richten sich die weiteren Rechtsfolgen nach § 912 BGB.

8. Neben dem Einvernehmen mit dem Nachbarn ist für die Zulässigkeit des Bauvorhabens Voraussetzung, dass das Bauen beiderseits bis an die Grenze vorgeschrieben oder zugelassen ist. Darüber hinaus dürfen dem Bauvorhaben keine öffentlich-rechtlichen Vorschriften entgegenstehen. Oftmals wird eine **Baulast** einzutragen sein. Das ist eine Erklärung des Grundstückseigentümers gegenüber der Bauaufsichtsbehörde, in der er öffentlich-rechtliche Verpflichtungen zu einem sein Grundstück betreffendes Tun, Dulden oder Unterlassen übernimmt, das sich nicht bereits aus dem öffentlichen Baurecht ergibt (§ 81 NBauO).

9. Da die Nachbarwand nur im Einvernehmen mit dem Nachbarn errichtet werden darf, können bei den Verhandlungen hierüber die Rechtsbeziehungen, die durch die Errichtung der Nachbarwand entstehen, anders geregelt werden, als das Gesetz vorsieht (Privatautonomie). Nur wenn die Nachbarn keine Regelungen treffen oder nicht alle Fragen regeln, gelten die gesetzlichen Vorschriften der §§ 5 bis 15 NNachbG.

Beschaffenheit der Nachbarwand
§ 5 NNachbG

(1) Die Nachbarwand ist in einer solchen Bauart und Bemessung auszuführen, dass sie den Bauvorhaben beider Nachbarn genügt. Ist nichts anderes vereinbart, so braucht der zuerst Bauende die Wand nur für einen Anbau herzurichten, der an die Bauart und Bemessung der Wand keine höheren Anforderungen stellt als sein eigenes Bauvorhaben. Anbau ist die Mitbenutzung der Wand als Abschlusswand oder zur Unterstützung oder Aussteifung des neuen Bauwerkes.

(2) Erfordert keines der beiden Bauvorhaben eine größere Dicke der Wand als das andere, so darf die Nachbarwand höchstens mit der Hälfte ihrer notwendigen Dicke auf dem Nachbargrundstück errichtet werden. Erfordert der auf dem einen der Grundstücke geplante Bau eine dickere Wand,

so ist die Wand mit einem entsprechenden größeren Teil ihrer Dicke auf diesem Grundstück zu errichten.

Anmerkungen

1. Bei der Errichtung der Nachbarwand darf der Bauherr das fremde Grundstück nicht in größerem Umfang als notwendig in Anspruch nehmen. Wie eine solche Nachbarwand beschaffen sein muss, also die bautechnischen Eigenschaften, schreibt das Gesetz nur in Grundzügen vor. Das Gesetz kann nicht starr regeln, in welcher Art die Wand auszuführen ist und welche Dicke sie haben muss. Das kann sich allein nach dem von beiden Nachbarn beabsichtigten Zweck bestimmen und ist von Fall zu Fall verschieden. Es ist Sache des später Bauenden, seine Interessen vor Erteilung seiner Einwilligung zur Errichtung der Nachbarwand zur Sprache zu bringen und sein Einvernehmen von einer entsprechenden vertraglichen Regelung abhängig zu machen. Wird das Einvernehmen ohne zusätzliche Absprache erzielt, so braucht der zuerst Bauende die Nachbarwand nur so zu errichten, dass sie für einen Anbau genügt, der seinem eigenen Bauwerk gleichartig ist.
2. Der Erbauer hat keine höheren Anforderungen zu beachten als bei seinem eigenen Gebäude. Der Nachbar hat auch keinen Anspruch darauf, dass der Erbauer die Wand so ausgestaltet, dass er ein größeres Gebäude als der Erbauer an der Nachbarwand errichten kann. Die Rechte aus §§ 12 und 13 NNachbG bleiben ihm naturgemäß unbenommen. Es ist ihm ferner gestattet, die Erteilung seiner Einwilligung (§ 4 NNachbG) von einer bestimmten Bauausführung abhängig zu machen. Der Nachbar muss sich aber frühzeitig darüber schlüssig werden, auf welche Weise er die Nachbarwand nutzen möchte, respektive was für ein Gebäude er an ihr errichten will.
3. Auf seinem eigenen Grundstück darf der Bauherr die Wand dicker bauen, als zu dem beabsichtigten Zweck notwendig ist.

Allerdings muss er dies dem Nachbarn anzeigen (vgl. § 13 NNachbG).

4. Der in Abs. 1 Satz 1 verwendete Begriff „Bauart und Bemessung" umfasst sämtliche bautechnischen Eigenschaftsmerkmale, von denen die Dicke und die Gründungstiefe als Beispiele genannt seien.

5. In Abs. 1 Satz 3 wird der Begriff „Anbau" in Übereinstimmung mit der in § 3 NNachbG enthaltenen Definition der Nachbarwand als Mitbenutzung „als Abschlusswand oder zur Unterstützung oder Aussteifung des neuen Bauwerks" umschrieben. Nur ein „Anbau" in diesem Sinne löst die Zahlungspflicht des § 7 Abs. 2 NNachbG aus.

6. Abs 2 regelt den Standort der Nachbarwand. Sie ist regelmäßig je auf der Hälfte der beiden Grundstücke zu errichten (halbscheidige Wand). Sie darf aber auch zu einem größeren Teil auf dem Grundstück des Erbauers stehen. Eine größere Dicke der Wand geht zulasten desjenigen Nachbarn, der sie benötigt oder erwünscht. Grundsätzlich hat der Nachbar keinen Anspruch darauf, die Nachbarwand möglichst dünn auszugestalten, damit sein Grundstück nicht über Gebühr belastet wird. Wird die Nachbarwand aber dicker als (statisch) notwendig hergestellt, braucht er nicht die Hälfte der Wand auf seinem Grundstück zu dulden. Jeder Nachbar ist berechtigt, die Nachbarwand auf seinem Grundstück zu verstärken (§ 13 NNachbG).

7. Entspricht die errichtete Wand nicht den gesetzlichen und oder vertraglichen Anforderungen, ist sie auch keine Nachbarwand im Sinne des § 3 NNachbG. Gleiches gilt, wenn die Nachbarwand zu einem größeren Teil als zulässig auf dem Nachbargrundstück errichtet worden ist. Die Rechtsfolgen richten sich dann nach § 912 ff. BGB. Gegebenenfalls können sich auch vertragliche Schadensersatzpflichten (§ 280 BGB) des Erbauenden ergeben, soweit das Einvernehmen über den Erbau der Nachbarwand im Rahmen eines Vertrages zwischen den Nachbarn erteilt worden ist. Der Nachbar ist ggf. berechtigt, die Wand selbst zu

beseitigen oder beseitigen zu lassen, es sei denn, es liegen Rechtsmissbrauch oder Verwirkung vor (§ 242 BGB).

8. Wenn Streit zwischen den Nachbarn darüber entsteht, ob der Bauherr das Grundstück des Nachbarn in einem zu weiten Umfang in Anspruch genommen hat, muss hierüber letztgültig das Gericht entscheiden, das sich dabei des Gutachtens eines Bausachverständigen bedienen wird.
9. Aus öffentlich-rechtlicher Sicht ist § 12 NBauO zu beachten, wonach jede bauliche Anlage für sich genommen standsicher sein muss und die Strandsicherheit anderer baulicher Anlagen und die Tragfähigkeit des Baugrundes der Nachbargrundstücke nicht gefährden darf.

Ansprüche des Nachbarn
§ 6 NNachbG

Soweit die Nachbarwand dem § 5 Abs. 2 entspricht, hat der Nachbar keinen Anspruch auf Zahlung einer Vergütung (§ 912 BGB) oder auf Abkauf von Boden (§ 915 BGB). Wird die Nachbarwand beseitigt, bevor angebaut ist, so kann der Nachbar für die Zeitspanne ihres Bestehens eine Vergütung gemäß § 912 BGB beanspruchen.

Anmerkungen

1. Satz 1 schließt bei Bestehenbleiben der Nachbarwand Ansprüche des Nachbarn gegen den zuerst Bauenden aus, die diesem sonst nach den §§ 912 und 915 BGB zustehen könnten. Dies gilt auch für die Rechtsnachfolger des Nachbarn. Wegen des Vergütungsanspruchs nach Anbau siehe § 7 Abs. 2 NNachbG.
2. Soweit die Nachbarwand vor einem Anbau in zulässiger Weise wieder beseitigt worden ist, stehen dem Nachbarn Ansprüche auf eine Überbaurente (§ 912 Abs. 2 BGB) zu. Der Zahlungsanspruch entsteht bereits mit der Errichtung des Überbaus. Zu bemessen ist er nach dem Verkehrswert der überbauten Fläche. Die Verjährungsvorschriften sind zu beachten.

3. Wegen der Schadensersatzansprüche, die gegen einen der Nachbarn im Falle des Verstärkens der Nachbarwand entstehen, vgl. § 14 NNachbG.
4. Der Entwurf des NNachbG sah zunächst in § 9 Abs. 1 einen Anspruch des zuerst Bauenden gegen den Nachbarn vor, wenn dieser nicht an die Nachbarwand im Sinne des § 5 Abs. 1 Satz 3 NNachbG anbaute, sondern nur bis an die Nachbarwand heran. Diese Vorschrift hatte folgenden Wortlaut: „Wird das später errichtete Bauwerk nicht an die Nachbarwand angebaut, so hat der anbauberechtigte Nachbar für die Mehrkosten Ersatz zu leisten, die durch die Errichtung der Nachbarwand im Vergleich zu den Kosten einer Grenzwand entstanden sind.“ Da diese Vorschrift weder in dieser noch in einer abgeänderten Fassung Gesetz wurde, ist anzunehmen, dass der Gesetzgeber für eine solche Konstellation keine Ansprüche gewähren wollte. Auch Billigkeitsansprüche nach § 242 BGB kommen nicht in Betracht, da es bereits an einer planwidrigen Regelungslücke hierfür fehlt. Bedenkenswert bleibt zwar, dass das Nachbargrundstück durch die Nachbarwand teilweise weiter genutzt wird. Dies ist aber entschädigungslos hinzunehmen, da der Belastete mit dem Errichten der Nachbarwand einverstanden gewesen war. Hätte er seine Zustimmung nicht erteilt, wäre die Wand in dieser Weise nicht gebaut worden.
5. Liegen die Voraussetzungen des § 5 Abs. 2 NNachbG nicht vor, gelten die §§ 912 ff. BGB.

Anbau an die Nachbarwand
§ 7 NNachbG

(1) Der Nachbar ist berechtigt, an die Nachbarwand nach den allgemein anerkannten Regeln der Baukunst anzubauen; dabei darf er in den Besitz des zuerst Bauenden an der Nachbarwand eingreifen. Unterfangen der Nachbarwand ist nur entsprechend den Vorschriften des § 20 zulässig.

(2) Der anbauende Nachbar hat dem Eigentümer des zuerst bebauten Grundstücks den halben Wert der Nachbarwand zu vergüten, soweit ihre Fläche zum Anbau genutzt wird. Ruht auf dem zuerst bebauten Grundstück ein Erbbaurecht, so steht die Vergütung dem Erbbauberechtigten zu.

(3) Die Vergütung ermäßigt sich angemessen, wenn die besondere Bauart oder Bemessung der Wand nicht erforderlich oder nur für das zuerst errichtete Bauwerk erforderlich ist; sie erhöht sich angemessen, wenn die besondere Bauart oder Bemessung der Wand nur für das später errichtete Bauwerk erforderlich ist.

(4) Steht die Nachbarwand mehr auf dem Grundstück des anbauenden Nachbarn, als in § 5 Abs. 2 vorgesehen ist, so kann dieser die Vergütung um den Wert des zusätzlich überbauten Bodens kürzen, wenn er nicht die in § 912 Abs. 2 oder in § 915 BGB bestimmten Rechte ausübt. Steht die Nachbarwand weniger auf dem Nachbargrundstück, als in § 5 Abs. 2 vorgesehen ist, so erhöht sich die Vergütung um den Wert des Bodens, den die Wand andernfalls auf dem Nachbargrundstück zusätzlich benötigt hätte.

(5) Die Vergütung wird fällig, wenn der Anbau im Rohbau hergestellt ist; sie steht demjenigen zu, der zu dieser Zeit Eigentümer (Erbbauberechtigter) ist. Bei der Wertberechnung ist von den zu diesem Zeitpunkt üblichen Baukosten auszugehen und das Alter sowie der bauliche Zustand der Nachbarwand zu berücksichtigen. Auf Verlangen ist Sicherheit in Höhe der voraussichtlich zu gewährenden Vergütung zu leisten, wenn mit einer Vergütung von mehr als 3 000 Euro zu rechnen ist; in einem solchen Falle darf der Anbau erst nach Leistung der Sicherheit begonnen oder fortgesetzt werden.

Anmerkungen

1. Der Eigentümer (Erbbauberechtigte) des Grundstücks, auf das die Nachbarwand übergebaut ist, ist berechtigt, aber nicht verpflichtet, an die Nachbarwand anzubauen. Etwas anderes kann dann gelten, wenn es vertraglich vereinbart wurde. Unter **Anbau** ist nicht das Heranbauen bis an die Nachbarwand, also die Errichtung einer zweiten selbstständigen Wand zu verstehen, sondern die Mitbenutzung der Nachbarwand für den Bau des

neuen Hauses (vgl. § 5 Abs. 1 Satz 3 NNachbG). Es muss dabei ein so enger räumlicher Zusammenhang zwischen den beiden Gebäuden bestehen, sodass diese einem unbefangenen Beobachter als einheitliche Sache erscheinen (vgl. BGH NJW 1962, 149 ff.).

2. Die Absicht anzubauen, ist vorher anzuzeigen (§ 8 NNachbG). Der anbauende Nachbar trägt auch die Beweislast, dass die Wand eine Nachbarwand ist. Der Nachbar ist natürlich auch berechtigt, lediglich bis an die Nachbarwand heranzubauen, diese also selbst nicht mitzunutzen. Ersatzansprüche entstehen aber in diesem Fall nicht (vgl. die Anm. 4 zu § 6).

3. Der Nachbar darf nach Abs. 1 nur dann anbauen, wenn dies nach den allgemein anerkannten Regeln der Baukunst geschieht. Ob z. B. ein neu errichtetes Dach an das bestehende angeschlossen werden muss, richtet sich an der Frage aus, ob ein solcher Anschluss bautechnisch geboten ist. Für das Recht, die Nachbarwand zu unterfangen (abzustützen), siehe § 20 NNachbG.

4. Glaubt der Eigentümer des zuerst bebauten Grundstücks, die Baugenehmigung sei unter Verletzung der Regeln der Baukunst, also zu Unrecht, erteilt, hat er die Möglichkeit, ein gerichtliches Verfahren, gegebenenfalls eine Anfechtung der Baugenehmigung, einzuleiten.

5. Das Recht zum Anbau steht dem Nachbarn kraft Gesetzes zu, soweit die erforderlichen Voraussetzungen vorliegen. Verweigert der Eigentümer den Anbau, muss der Nachbar gerichtlich gegen diesen vorgehen und auf Duldung klagen. Ein Recht zur Selbsthilfe liegt nicht vor. Der Erbauer der Wand kann aber auch den anbauwilligen Nachbarn auf Unterlassung der Errichtung des Anbaus verklagen (§ 1004 BGB).

6. Die Nachbarwand kann von beiden Nachbarn gleich genutzt werden, sofern das Recht zur Mitbenutzung des anderen Nachbarn dadurch nicht beeinträchtigt wird. Jeder Nachbar kann

daher die Wand in ihrer ganzen Breite nutzen, soweit die Mitnutzung des anderen dadurch nicht gestört wird. Dies gilt für Schrauben, Nägel und andere Befestigungen genauso, wie für auf der gesamten Wand aufliegende Dachbalken. Ferner dürfen Leitungen für Strom, Wasser o. Ä. in der Wand verlegt werden.

7. Wird an eine Nachbarwand nur teilweise angebaut, stellt sich die Frage nach einer nachträglichen Wärmedämmung des unbebauten Teils. § 21a NNachbG bringt diesbezüglich – zumindest teilweise – Abhilfe.

8. Da der Nachbar, der die Nachbarwand errichtet hat, die Kosten für deren Errichtung allein tragen müsste, muss ein Kostenausgleich vorgenommen werden, wenn der Nachbar anbaut. Abs. 2 regelt die Höhe der Vergütung. Zu zahlen ist grundsätzlich der halbe Wert der Nachbarwand, berechnet nach dem Zeitpunkt der Herstellung des Anbaus im Rohbau (vgl. Abs. 5 Satz 2).

9. Zur Wertberechnung wird die Nachbarwand nur in dem Umfang zugrunde gelegt, wie sie – der Länge oder der Höhe nach – von dem anbauenden Nachbarn mitbenutzt wird. Wenn dieser z. B. die Nachbarwand nur in halber Länge, aber in voller Höhe mitbenutzt, hat er nur zu den Kosten der Hälfte der Wand beizutragen. Abweichende Parteivereinbarungen sind indes zulässig. Bei der Wertberechnung ist insgesamt ein objektiver Maßstab heranzuziehen. Tatsächlich aufgewendete Baukosten sind ein guter Anhaltspunkt, aber nicht alleinentscheidend. Naturgemäß sind auch Eigenleistungen mitzuberücksichtigen. Maßgebend wird im Ergebnis allein die Qualität der Wand mit den dafür maßgeblichen Baukosten sein. Nachträgliche Wertverbesserungen sind hinzuzurechnen, Abnutzungen oder Wertminderungen abzuziehen.

10. Die Vergütung ermäßigt oder erhöht sich, je nachdem, ob die besondere Bauart oder Bemessung der Wand wegen eines der Nachbarn erforderlich war (Abs. 3), oder ob das eine oder das andere Grundstück mehr oder weniger von der Nachbarwand

in Anspruch genommen ist (Abs. 4). Der **Bodenwert** ist hierbei der Wert der unbebauten Oberfläche.

11. Abs. 5 bestimmt, dass die Vergütung in dem Zeitpunkt fällig wird, in dem der Anbau im Rohbau fertiggestellt ist. Der **Rohbau** ist fertiggestellt, wenn die tragenden Teile, notwendigen Vorrichtungen und die Dachkonstruktion vollendet sind, sodass mit dem Innenausbau begonnen werden kann. Zahlungspflichtig ist der anbauende Nachbar (Abs. 2), empfangsberechtigt der Eigentümer der Wand beim Ausbau.

12. Unter Umständen kann Sicherheitsleistung verlangt werden (Abs. 5 Satz 3), wenn mit einer Vergütung von mehr als 3 000 € zu rechnen ist. Für die Art der Sicherheitsleistung gelten die §§ 232 ff. BGB. Die Parteien können sich aber auch auf die Stellung einer Bankbürgschaft oder eine sonstige Sicherheitsleistung abweichend von den Normen des BGB einigen. Die Höhe bemisst sich nach der zu erwartenden Anbauvergütung. Diese muss der Bauherr selbst ermitteln.

13. Wegen der Eigentumsverhältnisse nach dem Anbau vgl. Anm. 12 zu § 3 NNachbG.

14. Wird durch einen unsachgemäßen Anbau die Nachbarwand oder das Gebäude beschädigt, hat der Nachbar **Schadensersatz** zu leisten, wenn er den Schaden verschuldet hat (§ 823 BGB). *Schäfer* (§ 7 Rz. 10) geht sogar von einer entsprechenden Anwendung von §§ 14 und 20 Abs. 2 NNachbG und damit vom Vorliegen einer Gefährdungshaftung beim Erhöhen und Unterfangen aus. Dem steht aber entgegen, dass das NNachbG einen ausdrücklichen Gefährdungshaftungstatbestand für das Verstärken der Nachbarwand und das Unterfangen einer Grenzwand geschaffen hat. Wenn der Gesetzgeber gewollt hätte, so hätte er diesen auch auf § 7 NNachbG erstrecken können.

Anzeige des Anbaues
§ 8 NNachbG

(1) Die Einzelheiten der geplanten Mitbenutzung der Wand sind zwei Monate vor Beginn der Bauarbeiten dem Eigentümer (Erbbauberechtigten) des zuerst bebauten Grundstücks anzuzeigen. Mit den Arbeiten darf, wenn nichts anderes vereinbart wird, erst nach Fristablauf begonnen werden.

(2) Etwaige Einwendungen gegen den Anbau sollen unverzüglich erhoben werden.

(3) Ist der Aufenthalt des Eigentümers (Erbbauberechtigten) nicht bekannt oder ist er bei Aufenthalt im Ausland nicht alsbald erreichbar und hat er keinen Vertreter bestellt, so genügt statt der Anzeige an ihn die Anzeige an den unmittelbaren Besitzer.

Anmerkungen

1. Das NNachbG lässt den Anbau nicht ohne weiteres zu. Vielmehr ist dieser erst gestattet, wenn der Anbauberechtigte die Anzeige nach § 8 NNachbG erstattet hat und entweder der andere Nachbar die Frist von zwei Monaten fruchtlos hat verstreichen lassen oder vorher dem Baubeginn zugestimmt hat. Die Frist berechnet sich nach §§ 187 ff. BGB. Sie endet mit dem Ablauf des entsprechenden Monatstages.
2. Die Anzeigepflicht ist erforderlich, damit der Nachbar die Möglichkeit hat, das Vorhaben zu prüfen und gegebenenfalls Einwendungen zu erheben. Da oftmals zu prüfen ist, ob die Tragfähigkeit der Nachbarwand für die zusätzliche Belastung durch den geplanten Anbau ausreicht, wird der Sachverstand des Nachbarn in der Regel nicht genügen. Zur Bewertung der technischen Einzelheiten des beabsichtigten Anbaues wird er sich daher der Hilfe eines Bausachverständigen bedienen. Aus diesem Umstand erklärt sich auch die relativ lange Frist. Der Nachbar sollte eine ausreichende Möglichkeit haben, sich in dieser wichtigen Frage von einem Bausachverständigen bzw. Architekten beraten zu lassen.

3. Mitzuteilen sind nicht nur die Absicht anzubauen, sondern auch die technischen Einzelheiten des beabsichtigten Anbaus, ob die „Mitbenutzung“ der Wand unbedenklich ist, soweit der Eigentümer des zuerst bebauten Grundstücks sie für seine Prüfung nötig hat. Hierfür braucht zwar nicht der gesamte Plan mitgeteilt zu werden, sondern nur die für die Prüfung erforderlichen Teile. In der Regel wird es aber zweckmäßig sein, dem Nachbarn alle Informationen zur Verfügung zu stellen. Sobald sich der Plan wesentlich ändert, beginnt die Frist nach Abs. 1 neu zu laufen.
4. Die Anzeige ist nicht formgebunden. Aus Beweisgründen sollte sie aber stets schriftlich erfolgen.
5. Die Möglichkeit, Einwendungen gegen den Anbau zu erheben, ist nicht fristgebunden. Selbst nach Ablauf der Zweimonatsfrist erhobene Einwendungen müssen daher beachtet werden. Abs. 2 sagt jedoch, dass etwaige Einwendungen unverzüglich erhoben werden sollen, also möglichst frühzeitig und ohne schuldhaftes Zögern. Werden die Einwendungen verspätet erhoben, hat der Einwendende im Falle des Verschuldens für hieraus entstehende Schäden zu haften. Gegebenenfalls kann auch Verwirkung eintreten. Eine solche kann vorliegen, wenn nach Ablauf der Frist und Beginn der Bauarbeiten Einwendungen grundsätzlicher Art erhoben werden. Es bleibt dem Einwendenden dann nur noch, gegen einzelne Modalitäten des Anbaus Einwendungen zu erheben, wenn sich diese als berücksichtigungsfähig erweisen und unproblematisch bautechnisch berücksichtigt werden können (so auch *Pardey*, § 8, Rz. 7).
6. Beginnt der Nachbar früher mit dem Anbau, als das Gesetz es zulässt (vgl. Anm. 1), so kann der zuerst bauende Nachbar die Abwehrklage nach § 1004 BGB erheben. Auch der Besitz einer Baugenehmigung entbindet nicht von der Einhaltung der im § 8 genannten Rechtspflichten. Bauvorbereitende Maßnahmen dürfen aber vor Fristablauf getroffen werden. Soweit ein früherer Baubeginn vereinbart wurde (vgl. Abs. 1 Satz 2), ist an diese Vereinbarung auch der Mieter des betroffenen Nachbarn gebun-

den (OLG Braunschweig 4 U 11/94 vom 21.04.1995 Tz. 17 – zitiert nach Juris).

7. Grundsätzlich besteht die Pflicht, die Anzeige an den Eigentümer bzw. den Erbbauberechtigten zu richten. Abs. 3 schafft hierzu eine Ausnahme und benennt den **Besitzer** als Notadressaten. Der Anzeigepflichtige trägt aber die Beweislast, dass der Eigentümer bzw. der Erbbauberechtigte nicht bekannt bzw. erreichbar war. Daher sollte der Anzeigepflichtige vorsichtig sein, die Anzeige nur an den Besitzer zu richten.

Abbruch an der Nachbarwand
§ 9 NNachbG

Der geplante Abbruch eines der beiden Gebäude, denen die Nachbarwand dient, ist dem Nachbarn anzuzeigen; § 8 gilt entsprechend.

Anmerkungen

1. Es besteht eine Anzeigepflicht, wenn eines der beiden Gebäude, denen die Nachbarwand dient, (bei Stehenbleiben dieser Wand) abgerissen werden soll. Um die Rechte beim Abbruch (§ 10 Abs. 3 NNachbG) zu wahren, bedarf es einer Anzeige. Ist der Abriss unstatthaft, muss die beseitigte Wand auf eigene Kosten wiedererrichtet werden.
2. Die Anzeigepflicht gilt auch, wenn nur einzelne Teile des Gebäudes abgebrochen werden sollen. Sie findet keine Anwendung, wenn der Abbruch Teile des Gebäudes betrifft, die in keinem Bezug zur Nachbarwand stehen und deren Abbruch auch keinerlei Auswirkungen auf diese haben kann.
3. Eine Abbruchgenehmigung nach öffentlichem Recht bleibt hiervon unbenommen.

Unterhaltung der Nachbarwand
§ 10 NNachbG

(1) Bis zum Anbau fallen die Unterhaltungskosten der Nachbarwand dem Eigentümer des zuerst bebauten Grundstücks allein zur Last.

(2) Nach dem Anbau sind die Unterhaltungskosten für den gemeinsam genutzten Teil der Wand von beiden Nachbarn zu gleichen Teilen zu tragen. In den Fällen des § 7 Abs. 3 ermäßigt oder erhöht sich der Anteil des Anbauenden an den Unterhaltungskosten entsprechend der Anbauvergütung.

(3) Wird eines der beiden Gebäude abgebrochen und nicht neu errichtet, so hat der Eigentümer des abgebrochenen Gebäudes die Außenfläche des bisher gemeinsam genutzten Teiles der Wand in einen für eine Außenwand geeigneten Zustand zu versetzen. Bedarf die Wand gelegentlich des Gebäudeabbruches noch weiterer Instandsetzung, so sind die Kosten dafür gemäß Absatz 2 gemeinsam zu tragen. Die künftige Unterhaltung der Wand obliegt dem Eigentümer des bestehen gebliebenen Gebäudes.

Anmerkungen

1. Da der zuerst bauende Nachbar bis zum Anbau allein den Nutzen von der Nachbarwand hat, muss er auch die gesamten Unterhaltungskosten tragen (Abs. 1). § 922 Satz 2 BGB, wonach die Unterhaltungskosten von beiden Nachbarn zu gleichen Teilen zu tragen wären, findet keine Anwendung. Für die Anwendung des § 922 BGB ist nach § 921 BGB Miteigentum beider Nachbarn erforderlich. Die Nachbarwand steht aber bis zum Anbau im Alleineigentum des Eigentümers des bebauten Grundstücks (vgl. Anm. 11 zu § 3). Von daher ist es auch gerechtfertigt, wenn dieser die alleinigen Unterhaltungskosten trägt. Daraus folgt aber nicht, dass der Nachbar einen Anspruch auf Unterhaltung der Wand ableiten könnte.

2. Nach dem Anbau haben gemäß Abs. 2 die beteiligten Nachbarn die Unterhaltungskosten in dem gleichen Verhältnis zu tragen, wie ihnen unter Berücksichtigung der Dicke der Wand und des Umfangs ihrer Nutzung die Herstellungskosten anteilig zur Last

fallen (vgl. § 7 Abs. 3 NNachbG). Beide Eigentümer der nachbarlichen Grundstücke haben ein ideelles Miteigentum nach Bruchteilen an der Nachbarwand (§§ 1008, 741 BGB). Organisatorisch gelten die §§ 744 ff. BGB.

3. Nutzt ein Nachbar die Nachbarwand nur anteilig, hat er auch nur die anteiligen Kosten im Rahmen des Umfangs seiner Nutzung zu tragen. Insgesamt sind nur die Kosten des bestimmungsgemäßen Gebrauchs umlagefähig. Sind Kosten durch einen übermäßigen und unsachgemäßen Gebrauch entstanden, hat diese der Verursacher alleine zu tragen.
4. Nicht geregelt ist, wer die Arbeiten ausführen muss. Aus § 744 Abs. 1 BGB ergibt sich aber, dass die Verwaltung beiden Nachbarn gemeinschaftlich zusteht. Nach § 744 Abs. 2 BGB kann jeder Nachbar ohne Zustimmung des anderen die für die Erhaltung notwendigen Maßnahmen durchzuführen.
5. Nach Abs. 3 Satz 1 hat derjenige, der sein Gebäude abgebrochen (vgl. § 9 NNachbG) und nicht wieder aufgebaut hat, die Instandsetzungen der Nachbarwand zu veranlassen. Im Falle des Satzes 2 sind beide Nachbarn zur Kostentragung verpflichtet. Solche Kosten können z. B. entstehen, wenn die Isolierung der Wand nach dem Abbruch nicht mehr ausreicht.
6. Nach Abs. 3 Satz 3 hat der Eigentümer des stehengebliebenen Gebäudes die künftigen Unterhaltskosten zu tragen, da die nunmehr bestehende Sach- und Rechtslage mit der vor einem Anbau identisch ist und er nun der alleinige Nutznießer der Wand ist. Insofern kann nichts anderes gelten als vor einem Anbau.

Beseitigen der Nachbarwand vor dem Anbau
§ 11 NNachbG

(1) Der Eigentümer des zuerst bebauten Grundstücks darf die Nachbarwand nur mit Einwilligung des Nachbarn beseitigen. Die Absicht, die Nachbarwand zu beseitigen, muss dem Nachbarn schriftlich erklärt werden. Die Einwilligung gilt als erteilt, wenn der Nachbar dieser Erklärung

nicht innerhalb von zwei Monaten schriftlich widerspricht. Für die Erklärung gilt § 8 Abs. 3 entsprechend.

(2) Die Einwilligung gilt trotz Widerspruchs als erteilt, wenn

1. **der Nachbar nicht innerhalb von sechs Monaten nach Empfang der Erklärung einen Bauantrag zur Errichtung eines Anbaus einreicht oder die bauaufsichtliche Zustimmung hierfür beantragt oder, falls das Vorhaben weder einer Baugenehmigung noch einer bauaufsichtlichen Zustimmung bedarf, die erforderlichen Unterlagen einreicht,**
2. **die Versagung der für die Errichtung eines Anbaus erforderlichen Baugenehmigung oder bauaufsichtlichen Zustimmung nicht mehr angefochten werden kann oder**
3. **nicht innerhalb eines Jahres nach Eintritt der Unanfechtbarkeit der Baugenehmigung oder der bauaufsichtlichen Zustimmung oder, falls das Vorhaben weder einer Baugenehmigung noch einer bauaufsichtlichen Zustimmung bedarf, nach Vorliegen der Bestätigung der Gemeinde nach § 62 Abs. 2 Nr. 3 der Niedersächsischen Bauordnung mit der Errichtung eines Anbaus begonnen wird.**

(3) Beseitigt der Erstbauende die Nachbarwand rechtswidrig ganz oder teilweise, so kann der anbauberechtigte Nachbar auch ohne Verschulden des Erstbauenden Schadensersatz verlangen. Der Anspruch wird fällig, wenn das spätere Bauwerk im Rohbau hergestellt ist.

Anmerkungen

1. Da die Nachbarwand bis zum Anbau des Nachbarn im Alleineigentum des Erbauers steht, würde dieser ohne eine Regelung nach seinem Belieben darüber verfügen dürfen. Daher schützt § 11 NNachbG das Vertrauen des anbauberechtigten Nachbarn, dass er anbauen kann, wenn er den Zeitpunkt für gekommen erachtet. Der Erbauer der Nachbarwand ist nur berechtigt, die Wand zu beseitigen, wenn der Nachbar einwilligt. Dieser hat schließlich einen Teil seines Grundstücks für die Nachbarwand zur Verfügung gestellt.
2. Dem Erbauer der Wand ist nicht unbegrenzt zuzumuten, die Nachbarwand zu erhalten. Deshalb ist der Nachbar nur schüt-

zenswert, wenn er in vertretbarer Zeit an die Nachbarwand anbaut.

3. Die Abbruchsabsicht ist dem Nachbarn schriftlich anzuzeigen. Eine mündliche **Anzeige** ist unwirksam, es sei denn, ein Berufen auf die Unwirksamkeit wäre ein Verstoß gegen Treu und Glauben (§ 242 BGB). Dies könnte der Fall sein, wenn der Nachbar auf eine mündliche Anzeige seine Einwilligung schriftlich erteilt hat.
4. Der anbauberechtigte Nachbar kann nach Zugang der Anzeige sofort die (schriftliche) Einwilligung erklären, die Frist von zwei Monaten fruchtlos verstreichen lassen (dann gilt die Einwilligung als erteilt) oder Widerspruch innerhalb der Frist von zwei Monaten erheben.
5. Ein **Widerspruch** wird nur dann in Betracht kommen, wenn der Platz neben der Nachbarwand noch frei und ein Anbau hieran überhaupt möglich ist. Rechtsmissbräuchlich wäre z. B. ein Widerspruch, wenn neben der Nachbarwand eine Grenzwand stünde und ein Abbruch dieser Grenzwand nicht beabsichtigt wäre. Der mit einem Widerspruch verfolgte Zweck wäre nicht mehr zu erreichen.
6. In den Fällen des Abs. 2 ist der Widerspruch nur beachtlich, wenn der Nachbar alsbald anbauen will und diesen Willen innerhalb angemessener Frist bestätigt. In den Fällen der Baugenehmigung (§ 69 Abs. 1 NBauO) und der bauaufsichtsrechtlichen Zustimmung (§ 82 NBauO) wird auf den Antrag selbst abgestellt (Nr. 2). Der Antrag kann nicht mehr angefochten werden, wenn die Widerspruchs- oder Klagefrist fruchtlos abgelaufen oder eine Klage rechtskräftig abgewiesen worden ist. Ist gemäß § 69a NBauO eine Genehmigung nicht erforderlich, tritt die Einreichung der erforderlichen Unterlagen binnen sechs Monaten an die Stelle des Antrags (Nr. 1). Die Jahresfrist für die Aufnahme der Arbeiten an dem Anbau beginnt zu laufen, wenn alle baurechtlichen Voraussetzungen für das Vorhaben vorliegen (Nr. 3) und eine Anfechtung der Baugenehmigung oder der bau-

aufsichtsrechtlichen Zustimmung nicht mehr möglich ist. Begonnen sind die Arbeiten, wenn eine Baugrube ausgehoben worden ist. Bloße Vorbereitungsmaßnahmen reichen nicht aus (vgl. *Schäfer*, § 11 Rz. 3).

7. Abs. 3 sieht eine verschuldensunabhängige **Schadensersatzpflicht** vor, wenn der Erbauer der Nachbarwand diese unberechtigt beseitigt. Eine Rechtswidrigkeit liegt in der Regel vor, wenn der Erbauer ohne Anzeige an den Nachbarn und dessen Einwilligung die Wand beseitigt oder gegen die Beseitigung ein beachtlicher Widerspruch vorliegt.

8. Der Umfang des Anspruchs richtet sich nach § 249 BGB. Dem Nachbarn ist derjenige Schaden zu ersetzen, der ihm entsteht, weil er die Nachbarwand nun nicht mehr nutzen kann. Zusätzlich ist ihm der Schaden zu vergüten, der entsteht, wenn er durch die Errichtung der Grenzwand einen Teil seines Grundstücks nicht mehr nutzen kann. Kein Anspruch entsteht, wenn der Nachbar ohnehin nicht angebaut hätte oder ein Anbau nicht zulässig gewesen wäre. Ein Schadensersatz ist daher ausgeschlossen, wenn der anbauwillige Nachbar nicht spätestens zwei Monate nach Anzeige oder nach Ablauf der in Abs. 2 genannten Zeiträume mit seinem Anbau beginnt oder er nicht darlegen kann, dass er durch den Abbruch keine Möglichkeit zum Anbau mehr hatte.

Erhöhen der Nachbarwand
§ 12 NNachbG

(1) Jeder Nachbar darf die Nachbarwand auf seine Kosten erhöhen, wenn der andere Nachbar schriftlich einwilligt; bei der Erhöhung sind die allgemein anerkannten Regeln der Baukunst zu beachten. Die Einwilligung muss erteilt werden, wenn keine oder nur geringfügige Beeinträchtigungen des eigenen Grundstücks zu erwarten sind. Für den hinzugefügten oberen Teil der Nachbarwand gelten die Vorschriften des § 5 Abs. 1 und der §§ 7 bis 11.

(2) Der höher Bauende darf – soweit erforderlich – auf das Nachbardach einschließlich des Dachtragwerkes einwirken; er hat auf seine Kosten das Nachbardach mit der erhöhten Nachbarwand ordnungsgemäß zu verbinden.

(3) Wird die Nachbarwand nicht in voller Dicke erhöht, so ist die Erhöhung, wenn die Nachbarn nichts anderes vereinbart haben, auf der Mitte der Wand zu errichten.

Anmerkungen

1. Jeder Nachbar ist befugt, mit schriftlicher Einwilligung des anderen die Nachbarwand zu erhöhen, soweit dies ohne Verstoß gegen die Regeln der Baukunst, insbesondere ohne Überlastung des Fundaments, möglich ist. Eine formungültige Einwilligung, z. B. eine nur mündlich erteilte, ist nichtig. Es kann aber unter Umständen gegen Treu und Glauben (§ 242 BGB) verstoßen, sich auf eine solche Formnichtigkeit zu berufen.
2. Die Einwilligung muss erteilt werden, wenn durch die Erhöhung keine oder nur unwesentliche Beeinträchtigungen für das eigene Grundstück zu erwarten sind. Hieraus lässt sich ein Rechtsanspruch des Erhöhenden ableiten, der notfalls auch klageweise durchgesetzt werden kann.
3. Was unter einer **nur geringfügigen Beeinträchtigung** zu verstehen ist, muss im Einzelfall entschieden werden. Eine solche wird z. B. bei Putzschäden oder einer kurzzeitigen und unerheblichen Lärmbelästigung durch Baulärm vorliegen. Soweit die Baumaßnahme den Regeln der Baukunst entspricht, dürfte auch von dieser Warte aus eine nur unwesentliche Beeinträchtigung vorliegen. Soweit das Maß der Unwesentlichkeit überschritten wird, steht es dem Nachbarn frei, die Einwilligung zu erteilen.
4. Die Erhöhung der Nachbarwand darf der Erbauer vornehmen. Sie ist aber auch dem Nachbarn bereits vor dem Anbau gestattet, wenn er demnächst an die erhöhte Nachbarwand anbauen will (*Schäfer*, § 12 Rz. 3).

5. Die Erhöhung muss nicht die gesamte Länge oder Breite umfassen. Wird die Nachbarwand nicht in voller Dicke erhöht, so ist gemäß Abs. 3 die Erhöhung auf die Wandmitte zu setzen, d.h. so vorzunehmen, dass nach beiden Seiten hin gleiche Flächen der bisherigen Wand frei bleiben. Dies dürfte aber selten der Fall sein, da die Erhöhung in der Regel beiden Nachbarn zugutekommen soll. Gegenteilige Vereinbarungen sind stets zulässig.

6. Die Baugenehmigungsbehörde prüft, ob die Erhöhung nach den Vorschriften des öffentlichen Baurechts zulässig ist. Der Nachbar darf prüfen, ob sie nach den allgemein anerkannten Regeln der Baukunst unbedenklich ist. Beide Gesichtspunkte sind nicht zwangsläufig gleichzeitig gegeben. Es kann z.B. sein, dass der Bebauungsplan eine bautechnisch mögliche Aufstockung aus städtebaulichen Gründen verbietet.

7. Bei der Erhöhung darf, soweit erforderlich, auch auf das Dach des Nachbarn eingewirkt werden, da die Erhöhung sonst unter Umständen gar nicht möglich wäre. Insbesondere dürfen Teile des Dachstuhls entfernt werden, die sich über dem nachbarseitigen Teil der Nachbarwand befinden. Dabei ist aber ein ordnungsmäßiger, regendichter Anschluss des Nachbardaches an die erhöhte Mauer zu schaffen (Abs. 2). Dies soll insbesondere das Eindringen von Feuchtigkeit verhindern.

8. Für die Erhöhung gelten entsprechend der Verweisung des Abs. 1 Satz 3 wegen des Anbaues, der Beseitigung usw. die gleichen Vorschriften wie für die ursprüngliche Nachbarwand.

9. Erfolgt eine Erhöhung der Nachbarwand vor dem Anbau des Nachbarn, wird der Erbauer der Nachbarwand Eigentümer, unabhängig davon, wer die Erhöhung durchführt. Wird an die erhöhte Wand angebaut, entsteht Miteigentum nach Bruchteilen. Wird die Nachbarwand nach dem Anbau erhöht, ändert sich die Quote des Miteigentums im Umfang des Anbaus zur Gesamtwand (vgl. *Schäfer*, § 12 Rz. 7).

10. Die **Kosten** für die Erhöhung trägt der erhöhende Nachbar genauso wie die Kosten der Dachverbindung (so auch *Pardey*, § 12 Rz. 7). Soweit der Nachbar an die Erhöhung ebenfalls anbaut, gilt § 7 Abs. 2 NNachbG.

Verstärken der Nachbarwand
§ 13 NNachbG

Jeder Nachbar darf die Nachbarwand auf seinem Grundstück verstärken, soweit es nach den allgemein anerkannten Regeln der Baukunst zulässig ist. Die Absicht der Verstärkung ist zwei Monate vor Beginn der Bauarbeiten anzuzeigen; § 8 gilt entsprechend.

Anmerkungen

1. Auf dem eigenen Grundstück (nur auf diesem) darf die Nachbarwand jederzeit auch **ohne** Einverständnis des Nachbarn verstärkt werden, wenn die Vorschriften des öffentlichen Baurechts dem nicht entgegenstehen. Das Nachbargrundstück wird nämlich durch die Maßnahme regelmäßig nicht gefährdet. Eine Verstärkung auf dem Grundstück des Nachbarn setzt dessen Einwilligung voraus.
2. Die Verstärkung einer Wand dient dazu, die Schall- oder Wärmedämmung bzw. deren Tragfähigkeit zu erhöhen. Zwischen der Verstärkung und der Nachbarwand muss dafür eine feste Verbindung entstehen. Es reicht nicht aus, dass neben der Nachbarwand lediglich eine zweite Wand errichtet wird.
3. Die Verstärkung ist jedoch nur zulässig, wenn sie zwei Monate vor dem Beginn der Bauarbeiten dem Nachbarn angezeigt worden ist; hierbei wird auf § 8 NNachbG verwiesen. Die amtliche Begründung des Regierungsentwurfs sah die Anzeige als erforderlich an, da nach Ansicht des Gesetzgebers bei dieser Baumaßnahme der Nachbar ebenso gefährdet sei wie bei der Erhöhung einer Nachbarwand. Da die Sicherheit der verstärkten Wand von der Art der Verbindung zwischen altem und neuem Wandteil

abhängen könne, habe der Nachbar ein berechtigtes Interesse, die Einzelheiten der beabsichtigten Maßnahme vorher zu erfahren und zu prüfen, ob sie den Regeln der Baukunst entsprechen. Insgesamt dürfte die Anzeigepflicht aber eher dem Informationsinteresse des Nachbarn dienen, als einem echten Gefahrenpotential zu begegnen.

4. Fallen ein Anbau und eine Verstärkung der Nachbarwand zusammen, ist die gesamte Maßnahme einheitlich als Anbau zu werten (so auch *Pardey*, § 13 Rz. 2) und insgesamt nach § 7 NNachbG vorzugehen.
5. Erfolgt eine Verstärkung der Nachbarwand vor dem Anbau des Nachbarn, wird der Erbauer der Nachbarwand Eigentümer, unabhängig davon, wer die Verstärkung vorgenommen hat. Wird an die verstärkte Wand angebaut, entsteht Miteigentum nach Bruchteilen. Wird die Nachbarwand nach dem Anbau verstärkt, ändert sich die Quote des Miteigentums im Umfang des Anbaus zur Gesamtwand (vgl. *Schäfer*, § 13 Rz. 4).
6. Die **Kosten** für die Verstärkung hat allein derjenige zu tragen, der die Verstärkung der Nachbarwand vornimmt, es sei denn, es handelt sich um eine Unterhaltungsmaßnahme. Für **Schäden** durch die Maßnahme haftet der Erbauer nach § 14 NNachbG ohne Rücksicht auf Verschulden.

Schadensersatz
§ 14 NNachbG

(1) Schaden, der durch Ausübung des Rechtes nach § 13 dem Eigentümer des anderen Grundstücks oder den Nutzungsberechtigten entsteht, ist auch ohne Verschulden zu ersetzen. Hat der Geschädigte den Schaden mitverursacht, so hängt die Ersatzpflicht sowie der Umfang der Ersatzleistung von den Umständen ab, insbesondere davon, inwieweit der Schaden vorwiegend von dem einen oder anderen Teil verursacht worden ist.

(2) Auf Verlangen ist Sicherheit in Höhe des möglichen Schadens zu leisten, wenn mit einem Schaden von mehr als 3000 Euro zu rechnen ist; in

einem solchen Falle darf das Recht erst nach Leistung der Sicherheit ausgeübt werden.

Anmerkungen

1. Die Norm gewährt einen Anspruch auf Schadensersatz in Fällen des Verstärkens der Nachbarwand (§ 13 NNachbG) sowie des Unterfangens einer Grenzwand (§ 20 Abs. 2 NNachbG).
2. Da in den Fällen des § 13 NNachbG das Recht einseitig – auch ohne Zustimmung oder gegen den Willen des Nachbarn – ausgeübt werden kann, und es – wenigstens zum Teil – auf dem Nachbargrundstück ausgeübt wird, ist eine **Gefährdungshaftung** für jeden durch die Rechtsausübung entstehenden Schaden vorgesehen, auch wenn dieser ohne Verschulden entsteht. Die Nachbarn können davon abweichende vertragliche Regelungen treffen.
3. Der **Umfang** der Schadensersatzpflicht richtet sich nach § 249 BGB. Darunter fällt nicht nur der am Gebäude entstehende Sachschaden, sondern z. B. auch der Vermögensschaden durch vorübergehende Unbenutzbarkeit von Räumen oder der Minderwert des Gebäudes nach dem Schadensfall. Selbst entgangener Gewinn ist zu ersetzen (§ 252 BGB).
4. **Mitwirkende Verursachung** durch den Geschädigten ist zu berücksichtigen (Abs. 1 Satz 2). Sie liegt z. B. vor, wenn die Wand auf der Seite des Geschädigten verdächtige Putzrisse aufwies, die eine höhere Belastbarkeit fraglich machten, der Geschädigte es jedoch unterlassen hatte, den Bauwilligen darauf hinzuweisen. Eine solche Mitverursachung hat die inanspruchgenommene Person zu beweisen. Die Ursächlichkeit der inanspruchgenommen Person für den Schaden hat hingegen der Anspruchsteller zu beweisen. Eine Einwilligung des Grundstücksnachbarn in die schädigende Maßnahme lässt den Anspruch nach § 14 NNachbG aber nicht entfallen (OLG Braunschweig 4 U 11/94 vom 21.04.1995 Tz. 18 – zitiert nach Juris).

5. **Schadensersatzpflichtig** ist der Erbauende, unabhängig davon, ob er sich Hilfspersonen bedient oder nicht. Die Hilfspersonen selbst sind nach dieser Norm keine geeigneten Anspruchsgegner. Sie können unter den Voraussetzungen des § 823 BGB in Anspruch genommen werden. **Anspruchsberechtigt** ist im vorliegenden Fall neben dem Eigentümer (bzw. dem Erbbauberechtigten, § 1 NNachbG) auch der Nutzungsberechtigte, mithin z. B. der Mieter oder Pächter des Nachbargrundstücks. Allerdings kann jeder nur den ihm entstandenen Schaden ersetzt verlangen.
6. **Sicherheit** kann in Höhe des *möglichen* Schadens verlangt werden, d. h. für Schäden, die bei vorsichtiger Betrachtungsweise im Bereich des Möglichen liegen. Dies gilt jedoch nur, wenn mit einem Schaden von mehr als 3 000 Euro zu rechnen ist. Anspruchsberechtigt sind der Eigentümer bzw. der Erbbauberechtigte. Ein Nutzungsberechtigter darf nur eine Sicherheit verlangen, wenn ihn ein Schaden zu treffen droht (*Schäfer*, § 14 Rz. 3).

Erneuerung einer Nachbarwand
§ 15 NNachbG

Wird eine Nachbarwand, neben der ein später errichtetes Bauwerk steht, abgebrochen und durch eine neue Wand ersetzt, so darf die neue Wand über die Grenze hinaus auf der alten Stelle errichtet werden. Soll die neue Nachbarwand in Bauart oder Bemessung von der früheren abweichen, so sind die §§ 12 bis 14 entsprechend anzuwenden.

Anmerkungen

1. Die Vorschrift geht von folgender Sachlage aus: Der anbauberechtigte Nachbar hat an die vorhandene Nachbarwand nicht angebaut, sondern für sein Bauwerk eine besondere Wand errichtet; der Erbauer der Nachbarwand will die Nachbarwand durch eine andere ersetzen. In diesem Fall darf der Bauherr über die Grundstücksgrenze hinaus bauen, d. h. das fremde Grundstück wie bisher in Anspruch nehmen und bis an die Wand des

Nachbarn heranbauen. Dadurch soll verhütet werden, dass zwischen den beiden Bauwerken eine schmale **Lücke** entsteht.

2. Wenn die neue Wand in Bauart oder Bemessung von der früheren nicht abweicht, ist der Abbruch der Wand – im Gegensatz zu § 11 NNachbG – nicht anzeigepflichtig; es ist auch keine Einwilligung des Nachbarn für die Errichtung der neuen Wand erforderlich. Das Grundstück des Nachbarn darf im bisher bestehenden Umfang in Anspruch genommen werden.
3. Durch die Verweisung in Satz 2 auf die §§ 12 bis 14 NNachbG ist klargestellt, dass bei einer Erhöhung, Verstärkung oder Änderung der Bauart oder Bemessung die allgemeinen Vorschriften (Anzeigepflicht, Einwilligung) in Betracht kommen. Eine Verstärkung auf dem eigenen Grundstück kann hingegen ohne Einwilligung vorgenommen werden (§ 13 NNachbG). Privatrechtlichen Vereinbarungen zwischen den Nachbarn gehen vor.
4. Wenn das neu errichtete Bauwerk indes keine Nachbarwand mehr darstellt, weil z.B. an ihm nicht mehr angebaut werden kann, darf es nur unter Einwilligung des Nachbarn auf dessen Grundstück errichtet werden. Erteilt dieser seine Einwilligung nicht, darf nur eine Grenzwand gebaut werden (*Schäfer*, § 15 Rz. 2).
5. Wegen einer Entschädigung für die teilweise Benutzung des fremden Grundstücks vgl. Anm. 4 zu § 6 NNachbG.

Dritter Abschnitt – Grenzwand

Errichten einer Grenzwand
§ 16 NNachbG

(1) Wer an der Grenze zweier Grundstücke, jedoch ganz auf seinem Grundstück, eine Wand errichten will (Grenzwand), hat dem Nachbarn die Bauart und Bemessung der beabsichtigten Wand anzuzeigen. § 8 Abs. 2 und 3 ist entsprechend anzuwenden. Als Grenzwand gilt auch eine neben einer Nachbarwand oder neben einem Überbau geplante Wand.

(2) Der Nachbar kann innerhalb eines Monats nach Zugang der Anzeige verlangen, die Grenzwand so zu gründen, dass zusätzliche Baumaßnahmen vermieden werden, wenn er später neben der Grenzwand ein Bauwerk errichtet oder erweitert. Mit den Arbeiten darf, wenn nichts anderes vereinbart wird, erst nach Ablauf der Frist begonnen werden.

(3) Die durch das Verlangen nach Abs. 2 entstehenden Mehrkosten sind zu erstatten. In Höhe der voraussichtlich erwachsenden Mehrkosten ist auf Verlangen des Bauherrn binnen zwei Wochen Vorschuss zu leisten. Der Anspruch auf die besondere Gründung erlischt, wenn der Vorschuss nicht fristgerecht geleistet wird.

(4) Soweit der Bauherr die besondere Gründung innerhalb von fünf Jahren seit der Errichtung auch zum Vorteil seines Bauwerks ausnutzt, beschränkt sich die Erstattungspflicht des Nachbarn auf den angemessenen Kostenanteil; darüber hinaus gezahlte Kosten können zurückgefordert werden.

Anmerkungen

1. Während die Nachbarwand (§§ 3 ff. NNachbG) auf dem Grundstück der beiden Nachbarn steht, wird die **Grenzwand** nur auf dem Grundstück des einen Nachbarn errichtet und beeinträchtigt das andere Grundstück nicht (vgl. Abb. 1 und 2). Ein kleiner Abstand der Wand zur Grenze ist unschädlich, je größer

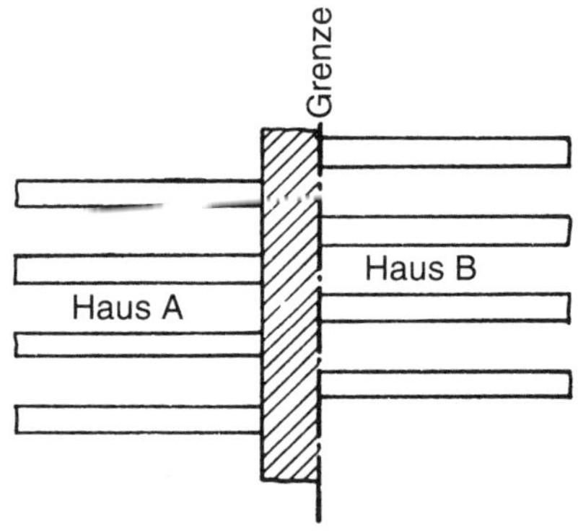

Abb. 2:
Grenzwand nach Anbau (Grundriss)

dieser wird, desto eher wird keine Grenzwand vorliegen (vgl. *Schäfer*, § 16 Rz. 1). Der BGH hat es offengelassen, ob bei einem Grenzabstand von 60 cm noch eine Grenzwand vorliegt (BGH NJW 1997, 2595). Eine Grenzwand kann auch eine Mauer mit einer Höhe von mehr als 1,80 m sein, da § 28 NNachbG diese dann nicht mehr erfasst. Die typische Grenzwand ist indes die doppelte Abschlusswand im Rahmen einer geschlossenen Bauweise.

2. Als Grenzwand gilt nach Abs. 1 Satz 3 auch eine neben einer Nachbarwand oder neben einem Überbau (vgl. §§ 912 ff. BGB) errichtete Wand. Es handelt sich auch dann um eine Grenzwand, wenn eine Nutzung der Wand durch Anbau nicht beabsichtigt ist. Der Nachbar darf aber mit Einwilligung des Erbauers der Wand an die Grenzwand anbauen, d.h. die Wand als Abschlusswand oder zur Unterstützung oder Aussteifung des neuen Bauwerks mitbenutzen. Ansonsten ist keine Einwilligung des Nachbarn erforderlich.

3. Hinsichtlich des Begriffs des Nachbarn im Sinne des NNachbG vgl. Anm. 2 zu § 1 NNachbG. Wenn die Wand über die Grenze gebaut wurde, ohne eine Nachbarwand (vgl. § 3 NNachbG) zu sein (Überbau), bestimmt § 22 NNachbG die Rechtsfolgen. Grenzabstände müssen im Rahmen des Fenster- und Lichtrechts beachtet werden (§ 23 NNachbG). Der Nachbar darf an die Grenzwand anbauen (§ 18 NNachbG) oder eine zweite Grenzwand danebensetzen (§ 19 NNachbG).

4. Eine Grenzwand darf an sich ohne weiteres errichtet werden, sofern nicht das öffentliche Baurecht (§ 5 ff. NBauO) oder die §§ 23 ff., 61 NNachbG einen Grenzabstand vorschreiben. § 16 NNachbG schränkt aber dieses Recht ein, indem er fordert, dass der Bauherr dem Nachbarn die Bauart und Bemessung der beabsichtigten Wand **anzeigt**. Diese Anzeigepflicht ist vorgesehen, um dem Nachbarn die Möglichkeit zu geben, bei der Gründung des ersten Bauwerks die Bedürfnisse seines später zu erstellenden Hauses mitberücksichtigen zu lassen. Der

Nachbar hat das Recht, innerhalb eines Monats nach Erhalt der Anzeige seine Wünsche vorzubringen. Aus Gründen der Beweissicherung sollte die Anzeige schriftlich erfolgen, obgleich die Schriftform nicht vorgeschrieben ist.

5. Die Grenzwand ist keine Grenzeinrichtung im Sinne des § 921 BGB. Deshalb kann der Nachbar auch keine eigenen Rechte an ihr geltend machen. Für einen Anbau an die Grenzwand benötigt er stets die Erlaubnis des Eigentümers der Grenzwand.
6. Die Anzeigepflicht des Abs. 1 besteht auch, wenn das Nachbargrundstück schon bebaut ist, obgleich dann eine Rechtsausübung nach Abs. 2 nicht in Betracht kommt. Der Nachbar hat aber ein berechtigtes Interesse mitzuprüfen, dass bei den Gründungsarbeiten für die neue Grenzwand das Fundament seiner schon vorhandenen Grenzwand geschont und gesichert wird. Er hat ferner ein Interesse zu prüfen, ob durch die von der neuen Grenzwand zu erwartende Bodenpressung seine eigene Grenzwand gefährdet wird. Das OLG Braunschweig hält hierfür die Vorlage der Bauzeichnungen für ausreichend (Nds. Rechtspflege 1971, 231, 232). Richtigerweise dürften bei einem berechtigten Interesse des Nachbarn weitergehende Einsichtsrechte bestehen (so auch *Pardey*, § 16 Rz. 9).
7. Der Bauherr darf mit dem Bau erst beginnen, wenn der Nachbar dem Baubeginn **zugestimmt** hat oder die Monatsfrist des Abs. 2 Satz 1 **abgelaufen** ist. Wenn zu früh mit dem Bau begonnen wird, läuft der Bauherr Gefahr, sich schadensersatzpflichtig zu machen. Das Gleiche gilt, wenn er dem gestellten Verlangen des Nachbarn nach einer tieferen Gründung nicht nachkommt. Gegebenenfalls könnte der Baubeginn per einstweiliger Verfügung unterbunden werden. Im Rahmen eines Schadensersatzanspruchs ist der Nachbar so zu stellen, als ob eine ordnungsgemäße Anzeige erfolgt wäre.
8. Der Nachbar, der das Verlangen auf tiefere Gründung der Grenzwand stellt, hat dem Bauherrn die hierdurch entstehenden Mehrkosten zu erstatten (Abs. 3). Wann der Anspruch auf

Erstattung der Mehrkosten fällig wird, ist nicht geregelt. Es gelten daher die allgemeinen Regeln. Im Zweifel dürfte dieser erst nach Zahlung der Kosten durch den Bauherrn fällig sein.

9. Die Wahl des Bauunternehmers oder der Baumaterialien steht dem Bauherrn frei. Er kann einen **Vorschuss** fordern. Diese Verpflichtung des Nachbarn ist weitergehend als in den Fällen des § 7 Abs. 5 und § 18 Abs. 2 NNachbG, in denen nur Sicherheitsleistung vorgesehen ist. Wenn der Vorschuss nicht rechtzeitig gezahlt wird, erlischt der Anspruch auf die tiefere Gründung. Einklagbar ist der Vorschuss hingegen nicht. Die Verwendung des Vorschusses ist auf Verlangen zu belegen und am Schluss auch abzurechnen.

10. Abs. 4 regelt den Fall, dass der zuerst Bauende seinen ursprünglichen Bauplan erweitert, z.B. sein Bauwerk aufstockt, sodass die besondere Gründung, die zunächst nur wegen des Nachbarbauwerks nötig war, nunmehr auch ihm zugutekommt. In diesem Fall ermäßigt sich sein ihm nach Abs. 3 zustehender Anspruch auf einen angemessenen Kostenteil. Was angemessen ist, wird in der Regel schwer exakt zu ermitteln sein, sodass im Zweifel von einer Kostenteilung zwischen den beteiligten Nachbarn ausgegangen werden muss.

11. Die Grenzwand steht im Eigentum des Eigentümers des Grundstücks, auf dem sie errichtet worden ist. Ihm steht auch das Recht zur Beseitigung zu, soweit die Nachbarn nichts Entgegenstehendes vertraglich vereinbart haben. Auch ein Anbau des Nachbarn ändert nichts an den Eigentumsverhältnissen. Anders als bei der Nachbarwand entsteht kein Miteigentum, sondern die Grenzwand bleibt im Alleineigentum des Eigentümers des Grundstücks, auf dem sie erbaut ist (so auch *Schäfer*, § 16 Rz.).

12. Wegen einer erweiterten Anzeigepflicht vgl. § 19 Abs. 2 NNachbG. Die Unterhaltskosten richten sich nach §§ 18 Abs. 3, 10 NNachbG.

13. Nach den Übergangsvorschriften werden Einzelvereinbarungen der Beteiligten durch das NNachbG nicht berührt (§ 63 Abs. 2 NNachbG).
14. Das NNachbG ist am 01.01.1968 in Kraft getreten (§ 66 NNachbG). Der Umfang von Befugnissen, die bei Inkrafttreten des NNachbG aufgrund des bisherigen Rechts bestanden, richtet sich nach den Vorschriften des § 63 Abs. 1 NNachbG.

Veränderung oder Abbruch einer Grenzwand
§ 17 NNachbG

Wer eine Grenzwand erhöhen, verstärken oder abbrechen will, hat die Einzelheiten dieser Baumaßnahmen einen Monat vor Beginn der Arbeiten dem Nachbarn anzuzeigen. § 8 ist entsprechend anzuwenden.

Anmerkungen

1. Entsprechend § 16 Abs. 1 NNachbG, der das Errichten einer Grenzwand anzeigepflichtig macht, ist auch die Erhöhung, die Verstärkung oder der Abbruch einer Grenzwand dem Nachbarn gegenüber anzuzeigen. Auch durch diese Baumaßnahmen kann der Druck auf den Untergrund so verstärkt werden, dass dieser nachgibt und der Boden auf der Nachbarseite in Bewegung gerät. Ob und welche Baumaßnahmen der Erbauer durchführen möchte, steht aber allein in seinem Belieben, soweit er nicht gegen das öffentliche Baurecht verstößt.
2. Der Nachbar soll vor Beginn der Arbeiten mitprüfen können, ob er durch diese Maßnahmen gefährdet wird, um ggf. Abwehr- oder Sicherungsmaßnahmen treffen zu können. Der Eigentümer ist nur in Ausnahmefällen verpflichtet (§ 242 BGB), eine Grenzwand stehenzulassen.
3. Hat der Nachbar an die Grenzwand angebaut und will der Eigentümer diese abreißen, so hat er § 10 Abs. 3 NNachbG zu beachten, da der Nachbar von dem Abriss betroffen ist.

4. Um der Problematik der Wärmeschutzdämmung bei Grenzwänden zu begegnen, wurde § 21a NNachbG eingefügt. Danach ist das Anbringen einer Wärmedämmung in dem dort vorgegebenen Umfang an einer Grenzwand möglich.

Anbau an eine Grenzwand
§ 18 NNachbG

(1) Der Nachbar darf an eine Grenzwand nur anbauen (§ 5 Abs. 1 Satz 3), wenn der Eigentümer einwilligt. Bei dem Anbau sind die allgemein anerkannten Regeln der Baukunst zu beachten.

(2) Der anbauende Nachbar hat dem Eigentümer der Grenzwand eine Vergütung zu zahlen, soweit er sich nicht schon nach § 16 Abs. 3 an den Errichtungskosten beteiligt hat. Auf diese Vergütung findet § 7 Abs. 2, 3 und 5 entsprechende Anwendung. Die Vergütung erhöht sich um den Wert des Bodens, den der Anbauende gemäß § 5 Abs. 2 bei Errichtung einer Nachbarwand hätte zur Verfügung stellen müssen.

(3) Für die Unterhaltungskosten der Grenzwand gilt § 10 entsprechend.

Anmerkungen

1. Der Anbau an die Grenzwand setzt die **Einwilligung** des Eigentümers der Wand voraus. Ein Anspruch auf Erteilung der Einwilligung besteht nicht. Einer bestimmten Form bedarf sie ebenfalls nicht. Hinsichtlich der Bindungswirkung der Einwilligung siehe Anm. 6 zu § 4.
2. Unter **Anbau** ist auch hier – wie bei der Nachbarwand, § 5 Abs. 1 Satz 3 NNachbG – die Mitbenutzung der Grenzwand als Abschlusswand oder zur Unterstützung oder Aussteifung des neuen **Bauwerks** zu verstehen. Bei dem Anbau sind die **anerkannten Regeln der Baukunst** zu beachten (vgl. hierzu Anm. 3 zu § 7 NNachbG). Das öffentliche Baurecht darf dem Anbau ebenfalls nicht entgegenstehen. Eine Pflicht zum Anbau an die Grenzwand besteht nicht.

3. Die Grenzwand steht im Alleineigentum des Erbauers (so auch *Schäfer*, § 18 Rz. 4; *Pardey*, § 18 Rz. 3). Wird ohne die erforderliche Einwilligung des Eigentümers an die Grenzwand angebaut, kann dieser nach § 1004 BGB Beseitigung verlangen. Die Beweispflicht für die Einwilligung liegt beim Anbauenden.
4. Abs. 2 regelt die Höhe und die Fälligkeit der **Vergütung**, die der anbauende Nachbar an den Eigentümer (Erbbauberechtigten) der Grenzwand zu zahlen hat. Es gilt das in Anm. 9 und 10 zu § 7 NNachbG Gesagte auch hier. Bei der Grenzwand ist zugunsten des Erbauers der Grenzwand zu berücksichtigen, dass der anbauende Nachbar den für die Errichtung einer eigenen Abschlusswand erforderlichen Baugrund einspart. Diese Position dürfte aber im Ergebnis kaum beachtlich sein.
5. Bis zu dem Anbau hat der Erbauer der Grenzwand die **Unterhaltungskosten** allein zu tragen. Eine generelle Pflicht zur Unterhaltung besteht aber nicht. Abs. 3 regelt, wer die Unterhaltungskosten nach dem Anbau zu tragen hat, nämlich beide Nachbarn grundsätzlich zu gleichen Teilen. Zur Unterhaltung gehören alle Maßnahmen, die notwendig sind, die Wand in einem baulich einwandfreien Zustand zu erhalten oder eingetretene Schäden zu reparieren (*Schäfer*, § 18 Rz. 6). Werden besondere Unterhaltungsmaßnahmen nur für ein Nachbargrundstück notwendig, hat der Eigentümer auch einen erhöhten Unterhaltungskostenanteil zu zahlen (§§ 18 Abs. 3, 10 Abs. 2 Satz 2, 7 Abs. 3 NNachbG).

Anschluss bei zwei Grenzwänden
§ 19 NNachbG

(1) Wer eine Grenzwand neben einer schon vorhandenen Grenzwand errichtet, muss sein Bauwerk an das zuerst errichtete Bauwerk auf seine Kosten anschließen, soweit dies nach den allgemein anerkannten Regeln der Baukunst erforderlich oder für die Baugestaltung zweckmäßig ist. Er hat den Anschluss auf seine Kosten zu unterhalten.

(2) Die Einzelheiten des beabsichtigten Anschlusses sind in der in § 16 Abs. 1 vorgeschriebenen Anzeige dem Eigentümer des zuerst bebauten Grundstücks mitzuteilen.

(3) Werden die Grenzwände gleichzeitig errichtet, so tragen die Nachbarn die Kosten des Anschlusses und seiner Unterhaltung zu gleichen Teilen.

Anmerkungen

1. Der Nachbar ist nur mit Einwilligung des Eigentümers berechtigt, an die Grenzwand anzubauen, d. h. sie mitzubenutzen (vgl. Anm. 1 zu § 18 NNachbG). Es steht ihm aber auch frei, bei seinem Neubau die Grenzwand nicht mitzubenutzen, sondern neben die vorhandene Grenzwand eine eigene **Abschlusswand** zu setzen. Er hat dann nach Abs. 1 Satz 1 lediglich die Verpflichtung, sein Bauwerk an die zuerst errichtete Wand anzuschließen, d. h. die Fuge zwischen den beiden Wänden zu verputzen. Eine Einwilligung seines Nachbarn benötigt er dafür nicht.
2. Ein **Anschluss** ist eine Verbindung, die kein Anbau ist. Darunter fallen die Verbindung von Reihenhäusern mit Doppelwänden, von Dachstühlen oder Dachrinnen (*Pardey*, § 19 Rz. 2). Ein nach den Regeln der Baukunst erforderlicher Anschluss soll das Eindringen von Feuchtigkeit verhindern.
3. Die andere Wand darf der Erbauer aber nicht gegen den Widerspruch des Nachbarn in Anspruch nehmen, um dort z. B. Dübel zur Stabilisierung der eigenen Grenzwand einzutreiben (vgl. *Pardey*, § 19 Rz. 1).
4. Die beiden Grenzwände müssen unmittelbar an der Grenze stehen, wobei ein ganz geringfügiger Abstand außer Betracht zu bleiben hat (*Schäfer*, § 20 Rz. 2). § 19 NNachbG ist nicht anzuwenden, wenn zwischen den beiden Grenzwänden kein Anschluss besteht, so wenn z. B. nur die Dachtraufen miteinander verbunden werden.
5. Abs. 2 enthält gegenüber § 16 Abs. 1 NNachbG eine erweiterte Anzeigepflicht. Aus den Angaben muss sich eindeutig ergeben,

ob der beabsichtigte Anschluss den Anforderungen des Abs. 1 genügt.

6. Im Falle des Abs. 1 hat der zuletzt Bauende die **Kosten** des Anschließens und der Unterhaltung der Anschlussstelle zu tragen. Der Erstbauende hat schließlich ein für seine Zwecke ausreichendes und ordnungsgemäßes Gebäude errichtet, dessen Wert durch den Anschluss nicht gesteigert wird. Im Falle des Abs. 3 (gleichzeitige Errichtung beider Bauwerke) tragen diese Kosten beide Nachbarn zu gleichen Teilen. Eine Gleichzeitigkeit liegt noch vor, wenn die erste Wand vor Baubeginn der zweiten noch nicht abschließend fertiggestellt worden ist.

Unterfangen einer Grenzwand
§ 20 NNachbG

(1) Der Nachbar darf eine Grenzwand nur unterfangen, wenn

1. **dies zur Ausführung seines Bauvorhabens nach den allgemein anerkannten Regeln der Baukunst unumgänglich ist oder nur mit unzumutbar hohen Kosten vermieden werden könnte und**
2. **keine erhebliche Schädigung des zuerst errichteten Gebäudes zu besorgen ist.**

(2) Für Anzeigepflicht und Schadensersatz gelten die §§ 8 und 14 entsprechend.

Anmerkungen

1. Wenn der Erbauer seine Grenzwand tiefer als die bereits bestehende Grenzwand seines Nachbarn gründen möchte, können statische Probleme an der bereits bestehenden Grenzwand auftreten. Die oftmals einfachste bautechnische Möglichkeit, die aufgezeigte Problematik in den Griff zu bekommen, wäre die Grenzwand des Nachbarn zu unterfangen. Da auf diese Weise in das Eigentum des Nachbarn eingegriffen wird, bestimmt § 20 NNachbG die Voraussetzungen, unter denen dies geschehen darf.

2. Die das **Unterfangen** (= Abstützen) regelnde Vorschrift erlaubt Eingriffe in die Rechtssphäre des Nachbarn, der die Grenzwand errichtet hat, auch ohne dessen Einwilligung, wenn dies nach Lage des Falles notwendig ist und keine Schäden zu besorgen sind.
3. Nach Abs. 1 Nr. 1 ist hierfür Voraussetzung, dass der Eingriff entweder **unumgänglich** ist (1. Var.), um das Bauvorhaben des Zweitbauenden überhaupt durchführen zu können, oder dass die mögliche andere Lösung mit **unzumutbar hohen Kosten** verbunden wäre (2. Var.). Erfordert die mögliche andere technisch ausführbare und weniger in das Nachbargrundstück eingreifende Lösung lediglich erhebliche Mehrkosten, so rechtfertigt dies noch keinen Eingriff in das Eigentum des Erstbauenden. Nur wenn die Mehrkosten unzumutbar hoch wären, soll der Erstbauende verpflichtet sein zu dulden, dass das Fundament seiner Grenzwand unterfangen wird. Hierbei müssen die Unterschiede zwischen den beiden Varianten so gravierend und unverhältnismäßig sein, dass die Variante ohne das Unterfangen nur noch als wirtschaftlich nicht mehr vertretbar angesehen werden kann. Anderenfalls muss der Bauwillige eine andere Lösung wählen.
4. Ferner müssen nach Abs. 1 Nr. 2 die beabsichtigten Arbeiten für den Erstbauenden so gut wie **ohne Risiko** sein. Es darf also keine erhebliche wirtschaftliche Schädigung des anderen Gebäudes drohen. Besteht ein Risiko, ist der Eingriff unzulässig. In der Regel sind erhebliche Schäden nicht zu besorgen, wenn das zu unterfangende Gebäude relativ leicht, z. B. nur eingeschossig, ist. Unproblematisch ist es auch, wenn mögliche Schäden ohne großen Aufwand und vollständig wieder zu beseitigen sind. Unerheblich sind namentlich Putzschäden; sie sind zumutbar, zumal sie ersetzt werden. Eine erhebliche Schädigung droht, wenn die Standsicherheit der anderen Grenzwand gefährdet wird.
5. Mit den Arbeiten darf erst begonnen werden, wenn dies dem Nachbarn **zwei Monate** vor Beginn angezeigt worden ist. Ein

früherer Beginn der Arbeiten ist nur aufgrund einer Parteivereinbarung zulässig. Wegen des Inhalts der Anzeige vgl. die Kommentierung zu § 8 NNachbG.

6. **Schadensersatzansprüche** können sich nach § 14 NNachbG ergeben. Diese sind verschuldensunabhängig, sodass nur eine Kausalität zwischen den Arbeiten und dem Schaden dargelegt und bewiesen werden muss. Allerdings werden keine Schäden hiervon umfasst, die nur gelegentlich der Arbeiten entstehen. Hierfür gelten die allgemeinen Vorschriften (z.B. § 823 Abs. 1 BGB). Die Schadensersatzpflicht richtet sich allein gegen den Bauherrn der Wand. Dessen Gehilfen (Architekt, Bauunternehmer) haften nicht nach dieser Norm. Gegebenenfalls kann eine **Sicherheitsleistung** fällig werden (§ 14 Abs. 2 NNachbG).
7. Die entstehenden Kosten hat der Unterfangende zu tragen. Die Beweislast, dass die Voraussetzungen des § 20 NNachbG vorliegen, liegt ebenfalls bei diesem.

Einseitige Grenzwand
§ 21 NNachbG

Darf nur auf einer Seite unmittelbar an eine gemeinsame Grenze gebaut werden, so hat der Nachbar kleinere, nicht zum Betreten bestimmte Bauteile, die in den Luftraum seines Grundstücks übergreifen, zu dulden, wenn sie die Benutzung seines Grundstücks nicht oder nur geringfügig beeinträchtigen.

Anmerkungen

1. Jeder Nachbar muss geringfügige Beeinträchtigungen als Folge des nachbarschaftlichen Gemeinschaftsverhältnisses hinnehmen. Deshalb muss er auch im Sinne des § 21 NNachbG ein Übergreifen von Bauteilen geringen Ausmaßes in den Luftraum seines Grundstücks unter bestimmten Umständen dulden. Eine Überbaurente kann nicht verlangt werden.

2. Zugelassen sind nur solche Bauteile, die wegen ihres **relativ geringen Ausmaßes** keinen Überbau im Sinne des § 912 BGB darstellen. Vgl. jedoch § 61 Abs. 2 NNachbG. Unter der Ausnahme können daher Dachvorsprünge, Fenstersimse, Hauslampen und Verzierungen gefasst werden, wenn sie das angrenzende Grundstück nur unwesentlich beeinträchtigen. Nicht darunter fallen (französische) Balkone, da diese zum Betreten geeignet sind.
3. Diskutiert wird, ob die Norm nicht § 912 BGB einschränkt und damit der Landesgesetzgeber keine Gesetzgebungskompetenz für deren Erlass hatte (so *Schäfer*, § 21 Rz. 2 und *Pardey*, § 21 Rz. 1).
4. Voraussetzung für eine solche Duldungspflicht ist, dass nach öffentlichem Recht **nur auf einer Seite** bis an die gemeinsame Grundstücksgrenze gebaut werden darf. Anderenfalls würde die Errichtung einer zweiten Grenzwand für die Nachbarn verhindert oder wesentlich erschwert. Wenn sich die Rechtslage ändert, besteht für den Nachbarn ein Beseitigungsanspruch für die hinüberragenden Bauteile.
5. Eine Anzeigepflicht hat der Gesetzgeber für diese Ausnahme nicht geschaffen. Eine **Anzeige** bietet sich dennoch an, um den Nachbarn zu informieren. Es muss aber keine Einwilligung des Nachbarn eingeholt werden.
6. Liegen die Voraussetzungen des § 21 NNachbG nicht vor, kann der Bauende nur eine Duldungspflicht aus § 912 Abs. 1 BGB oder § 905 Satz 2 BGB herleiten. Siehe dazu die dortige Kommentierung.

Nachträgliche Wärmedämmung einer Grenzwand
§ 21a NNachbG

(1) Der Eigentümer und der Nutzungsberechtigte eines Grundstücks haben einen Überbau auf das Grundstück durch eine nachträglich auf eine Grenzwand aufgebrachte Außenwandbekleidung, die die Grenze um nicht

mehr als 0,25 m überschreitet und der Wärmedämmung eines Gebäudes dient, zu dulden, soweit und solange

1. **der Überbau die zulässige Benutzung des Grundstücks nicht oder nur geringfügig beeinträchtigt und eine zulässige beabsichtigte Benutzung des Grundstücks nicht oder nur geringfügig behindert,**
2. **der Überbau dem öffentlichen Baurecht nicht widerspricht und**
3. **eine ebenso wirksame Wärmedämmung auf andere Weise mit vertretbarem Aufwand nicht möglich ist.**

§ 912 Abs. 2 sowie die §§ 913 und 914 des Bürgerlichen Gesetzbuchs gelten entsprechend.

(2) Der Bauherr hat dem Eigentümer und dem Nutzungsberechtigten des Nachbargrundstücks eine Baumaßnahme nach Absatz 1 Satz 1 spätestens einen Monat vor Beginn der Arbeiten anzuzeigen. Aus der Anzeige müssen Art und Umfang der Baumaßnahme hervorgehen. § 8 Abs. 1 Satz 2 und Abs. 2 und 3 ist entsprechend anzuwenden.

(3) Jeder Eigentümer und jeder Nutzungsberechtigte des überbauten Grundstücks kann verlangen, dass der durch den Überbau begünstigte Nachbar die Außenwandbekleidung in einem ordnungsgemäßen Zustand erhält.

(4) Der Bauherr hat dem Eigentümer und dem Nutzungsberechtigten des überbauten Grundstücks auch ohne Verschulden den Schaden zu ersetzen, der durch einen Überbau nach Absatz 1 Satz 1 oder die mit seiner Errichtung verbundenen Arbeiten entsteht.

Anmerkungen

1. Diese Vorschrift ist erst durch das Gesetz vom 23.07.2011 in das NNachbG eingefügt worden. Sie dient dazu, eine nachträgliche Wärmedämmung auch an denjenigen Gebäuden zu ermöglichen, deren Außenwände genau an oder auf der Grundstücksgrenze stehen. Eine nachträgliche Außendämmung ragt zwangsläufig in das Nachbargrundstück hinein, wodurch Abwehrrechte des Nutzungsberechtigten des anderen Grundstücks ausgelöst werden. In diesen Fällen hilft die Vorschrift des § 912 BGB dem Dämmwilligen nicht weiter, da deren Vor-

aussetzungen bei der nachträglichen Dämmung nicht vorliegen. Der Überbauende weiß nämlich, dass er beim Anbringen der Wärmedämmung die Grenze des anderen Grundstücks überschreitet. § 21 NNachbG kann ebenfalls nicht zur Rechtfertigung der Maßnahme herangezogen werden, da es sich bei Wärmeschutzelementen in der Regel nicht nur um kleinere in den Luftraum des nachbarlichen Grundstücks ragende Bauteile handelt.

2. Die **Duldungspflicht** des Nachbarn aus Abs. 1 setzt voraus, dass er in der Nutzung seines Grundstücks nur geringfügig oder gar nicht beeinträchtigt ist (Nr. 1). Dies wird umso eher der Fall sein, je geringer die Überbauung in das nachbarliche Grundstück hineinragt. Die maximal mögliche Überschreitung inklusive des Außenputzes wurde aus Gründen der Verhältnismäßigkeit mit 0,25 m festgelegt. Die üblichen Dämmstoffe dürften allesamt diese Grenze nicht überschreiten und zu keiner wesentlichen Beeinträchtigung des nachbarlichen Grundstücks führen. Aus Gründen der gegenseitigen Rücksichtnahme ist aber das dünnste Dämmmaterial zu wählen, das energetisch und wirtschaftlich vertretbar ist. Eine nicht nur geringfügige Beschränkung der Nutzung kann sich aus Beschränkungen eines Gebäudes bzw. Gebäudeteils oder auch aus Einschränkungen in der Nutzung einer unbebauten Fläche (z.B. Hofeinfahrt) ergeben.

3. Die Duldungspflicht besteht nur, wenn bereits eine Grenzwand besteht, auf die **nachträglich** eine Wärmedämmung angebracht werden soll. Wenn die Grenzwand erst errichtet werden soll, ist die Wärmedämmung mit einzubeziehen. Diese darf dann nur bis zur Grundstücksgrenze reichen. Auch sind andere Zwecke, wie z.B. Schallschutz, nicht vom Anwendungsbereich der Norm erfasst. Die Duldungspflicht des Nachbarn umfasst auch das **Betretendürfen** des Grundstücks zum Anbringen der Wärmedämmung, da anderenfalls der Anwendungsbereich der Norm leerliefe.

4. Eine solche Duldungspflicht endet ebenso, wenn eine nachträgliche **Nutzungsänderung** des nachbarlichen Grundstücks zu einer nicht nur geringfügigen Beeinträchtigung dessen führt. Möchte z. B. der Nachbar zu einem späteren Zeitpunkt auf seiner Grundstücksseite in einer Weise an die Grenzwand anbauen, die ohne die Wärmedämmung baurechtlich zulässig wäre und ist dabei die Wärmedämmung im Wege, muss er den Überbau nicht mehr dulden. In diesem wie in anderen Fällen stehen dem Nachbarn die allgemeinen Rechte zu, insbesondere der Anspruch auf Beseitigung des Überbaus nach § 1004 BGB.
5. Des Weiteren setzt eine Duldungspflicht des Nachbarn voraus, dass der Überbau mit öffentlich-rechtlichen Vorschriften, insbesondere den Regelungen des Baurechts, vereinbar und damit zulässig ist (Nr. 2). Siehe hierzu §§ 5 Abs. 4, 10, 12 und 13 ff. NBauO.
6. Die Nr. 3 bestimmt aus Gründen der Verhältnismäßigkeit, dass die Dämmung auf dem eigenen Grundstück grundsätzlich Vorrang hat, soweit mit dieser vergleichbare Dämmwerte erzielt werden können und der dazu erforderliche Aufwand nicht außer Verhältnis steht. Grundsätzlich ist aber davon auszugehen, dass eine Innendämmung aus bauphysikalischen Gründen (Wärmebrückeneffekte, Verschiebung des Taupunkts) keine mit der Außendämmung vergleichbare Dämmwirkung erzielt oder nur unter unverhältnismäßigem Aufwand eine vergleichbare Dämmwirkung hat (so die Gesetzesbegründung LT-Drs. 17/1259 S. 8). Bestehende Mietverhältnisse an den zu dämmenden Räumen können auch einen unverhältnismäßigen Aufwand begründen, der eine Außendämmung erforderlich werden lässt. Oftmals dürfte den Vermietern eine Auseinandersetzung mit ihren Mietern über eine Innendämmung nicht zuzumuten sein.
7. Für den Nachbarn besteht ebenfalls keine Duldungspflicht, wenn er auf absehbare Zeit konkret plant, an der zu dämmenden Wand ebenfalls eine Grenzwand zu errichten. In diesem

Fall wäre er berechtigt, zu Beginn seiner Bauarbeiten die Wärmedämmung wieder entfernen zu lassen. Dies gibt ihm sogleich das Recht, der geplanten Maßnahme entgegenzutreten, da die Grenzen der nur geringfügigen Beeinträchtigung durch den Dämmwilligen überschritten würden.

8. Als Ausgleich für den Eingriff in sein Eigentum kann der Nachbar einen Anspruch auf Zahlung einer **Überbaurente** geltend machen, deren Höhe sich nach den hierzu bestehenden Vorschriften des BGB bemisst (§§ 912 Abs. 2, 913, 914 BGB).

9. Im Sine des Abs. 2 muss der Bauwillige dem Eigentümer bzw. dem Nutzungsberechtigten die Absicht seiner Baumaßnahme spätestens einen Monat vor Baubeginn **anzeigen**. Die Anzeige ist formlos möglich. Aus Gründen der Beweissicherung sollte sie aber schriftlich erfolgen. Die Pflicht zur Anzeige gilt ggf. auch gegenüber dem unmittelbaren Besitzer, soweit der Eigentümer bzw. der Nutzungsberechtigte nicht erreichbar sind. Diese Pflicht dient dem Informationsbedürfnis des Nachbarn, dessen Eigentum in Anspruch genommen werden soll. Hierzu ist es erforderlich, dem Nachbarn auch Art und Umfang der Baumaßnahme mitzuteilen. § 8 Abs. 1 Satz 2 und Abs. 2 und 3 NNachbG finden hierfür Anwendung. Insbesondere soll der Umfang der Grenzüberschreitung und die Art des verwendeten Materials mitgeteilt werden, damit der betroffene Grundstücksnachbar die Maßnahme prüfen und gegebenenfalls Einwendungen erheben kann. Soweit der Nachbar gegen das Vorhaben Einwendungen erhebt, muss der Dämmwillige den Nachbarn auf Duldung verklagen.

10. Nach Abs. 3 ist der begünstigte Eigentümer verpflichtet, die Wärmedämmung in einem **ordnungsgemäßen Zustand** zu erhalten. Das Recht, den Nutzen aus einer Maßnahme ziehen zu können, korrespondiert mit der Verpflichtung, den Zustand zu erhalten. Allerdings besteht die Verpflichtung zu entsprechenden Maßnahmen erst auf Verlangen des Nachbarn.

11. Abs. 4 begründet einen verschuldensunabhängigen **Schadensersatzanspruch** für den Nachbarn, soweit durch den Überbau selbst oder die Baumaßnahme dem Nachbarn ein Schaden entstehen sollte. Hierbei soll der Bauherr der Verpflichtete sein. Dies wird in der Regel der Eigentümer selbst sein. Im Einzelfall ist auch an Nutzungsberechtigte, wie Mieter oder Erbbauberechtigte, zu denken, die eine solche Baumaßnahme durchführen lassen und im Schadensfall vom Nachbarn in Anspruch zu nehmen sind. Gegen den Architekten oder den Bauunternehmer kann kein Anspruch aus dieser Vorschrift abgeleitet werden.

Über die Grenze gebaute Wand
§ 22 NNachbG

Die Bestimmungen über die Grenzwand gelten auch für eine über die Grenze hinausreichende Wand, wenn die Vorschriften über die Nachbarwand nicht anwendbar sind. § 21 a Abs. 1 Satz 1 gilt mit der Maßgabe, dass der gesamte Überbau 0,25 m nicht überschreiten darf. Stimmt der Erbauer einer über die Grenze hinausreichenden Wand auf Wunsch des Nachbarn einem Anbau zu, so gelten die Vorschriften über die Nachbarwand.

Anmerkungen

1. Eine auf der Grenze zweier Grundstücke errichtete Wand ist nur dann eine Nachbarwand, wenn sie den Bauwerken beider Grundstücke als Abschlusswand oder zur Unterstützung oder Aussteifung dient oder dienen soll (§ 3 NNachbG); sie darf nur im Einvernehmen mit dem Nachbarn errichtet werden (§ 4 NNachbG).
2. Liegt eine dieser Voraussetzungen nicht vor, so sind nach Satz 1 die Vorschriften über die Grenzwand (§ 16 ff. NNachbG) anzuwenden. Bei einem unberechtigten Überbau hat der Nachbar Beseitigungs- und Geldrentenansprüche nach dem BGB. Eine

Duldungspflicht des Nachbarn besteht nur, wenn die Voraussetzungen des § 912 BGB vorliegen oder Treu und Glauben bzw. Verwirkung einem Abriss entgegenstehen (§ 242 BGB).

3. Satz 2 stellt klar, dass der gesamte Überbau, also bereits vorhandener Überbau zuzüglich nachträglicher Wärmeschutzüberbau, die Grenze von 0,25 m nicht überschreiten darf. Abweichende Vereinbarungen zwischen den Nachbarn sind zulässig.

4. Baut der Nachbar mit Zustimmung des Erbauers der Wand an diese an, so gelten die Vorschriften über die Nachbarwand, mit der Folge, dass von da an § 3 ff. NNachbG anzuwenden sind.

Vierter Abschnitt – Fenster- und Lichtrecht

Vorbemerkungen

1. Das **Fensterrecht** regelt, ob und inwieweit der Grundstückseigentümer Fenster mit Sicht auf das Nachbargrundstück errichten darf. Es schützt mithin die Privatsphäre. Das **Lichtrecht** schützt die einmal angelegten Fenster gegen nachbarliche Eingriffe, insbesondere durch Bebauung.

2. Das BGB enthält keine Regelung zum Fenster- und Lichtrecht. Der durch Lichtentzug beeinträchtigte Eigentümer wird sich daher in der Regel nicht auf die Vorschriften des BGB beziehen können, wenn er wegen Lichtentzugs gegen seinen Nachbarn vorgehen möchte. Ein solcher Anspruch könnte sich allenfalls aus dem nachbarlichen Gemeinschaftsverhältnis und dem daraus entspringenden gegenseitigen Rücksichtnahmegebot ergeben.

3. Das Fenster- und Lichtrecht war im bisherigen Recht verschieden geregelt. Über den Rechtszustand vor dem Inkrafttreten des NNachbG sowie die Motive zur jetzigen Regelung heißt es in der amtlichen Begründung zum Gesetzentwurf (Landtagsdrucksache Nr. 839 der 5. Wahlperiode) wie folgt:

„Dieses Rechtsgebiet hat in den Partikularrechten entsprechend der überwiegend offenen Bauweise in älterer Zeit vielfältige Regelungen erfahren.

Im gemeinen Recht gab es keine gesetzlichen Beschränkungen für die Anlage von Fenstern und kein gesetzliches Lichtschutzrecht. Das Lichtrecht konnte jedoch aufgrund unvordenklicher Vererbung erworben werden.

Nach preußischem ALR sind auch in Grenzwänden Fenster zulässig. Sie müssen aber vergittert sein und – wenn es die Umstände zulassen – sechs Fuß Höhe über Fußboden haben (§§ 137, 138 I 8 ALR). – (Ähnlich braunschweigische Bauordnung von 1899, § 73).

Wer solche Fenster ohne Einvernehmen mit dem Nachbarn einbaut, muss aber gewärtig sein, dass ihm durch ein später errichtetes Nachbarhaus das Licht verbaut wird (Mindestabstand nur drei Fuß). Erst wenn das Fenster zehn Jahre vorhanden ist, ist das Lichtrecht gewissermaßen ersessen. Alsdann muss ein neuer Bau auf dem Nebengrundstück so weit zurücktreten, dass der Nachbar noch aus den ungeöffneten Fenstern des unteren Stockwerks den Himmel erblicken kann; hat der Nachbar ausreichend Licht von einer anderen Seite, so genügt es, wenn er aus den ungeöffneten Fenstern des zweiten Stockwerks den Himmel sehen kann (§§ 142, 143 I 8 ALR).

Nach rheinischem Recht (Code civil) waren Aussichtsfenster (d.h. unvergitterte, zum Öffnen eingerichtete Fenster) nur in einem Grenzabstand von sechs Fuß zulässig. Der Nachbar durfte ihnen gegenüber bis an die Grenze bauen. Das Lichtrecht für ein regelwidriges Aussichtsfenster mit geringem Grenzabstand konnte durch 30-jährigen Besitz ersessen werden. „Lichtlöcher" (vergitterte, nicht zu öffnende Fenster mit besonderer Höhe über Fußboden) waren auch in Grenzwänden zulässig, genossen aber keinen Lichtschutz (Art. 676–680 CC).

Der Entwurf übernimmt aus dem rheinischen Recht den Grundgedanken, dass Fenster, die einen Mindestgrenzabstand nicht einhalten, der Einwilligung des Nachbarn bedürfen (die Unterscheidung zwischen zu öffnenden und nicht zu öffnenden Fenstern wird aufgegeben). In Anlehnung an preußische Rechtsgedanken wird dazu bestimmt, dass dasjenige Fenster, dem der Nachbar zugestimmt hat, ein gewisses Maß an gesetzlichem Lichtschutz genießt."

4. Hinsichtlich des Begriffs des Nachbarn im Sinne des NNachbG vgl. Anm. 2 zu § 1 NNachbG.

5. Das NNachbG ist am 01.01.1968 in Kraft getreten (§ 66 NNachbG). Der Umfang von Befugnissen, die bei Inkrafttreten des NNachbG aufgrund des bisherigen Rechts bestanden, richtet sich nach den Vorschriften dieses Gesetzes (§ 63 Abs. 1 NNachbG). War eine Einrichtung bei Inkrafttreten des NNachbG vorhanden, gilt § 25 NNachbG. Danach ist ein Beseitigungsanspruch unter den dort aufgeführten Bedingungen ausgeschlossen.

6. Nach den Übergangsvorschriften werden Einzelvereinbarungen der Beteiligten durch das NNachbG nicht berührt (§ 63 Abs. 2 NNachbG).

7. Von öffentlich-rechtlicher Seite sind die §§ 5 ff. NBauO zu beachten, die zum Teil ebenfalls nachbarschützenden Charakter haben.

Umfang und Inhalt
§ 23 NNachbG

(1) In oder an der Außenwand eines Gebäudes, die parallel oder in einem Winkel bis zu 75 Grad zur Grenze des Nachbargrundstücks verläuft, dürfen Fenster oder Türen, die von der Grenze einen geringeren Abstand als 2,5 m haben sollen, nur mit Einwilligung des Nachbarn angebracht werden. Das gleiche gilt für Balkone und Terrassen.

(2) Von einem Fenster, dem der Nachbar zugestimmt hat, müssen er und seine Rechtsnachfolger mit später errichteten Gebäuden mind. 2,5 m Abstand einhalten.

Anmerkungen

1. Die Regelung möchte vor Beeinträchtigungen des Nachbargrundstücks schützen, die durch Ausblicke oder Emissionen

entstehen können. Daher gilt die Vorschrift für die Schaffung der in Abs. 1 benannten Bauteile, nicht aber für deren Erweiterung oder Umgestaltung.

2. Die Regelung gilt für Fenster, Türen, Balkone und Terrassen. **Fenster** sind Lichtöffnungen jeder Art, die zum Be- oder Entlüften geeignet sind oder nur Aussichtsmöglichkeiten nach draußen gewähren sollen (BGH MDR 1960, 914). Da Glasbausteine ebenfalls Licht durchlassen, sind diese unter den Begriff des Fensters zu fassen (BGH a. a. O.). Hierbei ist aber die Ausnahme des § 24 Nr. 1 NNachbG für undurchsichtige und schalldämmende Bauteile zu beachten. **Dachfenster** sind bis zu einer Neigung von 45 Grad ebenfalls von der Vorschrift umfasst (*Pardey*, § 25 Rz. 2), **Lichtschächte** und Öffnungen unterhalb der Erdoberfläche aber nicht (*Pardey*, § 25 Rz. 13). **Türen** sind Öffnungen in den Wänden, die zum Durchgehen oder Durchfahren geeignet sind, zur Be- oder Entlüftung dienen oder durch die Gegenstände durchgereicht werden können (vgl. *Schäfer*, § 23 Rz. 2). Eine **Terrasse** ist eine künstlich erstellte Bodenerhöhung, die zum Aufenthalt von Menschen bestimmt ist (vgl. OLG Celle in OLGR 2004, 110 [111 und 112]). Ein **Balkon** ist eine zum Betreten von Menschen bestimmte Fläche, die vom Gebäude vorspringt. Unerheblich ist, wie weit dieser Vorsprung reicht und wie der Balkon mit dem Haus verbunden ist. Das besondere Merkmal der Balkone und Terrassen ist, dass sie einen Ausblick zum Nachbargrundstück gewähren können. Eine an der Grenze stehende **Garage** fällt nicht unter die Norm, wenn sie kein Fenster zum Nachbarn hin hat. **Treppenpodeste** vor seitlichen Haustüren fallen ebenfalls nicht unter die Bestimmung, sofern sie entweder vollständig offen sind oder wenn sie geschlossen sind, aber zur Nachbarseite kein Fenster haben. Eine in das Gebäude hineingezogene **Loggia** ist einem Balkon gleichzusetzen.

3. Die Einrichtungen sind **unzulässig**, wenn die Außenwand des Gebäudes, in oder an der sie angebracht sind, parallel zur

Grundstücksgrenze steht oder sie selbst bzw. in ihrer Verlängerung einen Winkel *bis* zu 75 Grad zur Grenze des Nachbargrundstücks bilden und die Einrichtungen einen geringeren Abstand als 2,5 m von der Grenze haben. **Gebäude** sind selbstständig benutzbare, überdeckte bauliche Anlagen, die von Menschen betreten werden können und geeignet oder bestimmt sind, dem Schutz von Menschen, Tieren oder Sachen zu dienen (§ 2 Abs. 2 NBauO). *Schäfer* (§ 23 Rz. 3) sieht Fenster in Nachbarwänden von dieser Vorschrift nicht umfasst, da diese auf der Grundstücksgrenze stehen und nicht parallel zu dieser verlaufen. Diese Auslegung widerspricht aber zum einen dem Sinn und Zweck dieser Vorschrift, zum anderen verläuft ein auf der Grundstücksgrenze stehendes Fenster ebenfalls parallel zu dieser. Wenn dies nicht der Fall wäre, wäre es schief eingebaut worden. **Außenwände** sind sowohl tragende als auch nicht tragende Wände, die von außen sichtbar sind und eine Gebäudeseite abschließen (vgl. *Schäfer*, § 23 Rz. 3).

4. Die in Anm. 2 genannten Einrichtungen sind stets **zulässig**, wenn der Nachbar einwilligt oder die Außenwand des Gebäudes, in oder an der sie angebracht sind, selbst oder in ihrer Verlängerung in einem Winkel von über 75 Grad zur Grundstücksgrenze verläuft, ohne Rücksicht auf den Abstand der Einrichtung von der Grenze. In diesen Fällen braucht die Einrichtung also keinen bestimmten Grenzabstand einzuhalten (dies gilt z. B. auch für einen – vorgebauten – Balkon), wenn die Außenwand in einem Winkel über 75 Grad zur Grundstücksgrenze des Nachbarn verläuft, die Einrichtung aber einen Abstand von 2,5 m oder mehr von der Grenze hat oder die Voraussetzungen des § 24 NNachbG vorliegen.

5. Die **Einwilligung** ist formlos gültig. Zur Beweissicherung sollte sie aber stets schriftlich erteilt werden. Die Einwilligung bindet den Rechtsnachfolger des Nachbarn, den Käufer, aber erst, wenn das Fenster oder die Tür zumindest im Rohbau errichtet ist (vgl. Anm. 6 zu § 4). Der Nachbar ist nicht verpflichtet, die

Einwilligung zu erteilen. Die zu beachtende Grenze ist Treu und Glauben (§ 242 BGB). Die Einwilligung gilt nur solange, wie das in Bezug genommene Gebäude steht (Umkehrschluss aus § 25 Abs. 2 NNachbG). Ob allein in der Vereinigung zweier benachbarter Grundstücke in einer Hand bereits die Zustimmung nach Abs 2 liegen kann, ist zweifelhaft. Auf jeden Fall ist sie aber darin zu sehen, dass der Eigentümer beider Grundstücke die im Nachbarhaus vorhandenen Fenster selbst geschaffen oder wesentlich verändert hat (OLG Oldenburg Nds. Rechtspflege 1983, 157).

6. Für die Zulässigkeit einer Einrichtung ist es nach dem Gesetz von Bedeutung, ob der **Winkel**, in dem die Außenwand des Gebäudes zur Grenze des Nachbargrundstückes verläuft, bis zu 75 Grad oder mehr beträgt. Der in Abs. 1 genannte Winkel „bis zu 75 Grad" ist so zu verstehen, dass die Wand mit dem Fenster oder dergleichen den einen Schenkel und die Grenze des Nachbargrundstücks den anderen Schenkel bildet und dass man von dem Fenster oder dergl. in den Winkel hineinblickt. Ist die Außenfront des Gebäudes der Grenze des Nachbargrundstückes zugekehrt, kann nur ein Winkel zwischen 1 und 89 Grad in Betracht kommen, nicht jedoch kommt es auf den sich ebenfalls ergebenden größeren Winkel an. Ist die Außenfront der Außenwand der Grundstücksgrenze des Nachbargrundstücks abgekehrt, kommt für die maßgebende Berechnung der Winkel über 90 Grad in Betracht. Vgl. hierzu die Abb. 3 bis 9.

7. Bei der Berechnung des Abstandes ist der Teil der in Anm. 2 genannten Einrichtung maßgebend, der der Grundstücksgrenze am nächsten kommt. Der Abstand ist waagerecht vom grenznächsten Punkt der anzulegenden Lichtöffnung aus rechtwinklig zur Grenze zu messen. Auf den Abstand der Wand oder der Mauer selbst, in oder an der sich die Einrichtung befindet, kommt es nicht an (*Schäfer*, § 23 Rz. 4). Bei Terrassen ist der

Abstand von der zum Betreten bestimmten Terrassenfläche zu messen (LG Lüneburg Nds. Rechtspflege 1977, 125).

8. Eine erteilte Baugenehmigung befreit nicht von der Einhaltung der privatrechtlichen Vorschriften des § 23 NNachbG.

9. In Anlehnung an das frühere preußische Recht bestimmt Abs. 2, dass das Fenster, dem der Nachbar zugestimmt hat, ein gewisses Maß gesetzlichen **Lichtschutzes** genießt. Der Nachbar, der der Errichtung des Fensters zugestimmt hat, muss diesem Fenster auch später das nötige Licht belassen, d. h., er muss mit seinem Bauwerk, z. B. einer Mauer, den Abstand von 2,50 m wahren, vgl. Abb. 10. Der durch diese Vorschrift begünstigte Nachbar kann ein näheres Heranbauen genehmigen. Deshalb empfiehlt es sich, sich diese **Genehmigung** vor oder zumindest gleichzeitig mit der Zustimmung nach Abs. 1 erteilen zu lassen, und zwar schriftlich, um spätere Auseinandersetzungen auszuschließen.

10. Fenster und Türen, die ohne Einwilligung des Nachbarn erbaut worden sind, sind vom Schutz dieser Vorschrift nicht umfasst. Ausdrücklich von dieser Vorschrift umfasst sind ebenfalls nur später errichtete Gebäude. Der BGH hat den Anwendungsbereich dieser Regelung aber auch als auf solche Anlagen entsprechend anwendbar erklärt, die in gleicher Weise wie ein Gebäude den Lichteinfall dauernd beeinträchtigen, im konkreten Fall eine Mauer (BGH NJW 1992, 2559).

11. Hat ein Nachbar in einen geringeren Grenzabstand eines Fensters als 2,50 m eingewilligt, kann er sich nicht auf eine Beeinträchtigung durch einen später errichteten Ersatzbau berufen, wenn dieser den Lichteinfall nicht stärker beschränkt als das ursprüngliche Gebäude (OLG Braunschweig Nds. Rechtspflege 1991, 49).

12. Fenster und Türen, die in den Anwendungsbereich dieser Norm fallen und ohne Einwilligung errichtet worden sind, sind auf Verlangen des Nachbarn zu beseitigen (§ 1004 BGB),

wenn nicht die Ausnahmen nach § 24 NNachbG oder ein Ausschluss des Beseitigungsanspruchs nach § 25 NNachbG vorliegen. Dies kann aber auch durch einen Teilrückbau oder das Zumauern des betroffenen Fensters (bzw. den Einsatz von Glasbausteinen) erfolgen.

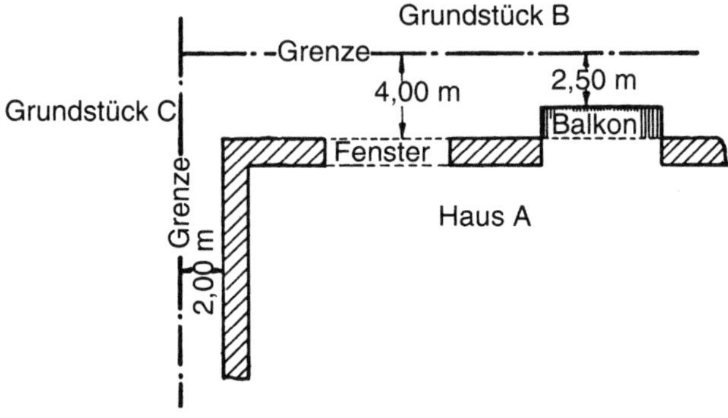

Abb. 3: Zwei Außenwände parallel zu den Grundstücksgrenzen (Balkon und Fenster zulässig, da Abstand gewahrt; seitlich wären Balkon und Fenster unzulässig)

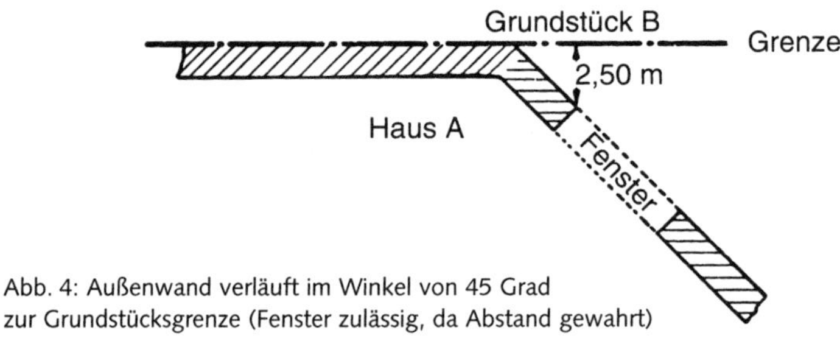

Abb. 4: Außenwand verläuft im Winkel von 45 Grad zur Grundstücksgrenze (Fenster zulässig, da Abstand gewahrt)

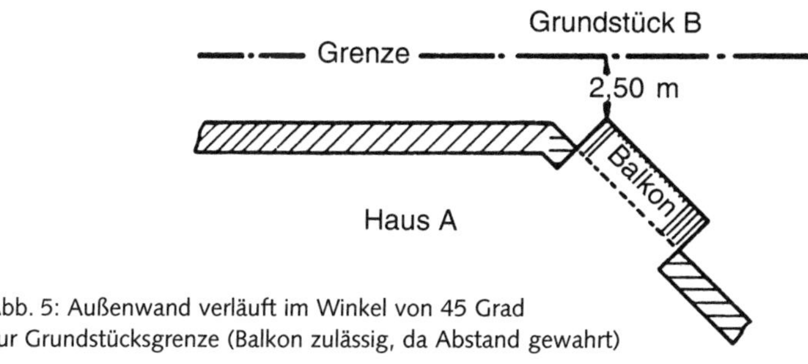

Abb. 5: Außenwand verläuft im Winkel von 45 Grad zur Grundstücksgrenze (Balkon zulässig, da Abstand gewahrt)

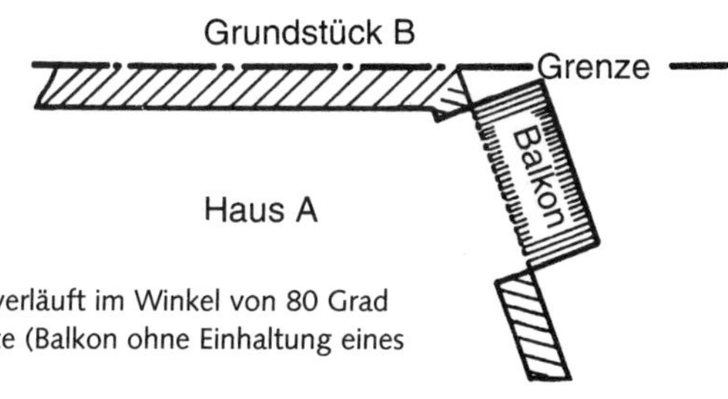

Abb. 6: Außenwand verläuft im Winkel von 80 Grad zur Grundstücksgrenze (Balkon ohne Einhaltung eines Abstandes zulässig)

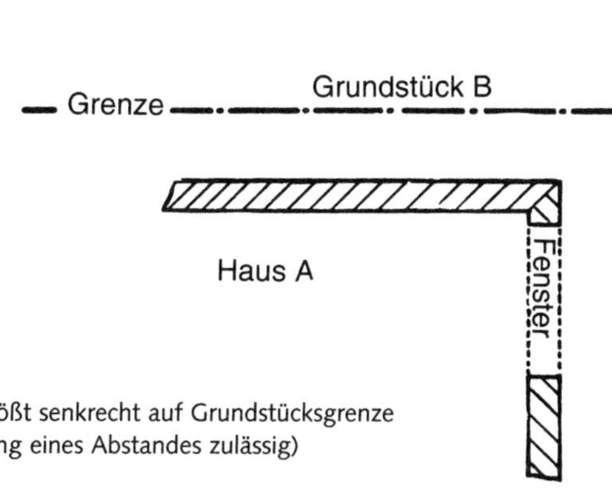

Abb. 7: Außenwand stößt senkrecht auf Grundstücksgrenze (Fenster ohne Einhaltung eines Abstandes zulässig)

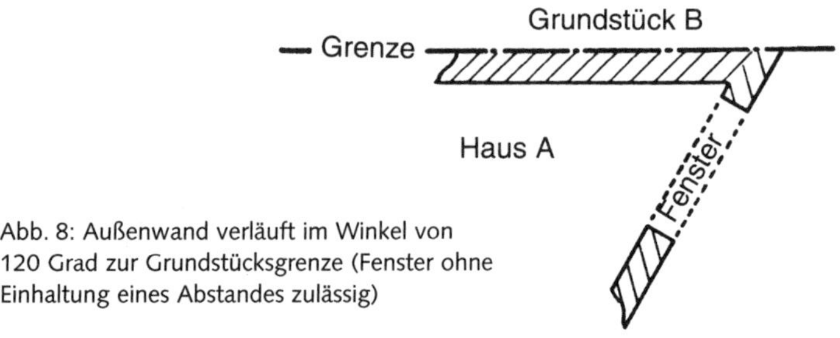

Abb. 8: Außenwand verläuft im Winkel von 120 Grad zur Grundstücksgrenze (Fenster ohne Einhaltung eines Abstandes zulässig)

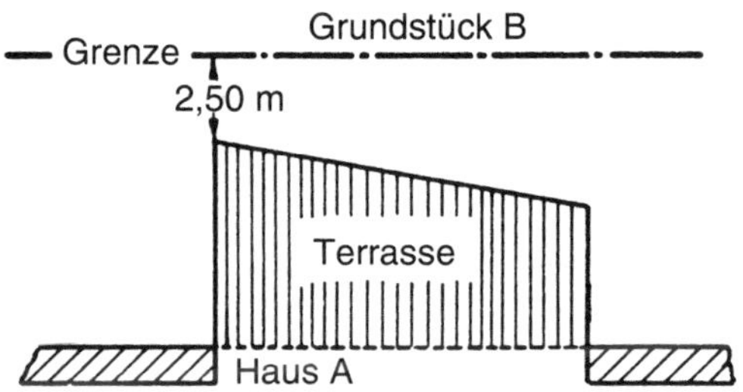

Abb. 9: Außenwand verläuft parallel zur Grundstücksgrenze (Terrasse zulässig, da Abstand gewahrt)

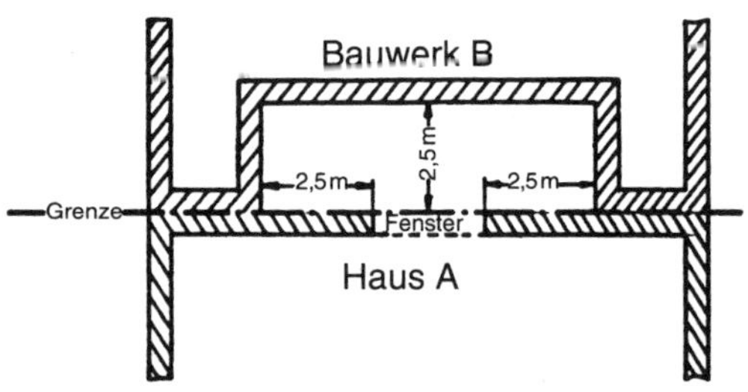

Abb. 10: B muss von dem von ihm genehmigten Fenster des A nach allen Seiten einen Abstand von 2,5 m wahren

Ausnahmen
§ 24 NNachbG

Eine Einwilligung nach § 23 Abs. 1 ist nicht erforderlich

1. **für lichtdurchlässige Bauteile, wenn sie undurchsichtig und schalldämmend sind,**
2. **für Außenwände an oder neben öffentlichen Straßen, öffentlichen Wegen und öffentlichen Plätzen (öffentlichen Straßen) sowie an oder neben Gewässern von mehr als 2,5 m Breite.**

Anmerkungen

1. Die Vorschrift gestattet Ausnahmen zu § 23 NNachbG. Eine Einwilligung des Nachbarn ist in den genannten Fällen nicht erforderlich.
2. Die Merkmale „undurchsichtig" und „schalldämmend" in Nr. 1 sind z. B. bei Glasbausteinen vorhanden. Ist ein lichtdurchlässiges Wandbauteil nur undurchsichtig, aber nicht schalldämmend (z. B. eine mattfarbige Glaswand aus dünnem Glas), so ist die Einwilligung nach § 23 Abs. 1 NNachbG erforderlich. Auch dürfen die Bauteile nicht zum Öffnen geeignet sein, da sie ansonsten unter den Begriff des Fensters aus § 24 NNachbG fallen. § 15 NBauO fordert für bauliche Anlagen unter anderem einen ausreichenden Schallschutz.
3. Soweit die Ausnahmen nach Nr. 2 in Betracht kommen, müssen stets die Normen des öffentlichen Rechts Beachtung finden. Nach § 2 Abs. 1 NStrG sind **öffentliche Straßen** diejenigen Straßen, Wege und Plätze, die dem öffentlichen Verkehr gewidmet sind. Der Umfang ergibt sich aus § 2 Abs. 2 NStrG. Hierunter fallen auch öffentlichen Grünanlagen, da sie ebenfalls dem öffentlichen Verkehr gewidmet sind (A.A. *Pardey*, § 25 Rz. 6). **Gewässer** sind ständig oder zeitweilig in Betten fließende oder stehende oder aus Quellen wild abfließende Wasser (§ 3 Nr. 1 WHG).

4. In den Fällen des § 24 NNachbG besteht nicht der Schutz des § 23 Abs. 2 NNachbG. Der Nachbar kann also an die nicht genehmigungspflichtige Einrichtung ohne Wahrung eines Abstandes heranbauen.

Ausschluss des Beseitigungsanspruches
§ 25 NNachbG

(1) Der Anspruch auf Beseitigung einer Einrichtung nach § 23 Abs. 1, die einen geringeren als den dort vorgeschriebenen Grenzabstand hat, ist ausgeschlossen,

1. **wenn die Einrichtung bei Inkrafttreten dieses Gesetzes vorhanden ist und ihr Grenzabstand sowie ihre sonstige Beschaffenheit dem bisherigen Recht entspricht oder**
2. **wenn der Nachbar nicht spätestens im zweiten Kalenderjahr nach dem Anbringen der Einrichtung Klage auf Beseitigung erhoben hat; die Frist endet frühestens zwei Jahre nach Inkrafttreten dieses Gesetzes.**

(2) Wird das Gebäude, an dem sich die Einrichtungen befanden, durch ein neues Gebäude ersetzt, so gelten die §§ 23 und 24.

Anmerkungen

1. Wenn die Einrichtung nach § 23 Abs. 1 NNachbG in unzulässiger Weise angebracht ist, kann der beeinträchtigte Nachbar auf Beseitigung klagen (§ 1004 BGB). Diese Vorschrift macht im Interesse des Rechtsfriedens von diesem Grundsatz eine Ausnahme.
2. Dieses Klagerecht ist **ausgeschlossen**, wenn die Einrichtung bei Inkrafttreten des NNachbG (01.01.1968) bereits vorhanden war und dem *früheren* Recht entspricht (hierzu vgl. Vorbem. 3) oder der Nachbar bei Einrichtungen, die am 01.01.1968 vorhanden waren und nicht dem bisherigen Recht entsprechen, nicht spätestens bis 31.12.1969 Klage auf Beseitigung der Anlage erhoben hat oder der Nachbar bei später errichteten Einrichtungen nicht spätestens bis zum Ende des zweiten Kalenderjahres nach dem

Anbringen der Einrichtung Klage auf Beseitigung erhoben hat. Die Frist zur Klageerhebung beginn im Jahr nach der Fertigstellung der Einrichtung zu laufen.

3. § 25 NNachbG ist eine Ausnahmevorschrift. Wer sich darauf beruft, muss den Tatbestand von Abs. 1 Nr. 1 oder Nr. 2 beweisen. Die Voraussetzungen dieser Norm sind aber von Amts wegen zu beachten, da es sich um Ausschlussfristen und nicht um Verjährungsvorschriften handelt. Ein ausdrückliches Berufen hierauf ist demnach nicht erforderlich.
4. Wird das Gebäude, an dem sich die in § 23 NNachbG genannten Einrichtungen befinden, abgerissen und durch ein neues ersetzt, so dürfen diese Einrichtungen ohne Einwilligung des Nachbarn nicht wieder angebracht werden (Abs. 2). Nach Errichtung des neuen Bauwerks beginnt die Ausschlussfrist von neuem zu laufen.

Fünfter Abschnitt – Bodenerhöhungen

Bodenerhöhung
§ 26 NNachbG

Wer den Boden seines Grundstücks über die Oberfläche des Nachbargrundstücks erhöht, muss einen solchen Grenzabstand einhalten oder solche Vorkehrungen treffen und unterhalten, dass eine Schädigung des Nachbargrundstücks durch Bodenbewegungen ausgeschlossen ist. Die Verpflichtung geht auf den Rechtsnachfolger über.

Anmerkungen

1. Die Norm bezweckt, Gefährdungen, Beeinträchtigungen oder gar Schädigungen des Nachbargrundstücks zu vermeiden. Wer sein Grundstück erhöhen möchte, hat alles Erforderliche zu tun, um eine Schädigung des Nachbarn auszuschließen. Da das BGB nur die Vertiefung von Nachbargrundstücken (§ 909 BGB)

regelt, ist die Frage der Bodenerhöhung dem Landesgesetzgeber belassen geblieben.

2. Eine **Erhöhung** ist jede bewusste Veränderung der natürlich vorhandenen Erdoberfläche über das bestehende Niveau hinaus (*Birk*, § 9 Anm. 1). Von dieser Vorschrift umfasst sind auch weitergehende Erhöhungen des bereits bestehenden erhöhten Niveaus (so BGH WM 1980, 656). Umfasst sind größere Erdaufschüttungen, künstliche Hügel, Dämme oder Wälle, erhöhe Auffahrten und Terrassen sowie Schutthalden und Erdwälle zu Einfriedungszwecken (*Pardey*, § 26 Rz. 10).

3. Erhöhungen durch Naturereignisse, wie Erdrutsche oder Anschwemmungen, zählen nicht dazu. Soweit das eigene Grundstück nur an das Niveau des Nachbargrundstücks angeglichen werden soll, liegt ebenfalls keine Erhöhung im Sinne der Vorschrift vor. Dadurch werden keine zusätzlichen Gefahren für das Nachbargrundstück geschaffen. Es ist lediglich § 37 WHG zu beachten, wonach der natürliche Ablauf wild abfließenden Wassers auf ein tiefer liegendes Grundstück nicht zum Nachteil eines höher liegenden Grundstücks behindert werden darf. Von den Bodenerhöhungen sind ebenfalls bloße Aufschüttungen von Holz, Gras, Steinen oder gar Erde abzugrenzen, die nur dem Zweck der Lagerung dienen und lediglich vorübergehender Natur sind.

4. Ist das Bodenniveau durch die Bauaufsichtsbehörde festgelegt worden, etwa weil es erforderlich geworden ist, im Bebauungsplan so ausgewiesen wurde oder in der Baugenehmigung so vorgegeben ist, ist auch privatrechtlich darauf abzustellen (*Pardey*, § 26 Rz. 9).

5. Größere Bodenaufschüttungen in Grenznähe sind eine außerordentliche und für den Nachbarn gefährliche Benutzung des Grundstücks. So besteht z.B. die Gefahr, dass eine zur Befestigung der Bodenerhöhung an der Grenze errichtete Mauer unter dem Druck der Erdmassen zur Nachbarseite hin umstürzt und dort großen Schaden anrichtet. Vom Anwendungsbereich der

Vorschrift sind daher auch nur vorübergehende Bodenerhöhungen umfasst (so auch *Schäfer*, § 26 Rz. 2).

6. Die Sicherung des Nachbargrundstücks kann entweder durch einen hinreichenden Grenzabstand (1. Var.) oder durch andere Vorkehrungen (2. Var.) herbeigeführt werden. Der Grundstückeigentümer kann selbst bestimmen, auf welche Art er die Sicherung (auf eigene Kosten) durchführen lassen möchte. Die Maßnahmen müssen aber eine Schädigung des Nachbargrundstücks ausschließen. Dieses muss so abgesichert werden, dass kein Boden auf das Nachbargrundstück gelangt. **Bodenbewegungen** können durch Abschwemmung, Absturz oder Veränderung des Grundwasserspiegels, durch Pressung des Bodens, dem Druck einer Aufschüttung oder dem Abrutschen einer Böschung ausgelöst werden (*Pardey*, § 26 Rz. 5). Vorkehrungen sind auf dem eigenen Grundstück durchzuführen.

7. Der Grundstücksnachbar kann seinen Anspruch auf Durchführung einer Sicherung gerichtlich durchsetzen lassen. Der Anspruch verjährt nach drei Jahren (§ 2 NNachbG). Der Nachbar ist für das Vorliegen einer Bodenerhöhung beweispflichtig. Die Vollstreckung einer gerichtlichen Entscheidung erfolgt nach § 887 ZPO. Dem Nachbarn steht auch ein Beseitigungsanspruch nach § 1004 BGB zu. Da § 26 NNachbG ein Schutzgesetz im Sinn des § 823 Abs. 2 BGB ist, kann bei einem schuldhaften Verstoß gegen die Sicherungspflicht bei Vorliegen eines Schadens Ersatz verlangt werden.

8. Die Verpflichtung, Vorkehrungen zu treffen und zu unterhalten, umfasst auch die Pflicht, die getroffenen Vorkehrungen regelmäßig zu überprüfen und sie zu verstärken, wenn diese im Laufe der Zeit nicht mehr als ausreichend erscheinen.

9. Das Gesetz zählt nicht alle möglichen Schädigungen abschließend auf. So werden auch der Absturz von Boden und Bodenpressungen miterfasst. Schädigungen am Nachbargrundstück, die durch infolge einer Bodenerhöhung wild abfließendes Wasser entstanden sind, fallen indes nicht unter den Anwen-

dungsbereich der Norm (OLG Celle OLGR 2000, 275). Ein Grundstückseigentümer kann von dem Eigentümer des Nachbargrundstücks verlangen, dass der Nachbar, der beim Anlegen einer Zufahrt auf seinem Grundstück keinen Grenzabstand eingehalten hat, Vorkehrungen trifft und unterhält, damit eine Beeinträchtigung des Nachbargrundstücks durch Bodenbewegungen ausgeschlossen ist (OLG Celle OLGR 1998, 201).

10. Die Verpflichtung obliegt dem jeweiligen Eigentümer. Sie geht auf den Rechtsnachfolger über (Satz 2). Damit ist ein Anspruch gegen den jeweiligen Grundstückseigentümer (Erbbauberechtigten) und nicht gegen den Erbauer zu richten.

Sechster Abschnitt – Einfriedung

Vorbemerkungen

1. Unter **Einfriedung** ist eine Anlage zu verstehen, die ein Grundstück von Nachbargrundstücken, Wegen, Straßen oder sonstigen Flächen abgrenzt und/oder es vor dem Betreten schützt. Hierzu gehören Zäune, Mauern, Hecken sowie Sichtschutzwände (*Schäfer*, Vorbem. zu § 27 Rz. 1).

2. Da das BGB keine Regelungen über Einfriedungen von Grundstücken enthält, können die Länder nach Art. 124 EGBGB eigene Vorschriften erlassen. Von dieser Möglichkeit hat Niedersachsen Gebrauch gemacht. Über den früheren Rechtszustand und die Überlegungen zur Neuregelung ergibt sich aus der amtlichen Begründung zum Gesetzentwurf (Landtagsdrucksache Nr. 839 der 5. Wahlperiode) Folgendes:

> „Nach gemeinem Recht stand es im Belieben des Eigentümers, sein Grundstück einzufrieden. Auch nach § 903 BGB kann der Grundstückseigentümer frei bestimmen, ob er sein Grundstück einfrieden will und ob er eine ihm gehörende Einfriedung verändern oder beseitigen will.

Einfriedungspflichten enthält das preußische ALR: Jeder hat die von ihm errichteten Einfriedungen zu unterhalten (§§ 149, 153 I 8). In Stadtbezirken hat jeder Eigentümer die Einfriedung zum – von der Straße aus betrachtet – rechten Nachbargrundstück zu errichten und zu unterhalten. Rückwärtige Einfriedungen sind in den Städten von beiden Nachbarn zu unterhalten (§§ 162 ff. I 8 ALR). Im gemeinrechtlichen Gebiet haben sich Einfriedungspflichten vielerorts als örtliche Gewohnheitsrechte (Observanzen) entwickelt.

Bestimmungen über die Beschaffenheit von Einfriedungen finden sich im ALR, in der braunschweigischen Bauordnung von 1899, in zahlreichen örtlichen Separationsrezessen und im örtlichen Gewohnheitsrecht.

Dieser im Laufe der Zeit entstandene Rechtszustand hat den Mangel der Unsicherheit. Örtliche Gewohnheitsrechte sind häufig zweifelhaft und im Streitfall schwierig festzustellen. Die Rechtsunsicherheit vergrößerte sich nach dem zweiten Weltkrieg. Die Flüchtlinge als neu hinzugekommener Bevölkerungsteil kannten die alten Rezesse und Observanzen nicht und brachten ihre heimatlichen Rechtsvorstellungen mit, die häufig dem preußischen ALR entsprachen. Auch abgesehen davon sind die Bestimmungen der jetzt etwa hundert Jahre alten Rezesse, die immer nur in wenigen handgeschriebenen Exemplaren existieren, vielerorts im Rechtsbewusstsein der Bevölkerung verblasst.

Es erscheint deshalb eine gesetzliche Regelung erforderlich, die das alte Recht einschließlich der Observanzen und der einschlägigen Rezessbestimmungen ablöst. Die Frage, ob neue Bestimmungen über Einfriedungen, insbesondere über Einfriedungspflichten, notwendig sind, ist zu bejahen. Zwar gibt es eine städtebauliche Richtung, welche die zaunlose Siedlung für ideal hält. Indessen haben Einfriedungen von Gärten und Höfen schon im Hinblick auf Kinder und Tiere eine so große praktische Bedeutung, dass sie wohl auch künftig die Regel sein werden. Die Siedlung ohne Zäune dürfte auch in Zukunft die Ausnahme sein. Wo aber Einfriedungen üblich sind, sind klare Regelungen, insbesondere der Einfriedungspflicht, zweckmäßig. In der gegenwärtigen Rechtsunsicherheit gibt es viel Misshelligkeiten, wenn jeder Nachbar die Last der Errichtung einer Einfriedung oder der Reparatur einer vorhandenen Einfriedung dem anderen Nachbarn zuzuschieben sucht. Diese Quelle nachbarlicher Streitigkeiten lässt sich nur durch eine gesetzliche Regelung der Einfriedungspflicht eindämmen.“

3. § 11 Abs. 2 des Bundesfernstraßengesetzes und § 31 Abs. 2 des Nds. Straßengesetzes schreiben vor, dass Zäune und andere mit dem Grundstück nicht fest verbundene Einrichtungen nicht angelegt werden dürfen, wenn sie die Verkehrssicherheit durch Sichtbehinderung beeinträchtigen.

4. Hinsichtlich des Begriffs des Nachbarn im Sinne des NNachbG vgl. Anm. 2 zu § 1 NNachbG.

5. Das NNachbG ist am 01.01.1968 in Kraft getreten (§ 66 NNachbG). Der Umfang von Befugnissen, die bei Inkrafttreten des NNachbG aufgrund des bisherigen Rechts bestanden, richtet sich nach den Vorschriften dieses Gesetzes (§ 63 Abs. 1 NNachbG). Wenn eine Einfriedung bei Inkrafttreten dieses Gesetzes vorhanden war, richtet sich die Rechtslage nach § 33 NNachbG.

6. Nach den Übergangsvorschriften werden Einzelvereinbarungen der Beteiligten durch das NNachbG nicht berührt (§ 63 Abs. 2 NNachbG).

Einfriedungspflicht
§ 27 NNachbG

(1) Grenzen bebaute oder gewerblich genutzte Grundstücke aneinander, so kann jeder Eigentümer eines solchen Grundstücks, sofern durch Einzelvereinbarung nichts anderes bestimmt ist, von den Nachbarn die Einfriedung nach folgenden Regeln verlangen:

1. Wenn Grundstücke unmittelbar nebeneinander an derselben Straße oder an demselben Wege liegen, so hat jeder Eigentümer an der Grenze zum rechten Nachbargrundstück einzufrieden. Rechtes Nachbargrundstück ist dasjenige, das von der Straße (dem Wege) aus betrachtet

rechts liegt. Dies gilt auch für Eckgrundstücke, auch für solche, die an drei Straßen oder Wege grenzen.

2. **Liegt ein Grundstück zwischen zwei Straßen oder Wegen, so ist dasjenige Grundstück rechtes Nachbargrundstück im Sinne von Nr. 1 Satz 2, welches an derjenigen Straße (demjenigen Wege) rechts liegt, an der (dem) sich der Haupteingang des Grundstückes befindet. Durch Verlegung des Haupteingangs wird die Einfriedungspflicht ohne Zustimmung des Nachbarn nicht verändert. Für Eckgrundstücke gilt Nr. 1 ohne Rücksicht auf die Lage des Haupteingangs.**
3. **Wenn an einer Grenze gemäß Nr. 2 in Verbindung mit Nr. 1 beide Nachbarn einzufrieden haben, so haben sie gemeinsam einzufrieden.**
4. **An Grenzen, auf die weder Nr. 1 noch Nr. 2 dieses Absatzes anwendbar ist, insbesondere an beiderseits rückwärtigen Grenzen, ist gemeinsam einzufrieden.**
5. **Soweit die Grenzen mit Gebäuden besetzt sind, besteht keine Einfriedungspflicht.**

(2) Soweit in einem Teil eines Ortes Einfriedungen nicht üblich sind, besteht keine Einfriedungspflicht. § 29 Abs. 2 bleibt unberührt.

Anmerkungen

1. Nach den §§ 903, 905 BGB kann der Eigentümer eines Grundstücks grundsätzlich frei bestimmen, ob und wie er sein Grundstück einfrieden oder ob er eine vorhandene Einfriedung verändern oder beseitigen möchte. Diese Freiheit schränkt § 27 NNachbG in der Weise ein, dass hinsichtlich der **bebauten** oder **gewerblich genutzten Grundstücke** die Verpflichtung begründet wird, auf Verlangen des Eigentümers des Nachbargrundstücks eine Einfriedung im Sinne des § 28 NNachbG anzubringen. Unter **Bebauung** sind neben Wohn- und Geschäftshäusern auch Wochenendhäuer und Baracken zu verstehen (*Schäfer*, § 27 Rz. 1). **Gewerblich** genutzt ist das Grundstück, wenn es einer selbstständigen Tätigkeit dient, die auf Dauer mit Gewinnerzielungsabsicht ausgeübt wird.

2. Dieses Verlangen kann nur von einem **unmittelbar** angrenzenden Nachbarn gestellt werden, wenn beide Grundstücke bebaut oder gewerblich genutzt sind. Anderenfalls ist lediglich eine Einfriedungspflicht nach § 29 Abs. 2 NNachbG zu prüfen. Der Einfriedungsanspruch ist einklagbar.
3. Die Eigentümer von öffentlichen **Straßen**, Grünanlagen und Gewässern sind im Rahmen des § 27 NNachbG niemals einfriedungspflichtig, weil derartige Grundstücke weder bebaut noch gewerblich genutzt werden. Auch die Anlieger der Straße sind gegenüber dem Straßeneigentümer nicht einfriedungspflichtig, sie können aber nach § 29 NNachbG als „Störer" einfriedungspflichtig sein.
4. Eine Einfriedungspflicht besteht **nicht**, soweit an der Grenze Gebäude stehen (Abs. 1 Nr. 5). Soweit ein Gebäude geringfügig von der Grenze abweicht, ist dies unschädlich. Lücken zwischen den Gebäuden müssen eingefriedet werden. Eine Pflicht zur Einfriedung besteht hingegen nicht, soweit in einem Teil des Ortes Einfriedungen nicht üblich sind (Abs. 2). Die **Ortsüblichkeit** richtet sich nach der vorhandenen Altbebauung, solange ein Neubaugebiet noch im Entstehen begriffen ist und die bereits vorhandene Neubebauung den Charakter des Ortsteils noch nicht prägt (LG Lüneburg Nds. Rechtspflege 2000, 72). Durch örtliche Satzungen oder Bebauungspläne kann öffentlich-rechtlich vorgegeben werden, ob und ggf. wie einzufrieden ist oder ob auf eine Einfriedung verzichtet werden muss. Dies bestimmt dann auch die Ortsüblichkeit.
5. Grundsätzlich können die Nachbarn **selbst** bestimmen, wer auf welche Weise welchen Bereich einfriedet. Eine einvernehmlich getroffene Entscheidung hat stets Vorrang vor den gesetzlichen Vorgaben. Nur soweit sich die Nachbarn nicht einigen können, wird auf die gesetzlichen Bestimmungen zurückgegriffen. Naturgemäß dienen diese auch als Anhaltspunkt für die Verhandlung zwischen den Nachbarn, wer welche Einfriedung vorzunehmen hat. Die Parteien können aber eigene Lösungen wählen oder

ganz von einer Einfriedung absehen. An eine solche – auch formlos getroffene Einigung – sind die Gesamtrechtsnachfolger der Beteiligten gebunden. Dies gilt zwar nicht für Einzelrechtsnachfolger (z. B. Käufer), doch genießen einvernehmlich auf der Grenze errichtete Einfriedungen nach §§ 921, 922 BGB als Grenzeinrichtungen Bestandsschutz, weshalb eine Einwilligung auch zulasten des Einzelrechtsnachfolgers wirkt (so auch *Schäfer*, § 72 Rz. 3).

6. Soweit eine Einfriedungspflicht besteht, gilt der Grundsatz der **Rechtseinfriedung**. Der Eigentümer muss die Grenze zu seinem rechten Nachbargrundstück einfrieden und kann die Einfriedung an seiner linken Grundstücksgrenze durch seinen dortigen Nachbarn verlangen. Die Kostentragungspflicht regeln §§ 34, 35 NNachbG.

7. Es sind folgende Fälle zu unterscheiden:
   a) Reihengrundstück nur an einer Straße (an einem Weg),
   b) bis zur hinteren Straße (zum hinteren Weg) durchgehendes Grundstück, also Grundstück an zwei Straßen (Wegen),
   c) Eckgrundstück an zwei Straßen (Wegen),
   d) durchgehendes Eckgrundstück, Grundstück also an drei Straßen (Wegen).

   zu a): Bei Reihengrundstücken, die unmittelbar nebeneinander nur an einer Straße (einem Weg) liegen, hat jeder Eigentümer an der Grenze zum rechten Nachbargrundstück einzufrieden. **Wege** können auch Privatwege oder Notwege sein, es muss sich nicht um öffentliche Wege handeln (*Schäfer*, § 27 Rz. 6). Rechtes Nachbargrundstück ist das, das von der Straße (dem Weg) aus betrachtet rechts liegt. Die rückwärtige Grenze ist gemeinsam mit dem Eigentümer des dahinter liegenden Grundstücks einzufrieden. Eine Verpflichtung zur Einfriedung nach der Straße (dem Weg) zu besteht nicht; soweit an dieser Grenze eingefriedet werden soll, hat der Eigentümer des Grundstücks die Kosten zu tragen (vgl. hierzu Abb. 11).

zu b): Geht das Reihengrundstück bis zu der hinter ihm liegenden Straße (Weg) durch, liegt es also zwischen zwei Straßen (Wegen), so hat der Eigentümer auch jeweils die rechte Seite einzufrieden. Rechtes Grundstück ist hierbei das Nachbargrundstück, das von der Straße (dem Weg) aus betrachtet rechts vom Haupteingang liegt. Durch Verlegung des Haupteingangs ohne Zustimmung des Nachbarn kann die Einfriedungspflicht nicht verändert werden (vgl. hierzu Abb. 12 und 13).

zu c): Liegt das Grundstück an der Ecke, aber nur an zwei Straßen (Wegen), gilt ebenfalls die Regel, dass der Eigentümer an der Grenze zum rechten Grundstück einzufrieden hat (vgl. Abb. 14).

zu d): Geht das Eckgrundstück bis zu der hinteren Straße (dem hinteren Weg) durch, liegt es also an drei Straßen (Wegen), so hat der Eigentümer die Grenze nach dem rechten Grundstück einzufrieden, ohne Rücksicht darauf, wo sich bei dem Grundstück der Haupteingang befindet (vgl. hierzu Abb. 15 und 16).

8. Der Grundstücknachbar kann auch die **Beseitigung** einer Einfriedung verlangen, wenn diese nach ihrer Beschaffenheit vom Erscheinungsbild einer ortsüblichen Einfriedung – erheblich – abweicht und deswegen außerordentlich stört (*Pardey*, § 27 Rz. 25).

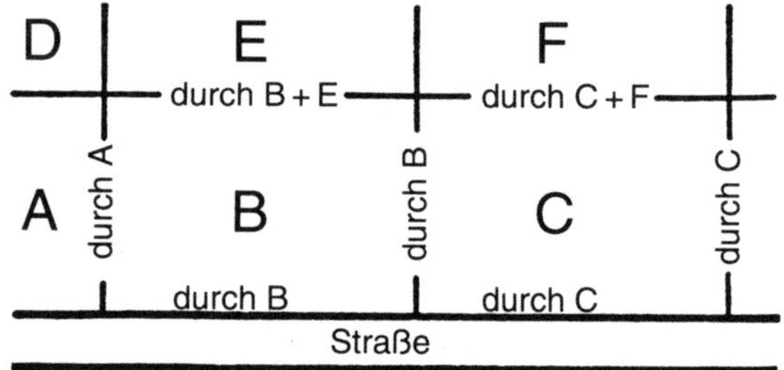

Abb. 11: Reihengrundstücke nur an einer Straße
(Einfriedung ist zu errichten durch ...)

Allerdings kann die Beseitigung einer Einfriedigung, deren Beschaffenheit den Vorschriften des Landesnachbarrechts entspricht, selbst dann nicht verlangt werden, wenn die Art der Einfriedigung ästhetisch unschön und sonst nirgends vertreten ist (BGH NJW-RR 2014, 973).

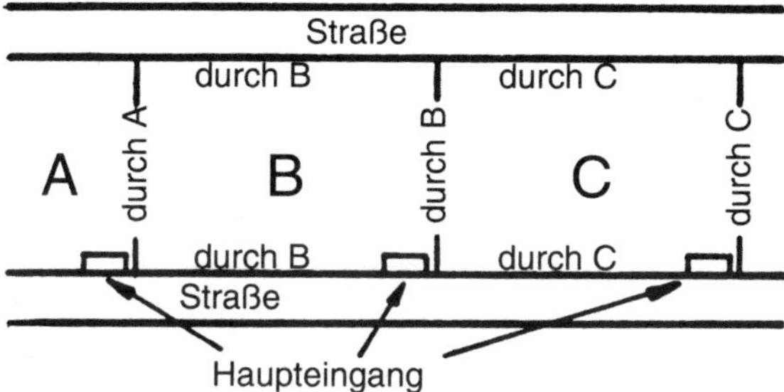

Abb. 12: Durchgehende, an zwei Straßen liegende Grundstücke, Haupteingänge an derselben Straße (Einfriedung ist zu errichten durch …)

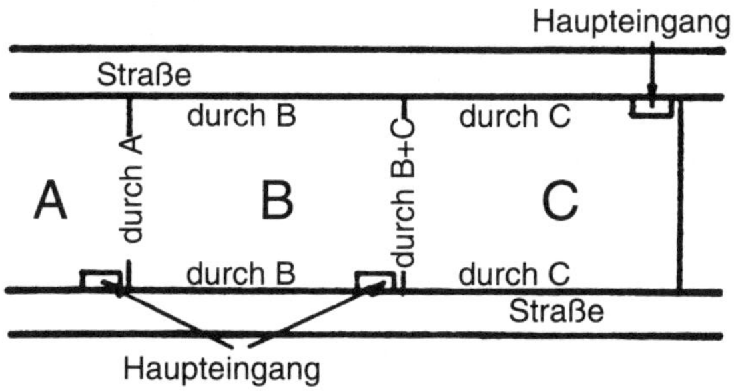

Abb. 13: Durchgehende, an zwei Straßen liegende Grundstücke, Haupteingänge an verschiedenen Straßen (Einfriedung ist zu errichten durch …)

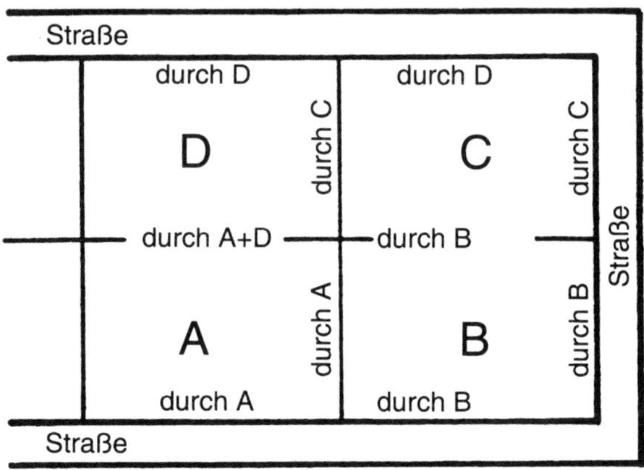

Abb. 14: Eckgrundstücke, an zwei Straßen gelegen (Einfriedung ist zu errichten durch ...)

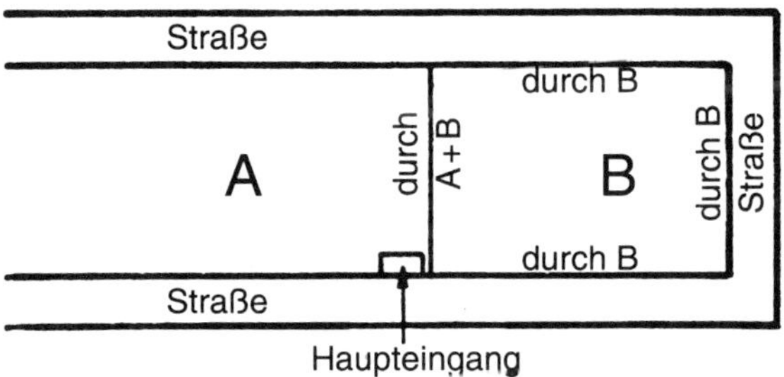

Abb. 15: Eckgrundstück an drei Straßen liegend, Haupteingang des Nachbargrundstücks an der vorderen Straße (Einfriedung ist zu errichten durch ...)

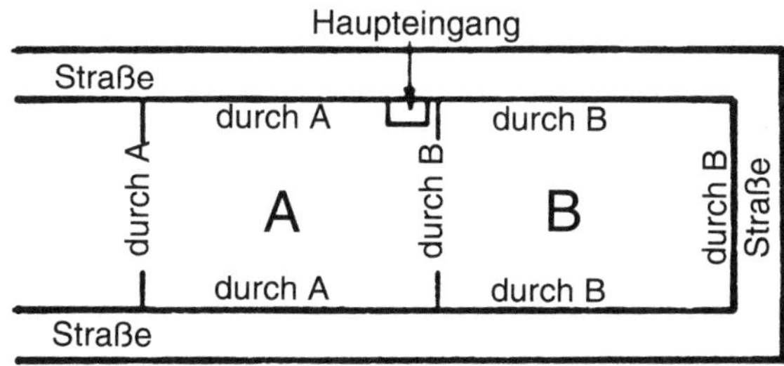

Abb. 16: Eckgrundstück an drei Straßen liegend, Haupteingang an der hinteren Straße (Einfriedung ist zu errichten durch ...)

Beschaffenheit der Einfriedung
§ 28 NNachbG

(1) Haben die Eigentümer eine Vereinbarung über die Art und Beschaffenheit der Einfriedung nicht getroffen, so kann eine ortsübliche Einfriedung verlangt werden. Wenn sich für einen Teil eines Ortes keine andere Ortsübung feststellen lässt, kann ein bis zu 1,20 m hoher Zaun verlangt werden.

(2) Die Einfriedung ist – Vorbehaltlich des § 30 – auf dem eigenen Grundstück zu errichten. Seitliche Zaunpfosten sollen dem eigenen Grundstück zugekehrt sein.

(3) Darf eine Einfriedung nach der Niedersächsischen Bauordnung in einer bestimmten Höhe an der Grenze errichtet werden, so kann nicht verlangt werden, dass die Einfriedung eine geringere Höhe einhält.

Anmerkungen

1. Die Vorschrift befasst sich mit dem Inhalt des nachbarrechtlichen Einfriedungsanspruchs. Bei der Wahl einer Einfriedung sind auch stets die **öffentlich-rechtlichen Vorschriften** zu beachten. So können eine gemeindliche Satzung oder eine Baugenehmigung dem Einfriedungspflichtigen Vorgaben machen,

die er abgesehen von den nachbarrechtlichen Vorschriften zwingend zu beachten hat.

2. Für die Beschaffenheit der Einfriedung ist in erster Linie die zwischen den Nachbarn zu treffende **Vereinbarung** maßgebend. Die Nachbarn können frei die Höhe der Einfriedung, deren Material oder sonstige Einzelheiten wählen. Auf die Ortsüblichkeit der gewählten Einfriedung kommt es dann nicht mehr an (AG Wittmund 4 C 233/16 vom 20.10.2016 Tz. 19 – zitiert nach Juris).

3. Ohne eine solche Einigung ist es z. B. unzulässig, unmittelbar hinter den Maschendraht-Grenzzaun eine Mauer oder einen (höheren) Holzgeflechtzaun zu setzen (BGH NJW 1979, 1408); der Nachbar kann deren Beseitigung vom Errichter verlangen (§ 1004 BGB). Eine Vereinbarung zwischen den beiden unmittelbaren Nachbarn kann einen Einfriedungsanspruch eines nicht unmittelbaren Nachbarn nach § 29 NNachbG allerdings nicht beseitigen. Im Verhältnis untereinander kann sich der Nachbar aber nach einer einmal getroffenen Vereinbarung ohne Anfechtung dieser nicht mehr auf § 28 NNachbG berufen.

4. Falls keine Vereinbarung zustande kommt, ist die Ortsüblichkeit maßgebend; sind mehrere Einfriedungsarten ortsüblich, hat der einfriedungspflichtige Grundstückseigentümer ein Wahlrecht (BGH NJW 1992, 2569).

5. Die **Ortsüblichkeit** bei Neubaugebieten richtet sich nach der vorhandenen Altbebauung, solange das Neubaugebiet noch im Entstehen begriffen ist und die bereits vorhandene Neubebauung den Charakter des Ortsteils noch nicht prägt (LG Lüneburg Nds. Rechtspflege 2000, 72). Entscheidend ist stets die tatsächliche Übung. Ausreichend ist es, wenn die Mehrheit der Vergleichsgrundstücke identisch eingefriedet ist. Eine Ortsüblichkeit kann sich sowohl aus der Art als auch aus der Höhe der Einfriedung ergeben. So kann es z. B. sein, dass die Art in dem betroffenen Ortsteil einheitlich gewählt wurde, hinsichtlich der Höhe der Einfriedungen in der unmittelbaren Nachbar-

schaft sich aber keine Ortsüblichkeit feststellen lässt. Wenn mehrere Einfriedungen ortsüblich sind, kann der Eigentümer frei entscheiden (Wahlschuld), welche Einfriedungsart er wählt (LG Braunschweig Nds. Rechtspflege 1969, 86). Weder kommt es darauf an, welche Einfriedigung am häufigsten vorkommt, noch, ob eine Einfriedigung optisch schöner ist (LG Oldenburg ZMR 2017, 780). Dieses Wahlrecht geht erst im Rahmen der Zwangsvollstreckung auf den Gläubiger über (§ 264 BGB).

6. Zur Prüfung der Ortsüblichkeit reicht die Üblichkeit der Einfriedung für einen bestimmten Ortsteil (vgl. § 27 Abs. 2 NNachbG) oder innerhalb einer geschlossenen Siedlung aus, da es zuvorderst auf die Umstände in der näheren Umgebung des einzufriedenden Grundstücks ankommt (*Schäfer*, § 28 Rz. 4). Zur Feststellung der Ortsüblichkeit ist im Zweifel der Zeitpunkt der letzten mündlichen Verhandlung maßgeblich (BGH NJW 1992, 2569). Ist der Anspruch einmal erfüllt, ist er untergegangen. Es kann dann keine Anpassung mehr an eine sich wandelnde Ortsüblichkeit verlangt werden.

7. Die Ortsüblichkeit einer Einfriedung überwindet nicht die Maßgaben der §§ 921, 922 BGB. Diese Vorschriften finden Anwendung, wenn die Einfriedung nicht auf dem Grundstück des Einfriedungspflichtigen gesetzt wurde (§ 28 Abs. 2 Satz 1 NNachbG), sondern direkt auf der Grenze (§ 921 BGB). Dann handelt es sich um eine **Grenzeinrichtung**.

8. Wenn die Nachbarn über die Höhe nichts vereinbaren und auch nicht in der jeweiligen Gegend niedrigere Einfriedungen überwiegen, kann der nicht einfriedungspflichtige Nachbar einen bis zu **1,20 m** hohen Zaun verlangen. Der nicht Einfriedungspflichtige kann auch eine Einfriedung von geringerer Höhe fordern. Dem Einfriedungspflichtigen steht es aber frei, im Rahmen der Vorgaben der Niedersächsischen Bauordnung eine höhere Einfriedung zu wählen. Das Recht, eine niedrigere Einfriedung durchzusetzen, steht dem Nachbarn nicht zu (§ 28 Abs. 3 NNachbG).

9. Eine Einfriedung ist nach 6.1 des Anhangs zu § 60 Abs. 1 der Niedersächsischen Bauordnung bis zu einer Höhe von **2 m** über der Geländeoberfläche **genehmigungsfrei**. Für darüberhinausgehende Einfriedungen muss grundsätzlich eine Baugenehmigung beantragt werden. In Gewerbe- und Industriegebieten gibt es allerdings keine Höhenbegrenzung. Soweit eine **Hecke** als Art der Einfriedung gewählt wird, muss es dem Einfriedungspflichtigen belassen bleiben, dass die von ihm gesetzte Hecke innerhalb eines angemessenen Zeitraums das begehrte Maß erreicht.
10. Der Einfriedungspflichtige hat die Einfriedung an der Grenze auf dem eigenen Grundstück zu errichten, wobei seitliche Zaunpfosten dem eigenen Grundstück zugekehrt sein sollen. Draht- oder Holzzäune dürften oftmals der Ortsüblichkeit entsprechen.
11. Bei einer Einfriedung, die die beiden Nachbarn gemeinsam zu errichten haben, dürfen je die Hälfte der Pfosten auf dem Grundstück des einen und des anderen stehen (vgl. § 30 NNachbG). § 31 NNachbG ist ebenfalls zu beachten.
12. Soweit keine Einfriedungsplicht besteht, kann sich ein Anspruchsteller nicht auf § 28 NNachbG berufen. Dies ergibt sich bereits aus dem Wortlaut der Norm (vgl. LG Braunschweig Nds. Rechtspflege 1969, 87; LG Hannover NJW-RR 1991, 405).
13. Friedet der nichteinfriedungspflichtige Nachbar ein, hat dessen Einfriedung der Ortsüblichkeit zu entsprechen, soweit grundsätzlich eine Einfriedungspflicht besteht (*Pardey*, § 28 Rz. 27). Versperrt diese Einfriedung den Blick auf eine eigentlich zu beseitigende Einfriedung des Einfriedungspflichtigen, kann ein Beseitigungsverlangen gegen Treu und Glauben verstoßen (LG Oldenburg ZMR 2017, 780).
14. Die Beseitigung einer bestehenden Einfriedung (z. B. 2 m hohe Mauer) kann nur begehrt werden, wenn der für den Anspruchsteller bestehende Anspruch auf eine ortsübliche Einfriedung

(z.B. 1 m hohe Hecke) nur durch die Beseitigung erfüllt werden kann (BGH NJW 1992, 2569). Ein solcher Anspruch kann ausgeschlossen sein, wenn er sich nur mit unverhältnismäßigem Aufwand erfüllen ließe (BGH NJW 1979, 1410).

15. Ist die vorhandene Einfriedung abgängig, muss sie wieder neu hergestellt werden. Ein Anspruch des Nachbarn nach §§ 27, 28 NNachbG entsteht in einem solchen Fall neu.

16. Der Einfriedungspflichtige hat die Einfriedung auf eigene **Kosten** zu erhalten. Eine Hecke muss mindestens einmal jährlich auf ein angemessenes Maß zurückgeschnitten werden.

Einfriedungspflicht des Störers
§ 29 NNachbG

(1) Reicht eine den §§ 27 und 28 entsprechende ortsübliche Einfriedung nicht aus, um angemessenen Schutz vor unzumutbaren Beeinträchtigungen zu bieten, so hat derjenige, von dessen Grundstück die Beeinträchtigungen ausgehen, auf Verlangen des Nachbarn die Einfriedung zu verbessern, wenn dadurch die Beeinträchtigungen verhindert oder gemindert werden können.

(2) Gehen von einem bebauten oder gewerblich genutzten Grundstück unzumutbare Beeinträchtigungen aus und ergibt sich aus § 27 keine Einfriedungspflicht, so hat der Eigentümer auf Verlangen des Nachbarn eine Einfriedung zu errichten, die dem Nachbargrundstück angemessenen Schutz gewährt. Für unbebaute Grundstücke in Baulücken gilt das Gleiche.

Anmerkungen

1. Die Vorschrift regelt zwei Fallkonstellationen: Abs. 1 regelt eine von einem Grundstück ausgehende Störung bei bestehender Einfriedungspflicht nach §§ 27, 28 NNachbG. Abs. 2 erfasst Grundstücke, für die eigentlich keine Einfriedungspflicht besteht. Abweichende Parteivereinbarungen sind jederzeit zulässig. Soweit die vereinbarte Maßnahme nicht ausreicht, um die Beeinträchtigung des nachbarlichen Grundstücks zu beseitigen, hängt es

vom Inhalt der Vereinbarung ab, ob der Nachbar noch weitere Maßnahmen nach § 29 NNachbG verlangen kann.

2. **Unzumutbare Beeinträchtigungen** sind solche Einwirkungen, die dem Nachbarn im Hinblick auf das nachbarliche Gemeinschaftsverhältnis nicht zugemutet werden können (*Schäfer*, § 29 Rz. 4). Kleinere Beeinträchtigungen sind aufgrund des nachbarschaftlichen Gemeinschaftsverhältnisses hinzunehmen. Hierbei ist auf die Lage des Grundstücks und die allgemeine Ortsüblichkeit abzustellen. So muss das Übertreten von Hühnern im bäuerlichen Kontext eher hingenommen werden, in einer Reihenhaussiedlung hingegen nicht. Ein Verschulden ist nicht erforderlich.

3. Falls der ortsübliche Zaun nicht ausreicht, um z. B. das Überfliegen von Hühnern oder das Durchbrechen von Haustieren zu verhüten, hat der Nachbar, von dessen Grundstück die Störungen ausgehen, auf **Verlangen** die Einfriedung zu verbessern, wenn dadurch weitere Beeinträchtigungen verhindert oder gemindert werden (Abs. 1). Das Einfriedungsverlangen kann nur der Eigentümer bzw. der Erbbauberechtigte aussprechen. Der Mieter eines Grundstücks kann nur gegenüber seinem Vermieter im Wege der Minderung (§ 536 Abs. 1 BGB) vorgehen und diesen so dazu anhalten, ein Einfriedungsverlangen auszusprechen. Das Verlangen bedarf keiner besonderen Form und auch keiner Begründung. Allerdings dürfte es zweckmäßig sein, den Nachbarn über die Art und Weise der Störung in Kenntnis zu setzen.

4. Gehen von einem Grundstück Störungen aus – z. B. durch Überlaufen von Haustieren – und es besteht **keine** Einfriedungspflicht (Abs. 2), so kann der beeinträchtigte Nachbar die Errichtung einer Einfriedung verlangen, die dem Nachbargrundstück angemessenen Schutz gewährt; absoluter Schutz kann allerdings nicht verlangt werden. Die Verpflichtung obliegt den Eigentümern von bebauten oder gewerblich genutzten Grundstücken und von unbebauten Grundstücken in Baulücken. Die Einfrie-

dung ist auf dem eigenen Grundstück zu errichten (§ 28 Abs. 2 NNachbG).

5. Es ist bedeutungslos, welcher Nachbar den nicht ausreichenden ortsüblichen Zaun zu errichten hatte. Der Nachbar, von dessen Grundstück die Störungen ausgehen, hat nämlich auch eine Einfriedung zu verbessern, die der andere Nachbar zu errichten hatte. Erforderlichenfalls wird er sein gesamtes Grundstück zu umzäunen haben. Anspruchsberechtigt ist nicht nur der unmittelbare Nachbar, sondern auch ein weiter entfernter, dessen Grundstück gestört wird und der noch bei natürlicher Betrachtungsweise als Nachbar angesehen werden kann (*Schäfer,* § 29 Rz. 5). Ein absoluter Schutz ist aber nicht geschuldet.
6. Die Verpflichtung zur Einfriedung nach § 29 NNachbG **entfällt** wieder, wenn von dem Grundstück keine Beeinträchtigung mehr ausgeht, so z. B., wenn das Tier wieder abgeschafft worden ist.
7. Eine Einfriedung kann auch nur verlangt werden, wenn sie zur Beseitigung der Beeinträchtigung **erforderlich** ist. Kann diese auch anders beseitigt werden, ist es dem Störer gestattet, die andere Art der Beseitigung zu wählen. Ferner muss auch die Einfriedung **geeignet** sein, um die Beeinträchtigung zu beenden. Eine Einfriedung kann z. B. nicht den Lärm spielender Kinder verhindern.
8. Die **Kosten** für die Verbesserung der Einfriedung hat der **Störer** zu tragen. Wenn der Einfriedungspflichtige gleichzeitig der Störer ist, bietet es sich an, die Einfriedung sogleich zweckentsprechend auszugestalten. Wenn beide Nachbarn einfriedungspflichtig sind, ist zunächst eine Einfriedung im Sinne des § 28 NNachbG zu errichten und die hierfür entstandenen Kosten hälftig zu teilen (§ 35 Abs. 1 NNachbG). Sodann hat der Störer auf eigene Kosten die Einfriedung nach § 29 NNachbG zu verstärken. Naturgemäß bietet es sich in einer solchen Konstellation an, sogleich eine zweckmäßige Einfriedung zu wählen und die erhöhten Kosten hierfür dem Störer aufzuerlegen. Wegen der Kosten vgl. § 34 und 35 NNachbG.

9. Die Einfriedungspflicht des Störers besteht nicht nur an der gemeinsamen Grenze. Unter Umständen muss er sein Grundstück rundherum einfrieden, um weitere Störungen zu verhindern.

Gemeinsame Einfriedung auf der Grenze
§ 30 NNachbG

Haben zwei Nachbarn gemeinsam einzufrieden und will keiner von ihnen die Einfriedung ganz auf seinem Grundstück errichten, so ist jeder von ihnen berechtigt, eine ortsübliche Einfriedung auf die Grenze zu setzen; der andere Nachbar ist berechtigt, bei der Errichtung der Einfriedung mitzuwirken. Seitliche Zaunpfosten dürfen auf die Hälfte der Strecke dem Nachbargrundstück zugekehrt auf dieses gesetzt werden.

Anmerkungen

1. Wenn eine beiderseitige Einfriedungspflicht besteht, ist jeder Nachbar berechtigt, auf seinem eigenen Grundstück ortsüblich einzufrieden. Der Erbauer der Einfriedung braucht sich auf die **Mitwirkung** des Nachbarn nicht einzulassen, wenn er die Einfriedung nicht auf, sondern an die Grenze, also ganz auf sein Grundstück stellt. Von der Vorschrift nicht erfasst ist der Fall, dass beide Nachbarn auf ihrem Grundstück einfrieden möchten. Dann wird in entsprechender Anwendung des § 30 NNachbG auf der Grenze gemeinsam einzufrieden sein (*Schäfer*, § 30 Rz. 1)
2. Für den Fall der **beiderseitigen Einfriedungspflicht** erscheint es angemessen, dass die entstehende Einfriedung eine gemeinschaftliche Einrichtung im Sinne von §§ 921, 922 BGB wird. Demgemäß soll es jedem Nachbarn erlaubt sein – auch ohne Einwilligung des anderen Nachbarn –, eine ortsübliche Einfriedung **auf** die Grenze zu setzen.
3. Das **Mitwirkungsrecht** des Nachbarn folgt daraus, dass es sich um die Errichtung einer Anlage handelt, die zum Teil auf dem Nachbargrundstück steht. Kommt keine Einigung über die Art

des Zusammenwirkens zustande, so kann jeder darauf klagen, dass der andere die Einrichtung einer ortsüblichen Einfriedung auf der Grenze zu dulden habe. Sind mehrere Formen der Einfriedung ortsüblich, ist es geboten, dass sich die Nachbarn auf eine Art der Ausführung einigen. Soweit ein Nachbar eine teurere Ausführungsart wünscht, muss er die Mehrkosten tragen.

4. Der Plan einer Einfriedung auf der Grundstückgrenze ist dem Nachbarn einen Monat zuvor **anzuzeigen** (§ 37 Abs. 1 NNachbG). Der Nachbar muss in die Einfriedung nicht einwilligen. Der andere Nachbar muss sich aber an den Errichtungskosten (§ 35 Abs. 1 NNachbG) und den Unterhaltungskosten (§ 36 Abs. 1 Satz 2 NNachbG) beteiligen, ist jedoch auch berechtigt, die Einfriedung mitzubenutzen. Eine einvernehmliche Auswahl der Einfriedung wird sich in der Regel auszahlen. Der Nachbar ist nämlich berechtigt, die Beteiligung an den Kosten (zumindest teilweise) zu verweigern, wenn die gewählte Art der Einfriedung nicht ortsüblich ist und er nachvollziehbar darlegen kann, dass er eine andere Art der Einfriedung gewählt hätte (*Pardey*, § 30 Rz. 1).

5. Bei einer Einfriedung, die die beiden Nachbarn gemeinsam zu errichten haben (Grenzeinrichtung), dürfen je die Hälfte der Pfosten auf dem Grundstück des einen und des anderen stehen. Bei einer Einfriedung, die einer der Nachbarn zu errichten hat, sollen hingegen die Zaunpfosten nach innen gerichtet sein (§ 28 Abs. 2 Satz 2 NNachbG).

6. Die auf die Grenze des Grundstücks gesetzte Einfriedung darf nicht ohne Zustimmung des anderen Nachbarn verändert oder beseitigt werden; die Grenze ist das Schikaneverbot (*Pardey*, § 20 Rz. 6). Die Verwaltung der Einfriedung richtet sich nach § 744 BGB.

Abstand von der Grenze
§ 31 NNachbG

(1) Die Einfriedung eines Grundstücks muss von der Grenze eines landwirtschaftlich genutzten Nachbargrundstücks auf Verlangen des Nachbarn 0,6 m zurückbleiben, wenn beide Grundstücke außerhalb eines im Zusammenhang bebauten Ortsteiles liegen und nicht in einem Bebauungsplan als Bauland ausgewiesen sind. Der Geländestreifen vor der Einfriedung kann bei der Bewirtschaftung des landwirtschaftlich genutzten Grundstücks betreten und befahren werden.

(2) Die Verpflichtung nach Absatz 1 erlischt, wenn eines der beiden Grundstücke Teil eines im Zusammenhang bebauten Ortsteiles wird oder in einem Bebauungsplan als Bauland ausgewiesen wird.

Anmerkungen

1. § 31 regelt das sogenannte **Schwengelrecht**. In der amtlichen Begründung zum Gesetzentwurf (Landtagsdrucksache Nr. 839 der 5. Wahlperiode) heißt es dazu unter anderem:

   „Bei der Bearbeitung der Grenzstreifen nebeneinanderliegender Äcker ist es weithin üblich, das außen gehende Zugtier auf dem Grenzstreifen des Nachbarackers gehen zu lassen, diesen also in der Breite eines ‚Schwengels' zu benutzen. Auch läuft von manchen Ackergeräten ein äußeres Laufrad auf dem Nachbaracker, wenn das Gerät bis dicht an die Grenze wirken soll. Die Mitbenutzung des Grenzstreifens des Nachbarn beruht auf Gegenseitigkeit, wenn beide Grundstücke landwirtschaftlich genutzt werden. Es entspricht jedoch einer weitverbreiteten Rechtsüberzeugung, dass, wenn eines der Grundstücke bebaut oder eingefriedet wird, dadurch das Recht des weiterhin Ackerbau treibenden Nachbarn nicht geschmälert werden darf, dass also die Einfriedung eine Schwengelbreite von der Grenze zurückbleiben muss."

2. Das Schwengelrecht begründet daher zum einen die Berechtigung des landwirtschaftlichen Nutzers des Nachbargrundstücks, das neben diesem liegende Grundstück auf einer Breite von 0,6 m zu betreten und zum anderen die Verpflichtung des Nachbarn, auf Verlangen seine Einfriedung um 0,6 m von der

Grundstücksgrenze zurückzusetzen. Anderenfalls könnte das landwirtschaftlich genutzte Grundstück bis zur Grundstücksgrenze gar nicht oder zumindest nicht mit schwerem Gerät genutzt werden.

3. Die Einfriedung muss einen Abstand von 0,6 m von der Grenze unter nachfolgenden kumulativen Voraussetzungen einhalten:
   a) Der Nachbar muss ein **Verlangen** nach Einhaltung des Abstands stellen. Dieses kann formlos geschehen. Die einmonatige Frist nach § 37 NNachbG ist einzuhalten.
   b) Das Nachbargrundstück muss **landwirtschaftlich** genutzt werden. Dafür muss der Boden zur Nutzung seines Ertrags planmäßig und eigenverantwortlich bewirtschaftet werden (OVG Lüneburg BauR 1987, 289). Dies ist insbesondere beim Ackerbau, bei der Tierhaltung sowie bei der Wiesen- und Weidewirtschaft der Fall.
   c) Beide Grundstücke müssen außerhalb eines im Zusammenhang bebauten Ortsteils liegen. Wenn das nur für ein Grundstück zutrifft, gilt § 31 NNachbG nicht. Ein **im Zusammenhang** bebauter Ortsteil ist jede zusammenhängende Bebauung im Gebiet einer Gemeinde, die nach der Zahl der vorhandenen Bauten ein gewisses Gewicht besitzt und Ausdruck einer organischen Siedlungsstruktur ist (*Schäfer*, § 31 Rz. 2). Die Bebauung muss den Eindruck der Geschlossenheit und Zusammengehörigkeit vermitteln.
   d) Beide Grundstücke dürfen **nicht** in einem Bebauungsplan als **Bauland** ausgewiesen sein. Ein Bebauungsplan richtet sich nach § 8 ff. BauGB. Er wird von der Gemeinde in Form einer Satzung beschlossen (§ 10 BauGB).

   Der Abstand ist bei abschüssigem Gelände in der Horizontalen zu messen.

4. Wegen der Verpflichtung, die Errichtung der Einfriedung anzuzeigen, vgl. § 37 NNachbG.

5. Abs. 1 Satz 2 normiert das sog. Anwende- oder Schwengelrecht, nach dem der Nachbar berechtigt ist, den Streifen des

fremden Grundstücks zu befahren und zu betreten. Dies geschieht vor allem dadurch, dass das außen gehende Zugtier auf dem Grenzstreifen des Nachbarn geht oder dass das äußere Rad des Ackergeräts auf diesem Streifen läuft.

6. Das Gesetz sieht keine Entschädigung für die Ausübung des Schwengelrechts vor. Eine solche ist bisher auch allgemein unüblich.
7. Das Anwende- oder Schwengelrecht erlischt, wenn seine Voraussetzungen entfallen, insbesondere das landwirtschaftliche Grundstück Baugelände wird.
8. Die Vorschrift des Entwurfs, den Eigentümer des landwirtschaftlichen Grundstücks nach dem Erlöschen des Schwengelrechts an den Kosten der Vorverlegung der Einfriedung zu beteiligen, ist nicht Gesetz geworden. Eine Vergütung für das Befahren des Seitenstreifens des Nachbargrundstücks ist ebenfalls nicht vorgesehen. Etwaige Schäden am Nachbargrundstück sind nach den allgemeinen Vorschriften zu ersetzen.
9. Nicht erfasst ist der Fall, dass beide Eigentümer einfrieden möchten und die Voraussetzungen von § 30 NNachbG vorliegen. Unsinnig wäre die Lösung, dass beide Einfriedungen nunmehr einen Abstand von 0,6 m zur Grundstücksgrenze zu halten hätten, da daraus keiner der beiden Nachbarn einen Nutzen ziehen könnte. Die Einfriedung wird daher auf die Grundstückgrenze zu setzen sein.
10. Die Ausübung des Schwengelrechts ist **rechtsmissbräuchlich** (§ 242 BGB), wenn der das landwirtschaftliche Grundstück Nutzende nach seiner absehbaren Nutzungsabsicht einen solchen Grenzstreifen nicht nutzen wird, wenn er z.B. komplett auf Viehwirtschaft umsteigt. Gleiches gilt, wenn die aktuelle Nutzung des Grundstücks das Befahren des Seitenstreifens nicht erforderlich macht und auf absehbare Zeit auch keine Nutzungsänderung ersichtlich ist.

Ungewöhnlich hohe Einfriedung
§ 32 NNachbG

ist durch Art. III des Gesetzes vom 11.04.1986 (Nds.GVBl. S. 103) ersatzlos gestrichen worden; diese Streichung ist am 01.05.1986 in Kraft getreten. Der aufgehobene Paragraph hatte folgenden Wortlaut:

> *Eine undurchsichtige Einfriedung von mehr als ortsüblicher Höhe muss auf Verlangen des Nachbarn so weit von der Grenze zurückbleiben, wie ihre Höhe das Maß von 1,5 m übersteigt; ausgenommen sind lebende Hecken (§ 50).*

Ausschluss von Beseitigungsansprüchen
§ 33 NNachbG

(1) Der Anspruch auf Beseitigung einer Einfriedung, die einen geringeren als den in § 31 vorgeschriebenen Grenzabstand hat, ist ausgeschlossen,

1. **wenn die Einfriedung bei Inkrafttreten dieses Gesetzes vorhanden ist und ihr Grenzabstand dem bisherigen Recht entspricht, oder**
2. **wenn der Nachbar nicht spätestens im zweiten Kalenderjahr nach Errichtung der Einfriedung Klage auf Beseitigung erhoben hat.**

Der Ausschluss gilt nicht, wenn die Einfriedung durch eine andere ersetzt wird.

(2) Absatz 1 ist entsprechend anzuwenden, wenn eine Einfriedung die Grenze überschreitet, ohne dass dies nach § 30 statthaft ist.

Anmerkungen

1. Die Vorschrift sichert den Bestand einmal errichteter Einfriedungen und schließt den Einwand der Unterschreitung des Abstandes (Abs. 1) und der Grenzüberschreitung (Abs. 2) aus. Der Aufbau ist ähnlich des § 25 Abs. 1 NNachbG, sodass auf dessen Kommentierung verwiesen werden kann.
2. Abs. 1 Nr. 1 enthält eine **Übergangsregelung** zum Inkrafttreten des Gesetzes. Was einmal rechtmäßig errichtet worden ist, soll

auch weiterhin rechtmäßig bleiben. Der Anspruch auf Beseitigung ist daher in solchen Fällen ausgeschlossen. Dies gilt nicht mehr, wenn die alte Einfriedung durch eine neue ersetzt wird (Abs. 1 Satz 2). Diese Regelung hat wegen des langen Zeitraums seit dem Inkrafttreten des Gesetzes (01.01.1968) mittlerweile an Relevanz verloren.

3. Größere praktische Relevanz hat Abs. 1 Nr. 2. Danach muss der Nachbar im zweiten Kalenderjahr nach Errichtung der Einfriedung auf Beseitigung klagen, d. h., der Anspruch muss bis dahin **rechtshängig** sein, anderenfalls ist er ausgeschlossen. Da es sich hierbei nicht um eine Einrede handelt, ist der Fristablauf von Amts wegen zu berücksichtigen. Nach Fristablauf genießt die eigentlich unrechtmäßig errichtete Einfriedung **Bestandsschutz**.
4. Ist die Einfriedung, die – zu- oder unzulässig – einen geringeren Abstand als vorgeschrieben von der Grenze hat, deren Beseitigung aber nach Abs. 1 nicht verlangt werden kann, schadhaft, so können einzelne Teile ergänzt oder erneuert werden, z. B. einzelne Stangen eines Staketenzaunes ersetzt werden. Handelt es sich aber um eine **vollständige** Erneuerung der Einfriedung, so darf sie an der bisherigen Stelle nicht mehr errichtet werden. Eine vollständige Erneuerung wird in der Regel dann vorliegen, wenn die alte Einfriedung so schadhaft ist, dass sie ihren Zweck nicht mehr erfüllt. Dann müssen die gesetzlich vorgegebenen Abstände eingehalten werden. Wird die Einfriedung jedoch an alter Stelle wiedererrichtet, beginnt die Ausschlussfrist nach Abs. 1 Nr. 2 erneut zu laufen.
5. Ist die Einfriedung über die Grenze gesetzt, ohne dass dies zulässig war, kann ebenfalls unter den Voraussetzungen des Abs. 1 keine Beseitigung verlangt werden. Zur Erhaltung des Rechtsfriedens soll in einem solchen Fall der bestehende Zustand als rechtmäßig gelten.

Kosten
§ 34 NNachbG

Wer zur Einfriedung allein verpflichtet ist, hat die Kosten der Errichtung und der Unterhaltung der Einfriedung zu tragen. Dies gilt auch, wenn die Einfriedung teilweise oder ganz auf dem Nachbargrundstück steht.

Anmerkungen

1. Die Bestimmung spricht den Grundsatz aus, dass die Kostenlast der Einfriedungspflicht entspricht. Dies ist notwendig, da das BGB keine Entscheidung darüber trifft, wer die Kosten für Einfriedungen zu tragen hat. Lediglich für Grenzeinrichtungen gelten die §§ 921, 922 BGB. Dabei ist es unerheblich, ob die Einfriedung entsprechend § 28 Abs. 2 NNachbG auf dem eigenen Grundstück steht oder sich aus irgendwelchen Gründen ganz oder teilweise auf dem Nachbargrundstück befindet. Soweit die Einrichtung auf der Grundstücksgrenze errichtet worden und der Nachbar mit der Grenzeinfriedung einverstanden ist, besteht eine gemeinsame Unterhalts- und Kostentragungspflicht der Nachbarn (§§ 921, 922 BGB).
2. Nicht ausdrücklich geregelt ist, wenn die Einfriedung ohne rechtliche Verpflichtung errichtet worden ist. Auch in diesen Fällen hat der Errichter die Kosten für die Errichtung und den Unterhalt selbst zu tragen (*Schäfer*, § 34 Rz. 2). Hiervon abweichende Vereinbarungen zwischen den Nachbarn bleiben natürlich zulässig.
3. Letztlich dürfte sich die Kostenlast für die Errichtung einer Einfriedung am häufigsten aus einer Vereinbarung zwischen den Nachbarn ergeben. Weitere Kostenvorschriften enthält § 35 NNachbG.

Errichtungskosten in besonderen Fällen
§ 35 NNachbG

(1) Haben zwei Nachbarn gemeinsam einzufrieden, so tragen sie – Vorbehaltlich des Absatzes 4 – die Kosten je zur Hälfte.

(2) Entsteht die beiderseitige Einfriedungspflicht erst nach Errichtung der Einfriedung, so ist ein Beitrag zu den Errichtungskosten in Höhe des halben Zeitwertes der Einfriedung zu zahlen.

(3) Wird im Falle des § 27 Abs. 1 Nr. 1 oder Nr. 2 das linke Nachbargrundstück erst später bebaut oder gewerblich genutzt, so hat der linke Nachbar eine vom Erstbauenden an der gemeinsamen Grenze errichtete Einfriedung zum Zeitwert zu übernehmen.

(4) Der Berechnung sind die tatsächlichen Aufwendungen einschließlich der Eigenleistungen zugrunde zu legen, in der Regel jedoch nur die Kosten einer ortsüblichen Einfriedung. Höhere Kosten sind nur zu berücksichtigen, wenn eine aufwendigere Einfriedungsart erforderlich war; war die besondere Einfriedungsart nur für eines der beiden Grundstücke erforderlich, so treffen die Mehrkosten den Eigentümer dieses Grundstücks.

(5) Diese Vorschriften gelten auch, wenn die Einfriedung ganz auf einem der beiden Grundstücke errichtet ist.

Anmerkungen

1. Abs. 1 sieht die Teilung der Errichtungskosten vor, wenn beide Nachbarn einfriedungspflichtig sind. Das kann nach § 27 Abs. 1 Nr. 3 und 4 NNachbG oder gemäß Vertrag der Fall sein. Dabei müssen sämtliche Tatbestandsmerkmale der Verpflichtung zur gemeinsamen Einfriedung erfüllt sein. Dagegen besteht in Konstellationen des § 29 NNachbG keine gemeinschaftliche Kostentragungspflicht.
2. Abs. 2 regelt den Fall, dass für den zweiten Nachbarn die Einfriedungspflicht erst später entsteht. Hierher gehört, dass das rückwärts angrenzende Grundstück erst später bebaut wird. Solange es unbebaut ist, sind beide Nachbarn – auch der Erstbauende – im Zweifel nicht einfriedungspflichtig. Der Erstbauende wird aber meistens von sich aus an seiner rückwärtigen Grenze

einfrieden. Mit der späteren Bebauung des zweiten Grundstücks entsteht dann die beiderseitige Einfriedungspflicht. In diesem Fall hat der später Bauende als Beitrag zu den Errichtungskosten den halben Zeitwert der inzwischen älter gewordenen Einfriedung zu zahlen. Der **Zeitwert** ist der Wert der Anlage zum Zeitpunkt der Wertermittlung. Hierbei spielen die Errichtungskosten zwar keine Rolle, diese können aber einen Anhaltspunkt zur Wertermittlung geben.

3. Solange das linke Nachbargrundstück unbebaut ist, besteht an der linken Grenze des Erstbauenden im Zweifel keine Einfriedungspflicht – weder für ihn selbst noch für den linken Nachbarn. Erst wenn der linke Nachbar auch baut, hat er an dieser Grenze (seiner rechten Seitengrenze) einzufrieden. Wenn der Erstbauende an dieser Grenze schon von sich aus eingefriedet hatte, so ist es vorgesehen, dass der nunmehr einfriedungspflichtig gewordene Nachbar die Einfriedung zum Zeitwert übernimmt (Abs. 3). Dies ist gerechtfertigt, da der Nachbar von seiner Verpflichtung zur Einfriedung befreit worden ist.
4. Hat der eine Nachbar eine **aufwändige** Einfriedung errichtet, so sind der Kostenverteilung grundsätzlich nur die Kosten einer ortsüblichen Anlage zugrundezulegen. Höhere Kosten sind gemäß Abs. 4 nur verrechnungsfähig, soweit sie aus besonderen Gründen erforderlich waren.
5. Nach Abs. 5 ist es für die Regelungen, wer die Errichtungskosten zu tragen hat, unerheblich, in wessen Eigentum die Einfriedung steht und ob sie auf der Grenze oder auf einem der beiden Grundstücke steht. Unerheblich ist es auch, ob die Einfriedung ein Stück hinter der Grenze zurückbleibt. Derjenige, der im Interesse seines Nachbarn einen Grenzabstand einhält, soll hinsichtlich der Errichtungs- (und auch hinsichtlich der Unterhaltungs-)kosten nicht schlechter gestellt sein, als derjenige, der die Einfriedung auf oder an die Grenze gesetzt hat.
6. Wenn ein Nachbar nach § 27 NNachbG einfriedungspflichtig ist und der andere nach § 29 NNachbG aufgrund einer Störereigen-

schaft, muss der nach § 27 NNachbG Einfriedungspflichtige die Kosten der ortsüblichen Einfriedung tragen, der andere die Mehrkosten für die zusätzlichen Sicherungsmaßnahmen (*Pardey,* §§ 24–36 Rz. 3).

7. Entfallen die Voraussetzungen für die gemeinsame Einfriedungspflicht, ändert sich die Kostenverteilung erst, wenn die gemeinsame Einfriedung beseitigt und durch eine neue des nunmehr allein Einfriedungspflichtigen ersetzt worden ist. Dann hat der Einfriedungspflichtige sowohl die Kosten für die Herstellung als auch für den Unterhalt alleine zu tragen.

Benutzung und Unterhaltung der gemeinschaftlichen Einfriedung § 36 NNachbG

(1) Haben die Nachbarn die Errichtungskosten einer Einfriedung gemeinsam zu tragen oder hat ein Nachbar dem anderen später einen Beitrag zu den Errichtungskosten zu zahlen, so sind beide Nachbarn zur Benutzung der Einfriedung gemeinschaftlich berechtigt. Für die gemeinschaftliche Benutzung und Unterhaltung gilt § 922 BGB.

(2) Dies gilt auch, wenn die Einfriedung ganz auf einem der beiden Grundstücke errichtet ist.

Anmerkungen

1. Die Nachbarn haben in den Fällen des § 35 Abs. 1 NNachbG die Errichtungskosten gemeinsam zu tragen. Sie dürfen die Einfriedung in diesen Fällen gemeinsam benutzen. § 922 BGB bestimmt, dass die **Unterhaltungskosten** zu gleichen Teilen zu tragen sind. § 922 Satz 4 BGB verweist hinsichtlich der **Verwaltung** auf die Vorschriften über die Gemeinschaft (§ 744 ff. BGB). Abweichende Vereinbarungen zwischen den Nachbarn sind aber jederzeit zulässig.
2. In dem Falle des § 35 Abs. 2 NNachbG hat der Nachbar später einen Beitrag zu den Errichtungskosten zu zahlen (vgl. hierzu Anm. 2 zu § 35).

3. In den Fällen, die in Anm. 1 und 2 erwähnt sind, haben beide Nachbarn die Unterhaltung der Einrichtung gemeinsam zu tragen. Sie sind gemeinschaftlich zur Benutzung berechtigt.
4. Abs. 2 erweitert den Anwendungsbereich der Vorschrift und damit auch des § 922 BGB auf Fälle, in denen die Einfriedung ganz auf einem der beiden Grundstücke errichtet wurde, diese mithin keine Grenzeinrichtung im Sinne des § 922 BGB ist.
5. Zu § 922 BGB vgl. die Kommentierung dort.

Anzeigepflicht
§ 37 NNachbG

(1) Die Absicht, eine Einfriedung auf oder an der Grenze oder in weniger als 0,6 m Abstand von der Grenze zu errichten, zu beseitigen, durch eine andere zu ersetzen oder wesentlich zu verändern, ist dem Nachbarn einen Monat vorher anzuzeigen. Bei einer Einfriedung von mehr als ortsüblicher Höhe ist die Anzeige bei einem Grenzabstand bis zu 1,5 m erforderlich.

(2) Die Anzeigepflicht besteht auch dann, wenn der Nachbar weder die Einfriedung verlangen kann noch zu den Kosten beizutragen braucht.

(3) Im Übrigen ist § 8 entsprechend anzuwenden.

Anmerkungen

1. Die **Anzeige** soll eine Absprache zwischen den Nachbarn fördern. Sie ist an keine Form gebunden. Zu Beweiszwecken bietet es sich aber an, das Vorhaben schriftlich anzuzeigen. Die Anzeige ist erforderlich bei Errichtung, Beseitigung, Ersetzung und wesentlicher Veränderung einer Einfriedung
   a) auf der Grenze,
   b) an der Grenze,
   c) in einer geringeren Entfernung als 0,6 m von der Grenze (vgl. § 31 NNachbG).
2. Die Anzeige sollte so formuliert sein, dass der Nachbar sich auf die Arbeiten einstellen und notfalls eigene Sicherungsmaßnah-

men am eigenen Grundstück vornehmen kann. Der Zeitraum der Arbeiten, die Beschaffenheit und der Standort der beabsichtigten Maßnahmen sollten daher angegeben werden (*Schäfer*, § 37 Rz. 2).

3. Bei einer Einfriedung von mehr als ortsüblicher Höhe ist die Anzeige bei einem Grenzabstand bis zu 1,50 m erforderlich. Die Ortsüblichkeit richtet sich nach der vorhandenen Altbebauung, solange ein Neubaugebiet noch im Entstehen begriffen ist und die bereits vorhandene Neubebauung den Charakter des Ortsteils noch nicht prägt (LG Lüneburg Nds. Rechtspflege 2000, 72).
4. Vor Ablauf der **Monatsfrist** darf der Nachbar mit den Arbeiten nicht beginnen, wenn nicht der andere vorher seine Zustimmung erteilt hat. Eventuelle Einwendungen sollen unverzüglich erhoben werden.

Siebter Abschnitt – Wasserrechtliches Nachbarrecht

Veränderung des Grundwassers

Vorbemerkungen

1. Das Preußische Allgemeine Landrecht bestimmte in Teil I Titel 8 §§ 185 ff. allgemein, dass jemand, der seinen Grund und Boden erhöhen will, drei Fuß vom Zaun der Mauer oder den Planken des Nachbarn zurückbleiben muss. Diese Vorschriften waren durch Art. 124 EGBGB und Art. 89 des Preuß.AGBGB für das Gebiet des ehemaligen Preußen aufrechterhalten worden. Sie behandelten also den Fall des Einwirkens auf den Untergrund nur unter dem Gesichtspunkt der Aufschüttung und versuchten, den Eintritt von Schäden irgendwelcher Art als Folge solcher Grundstückserhöhungen dadurch zu verhindern, dass für die Erhöhung ein bestimmter Mindestabstand von dem Nachbargrundstück vorgeschrieben wurde. In den anderen Partikularrechten fehlten entsprechende Vorschriften.

2. Die §§ 903 ff. BGB, insbesondere § 909 BGB, treffen nicht den Fall, in dem durch Einwirkung auf den Untergrund eines Grundstücks – z. B. durch Pressen des Bodens als Folge einer Aufschüttung, der Errichtung eines Hochbaues oder anderer baulicher Maßnahmen – das Grundwasser zum Ansteigen gebracht wird, in das Gebäude des Nachbargrundstücks eindringt und Schaden hervorruft (vgl. RGZ 155, 154). Dieses Ergebnis erscheint unbefriedigend, da es sich in Fällen dieser Art um eine über das gewöhnliche Maß weit hinausgehende Art der Benutzung des eigenen Grundstücks handelt und oft sehr erheblicher Schaden hierdurch verursacht wird. Diese Lücke wurde durch das Niedersächsischen Wassergesetz (NWG) und das NNachbG geschlossen.

3. Der Bund hat unter dem 31.07.2009 ein neues Wasserhaushaltsgesetz erlassen, das zahlreiche Regelungen enthält, die früher im NWG und im NNachbG enthalten waren. Da es sich um eine konkurrierende Gesetzgebungskompetenz des Bundes auf diesem Gebiet handelt, wurden auf diese Weise die landesrechtlichen Regelungen vollständig verdrängt und waren deshalb weitestgehend aufzuheben.

4. Niedersachsen hat daraufhin mit Gesetz vom 19.02.2010 das NWG der neuen Gesetzeslage auf Bundesebene angepasst. Mit Gesetz vom 23.07.2014 wurden die betroffenen Normen des NNachbG ebenfalls aufgehoben. Damit enthält nur noch § 38 NNachbG eine wasserrechtliche Bestimmung.

Veränderung des Grundwassers
§ 38 NNachbG

(1) Der Eigentümer eines Grundstücks und die Nutzungsberechtigten dürfen auf den Untergrund des Grundstücks nicht in einer Weise einwirken, dass der Grundwasserspiegel steigt oder sinkt oder die physikalische, chemische oder biologische Beschaffenheit des Grundwassers verändert

wird, wenn dadurch die Benutzung eines anderen Grundstücks erheblich beeinträchtigt wird.

(2) Dies gilt nicht für Einwirkungen auf das Grundwasser

1. **aufgrund einer Erlaubnis oder Bewilligung nach dem Wasserhaushaltsgesetz (WHG) oder aufgrund eines alten Rechts oder einer alten Befugnis nach § 20 Abs. 1 WHG oder**
2. **durch einen Gewässerausbau, für den ein Planfeststellungs- oder Plangenehmigungsverfahren nach § 68 WHG durchgeführt worden ist, oder**
3. **durch eine Maßnahme, für die aufgrund des Bundesfernstraßengesetzes, des Niedersächsischen Straßengesetzes oder anderer Gesetze ein Planungsverfahren durchgeführt worden ist, oder**
4. **aufgrund eines bergrechtlichen Betriebsplanes.**

(3) Beeinträchtigungen des Grundwassers als Folge einer erlaubnisfreien Benutzung nach § 46 WHG oder § 86 des Niedersächsischen Wassergesetzes müssen die Nachbarn ohne Entschädigung dulden.

(4) § 89 WHG bleibt unberührt.

Anmerkungen

1. Da der Bundesgesetzgeber zum Regelungsbereich des § 38 NNachbG von seiner Kompetenz keinen Gebrauch gemacht hat, konnte die landesrechtliche Norm weiter aufrechterhalten werden. Der vom Regelungsgehalt her dem § 38 NNachbG ähnliche § 47 WHG formuliert nämlich nur allgemeine Regelungsziele, die bis zum 22.12.2015 umzusetzen waren. § 38 NNachbG wendet sich hingegen konkret an die Normadressaten. Der spezieller als § 38 NNachbG formulierte § 48 Abs. 1 WHG hat keinen nachbarschützenden Charakter, weshalb diese Norm auch nicht den Regelungsgehalt des Nachbarrechts betrifft und die Gesetzgebungskompetenz beim Land verbleibt.
2. Die Vorschrift beschränkt den Grundstückseigentümer in seinem Herrschaftsbereich. Sie verbietet ihm alle Einwirkungen auf den Untergrund des eigenen Grundstücks, die den Grundwasserspiegel steigen oder sinken lassen oder die die physikalische,

chemische oder biologische Beschaffenheit des Grundwassers verändern. Voraussetzung ist allerdings, dass dadurch die Benutzung des Nachbargrundstücks **erheblich beeinträchtigt** wird. **Grundwasser** ist dabei unterirdisches Wasser in der Sättigungszone, das in unmittelbarer Berührung mit dem Boden oder dem Untergrund steht (§ 3 Nr. 3 WHG).

3. Abs. 1 ist als Ergänzung der öffentlich-rechtlichen Vorschriften zu verstehen, indem er das privatrechtliche Verbot ausspricht, auf das Grundwasser einzuwirken, soweit dadurch die Benutzung des anderen Grundstücks erheblich beeinträchtigt wird. Unter den weiten Begriff „einwirken auf den Untergrund des Grundstücks“ fallen alle grundwasserwirksamen Maßnahmen, auch das Hochpumpen von Grundwasser. Unter solche Beeinträchtigungen sind ebenfalls das Versiegen von Brunnen oder das Eindringen von Feuchtigkeit zu fassen. Als störende Maßnahmen können beispielsweise das Ausbaggern bzw. das Ausheben des Grundstücks ebenso wie das Verfüllen, aber auch das Abpumpen von Grundwasser in Betracht kommen. Die physikalische, chemische oder biologische Beschaffenheit des Grundwassers kann durch die unsachgemäße Lagerung gefährlicher Stoffe beeinträchtigt werden.

4. Abs. 2 enthält eine Reihe von Ausnahmetatbeständen. **Nr. 1** schützt Erlaubnisse oder Bewilligungen nach dem WHG (§§ 8 ff., 14, 15 WHG), aufgrund eines alten Rechts oder einer alten Befugnis nach § 20 Abs. 1 WHG. **Nr. 2** schützt einen Gewässerausbau, für den ein Planfeststellungs- (siehe § 19 WHG) oder Plangenehmigungsverfahren nach § 68 WHG durchgeführt worden ist. **Gewässerausbau** ist die Herstellung, die Beseitigung und die wesentliche Umgestaltung eines Gewässers oder seiner Ufer (§ 67 Abs. 2 WHG). **Nr. 3** schützt Maßnahmen, für die aufgrund des Bundesfernstraßengesetzes, des Niedersächsischen Straßengesetzes oder anderer Gesetze Planungsverfahren durchgeführt worden sind (§ 20 Abs. 1 Nr. 5 WHG). **Nr. 4** schützt Einwirkungen aufgrund eines bergrechtlichen Betriebsplanes.

5. Abs. 3 enthält eine weitere Ausnahme für die erlaubnisfreie Entnahme von Grundwasser nach § 46 WHG oder § 86 NWG. § 46 Abs. 1 WHG gestattet das Entnehmen, Zutagefördern, Zutageleiten oder Ableiten von Grundwasser für den Haushalt, für den landwirtschaftlichen Hofbetrieb, für das Tränken von Vieh außerhalb des Hofbetriebs oder in geringen Mengen zu einem vorübergehenden Zweck und für Zwecke der gewöhnlichen Bodenentwässerung landwirtschaftlich, forstwirtschaftlich oder gärtnerisch genutzter Grundstücke, soweit keine signifikanten nachteiligen Auswirkungen auf den Wasserhaushalt zu besorgen sind. § 86 NWG gestattet das Einleiten von Niederschlagswasser in das Grundwasser, wenn das Niederschlagswasser auf Dach-, Hof- oder Wegeflächen von Wohngrundstücken anfällt und auf dem Grundstück versickert, verregnet oder verrieselt werden soll. Ferner soll das Entnehmen, Zutagefördern, Zutageleiten oder Ableiten von Grundwasser in geringen Mengen für den Gartenbau erlaubnisfrei sein.
6. Gemäß Abs. 4 bleibt § 89 WHG unberührt. Nach § 89 Abs. 1 WHG ist jeder zum **Schadensersatz** verpflichtet, der in ein Gewässer Stoffe einbringt oder einleitet oder wer in anderer Weise auf ein Gewässer einwirkt und dadurch die Wasserbeschaffenheit nachteilig verändert. Unter Wasserbeschaffenheit ist die physikalische, chemische oder biologische Beschaffenheit des Wassers eines oberirdischen Gewässers oder Küstengewässers sowie des Grundwassers zu verstehen (§ 3 Nr. 9 WHG). Nach § 89 Abs. 2 WHG hat der Betreiber einer Anlage Schadensersatz zu zahlen, wenn aus einer Anlage, die dazu bestimmt ist, Stoffe herzustellen, zu verarbeiten, zu lagern, abzulagern, zu befördern oder wegzuleiten, derartige Stoffe in ein Gewässer gelangen, ohne in dieses eingebracht oder eingeleitet zu sein, und dadurch die Wasserbeschaffenheit nachteilig verändert wird. Ein Verschulden ist nicht erforderlich.
7. Beseitigung oder Unterlassung der Störung kann jeder verlangen, dessen Rechtsstellung beeinträchtigt ist, nicht nur der un-

mittelbare Nachbar. Schadensersatz kann ferner im Falle des Verschuldens gefordert werden (§ 823 Abs. 2 BGB). Daneben gewährt § 64 NWG unter bestimmten Voraussetzungen Ansprüche aus Gefährdungshaftung. Überdies kann ein Unterlassungsanspruch aus § 1004 BGB bestehen.

§§ 39 bis 44 NNachbG

Die §§ 39 bis 44 NNachbG sind durch Art. 1 des Gesetzes vom 23.07.2014 (Nds.GVBl. S. 206) ersatzlos gestrichen worden; diese Streichung ist am 01.08.2014 in Kraft getreten. Der Grund war eine Neuregelung des Wasserrechts auf Bundes- und Landesebene. Mit dem Inkrafttreten des Wasserhaushaltsgesetzes (WHG) vom 31. Juli 2009 (BGBl. I S. 2585) am 1. März 2010 wurde das WHG aufgrund der konkurrierenden Gesetzgebung neu gestaltet. Das WHG hat das geltende Rahmenrecht des Bundes durch Vollregelungen ersetzt. Dadurch wurde es erforderlich, das Niedersächsische Wassergesetz (NWG) anzupassen. Die Überarbeitung ist ebenfalls am 1. März 2010 (Nds. GVBl. S. 64) in Kraft getreten. Da in den §§ 39 bis 44 NNachbG inhaltsgleiche Vorschriften wie im Bundesrecht zu finden waren, mussten diese aufgehoben werden, da nach Art. 31 GG Bundesrecht entgegenstehendes Landesrecht verdrängt.

Achter Abschnitt – Dachtraufe

Vorbemerkungen

1. Sowohl nach § 189 I 8 ALR als auch nach Art. 681 CC (Code civil) war es nicht gestattet, ohne Erlaubnis die Dachtraufe (Niederschlagswasser) auf den Grund und Boden des Nachbarn zu leiten. Das NNachbG hat diesen Grundsatz inhaltlich übereinstimmend mit § 77 Abs. 1 der braunschweigischen Bauordnung von 1899 übernommen (vgl. amtliche Begründung zum Gesetzentwurf – Landtagsdrucksache Nr. 839 der 5. Wahlperiode). Die Norm gilt für

Abwässer und andere vergleichbare Flüssigkeiten entsprechend. Abrutschende Schneemassen gehören aufgrund ihrer Konsistenz hingegen nicht dazu.

2. Nach den Übergangsvorschriften werden Einzelvereinbarungen der Beteiligten durch das NNachbG nicht berührt (§ 63 Abs. 2 NNachbG).

Traufwasser
§ 45 NNachbG

(1) Der Eigentümer eines Grundstücks und die Nutzungsberechtigten müssen ihre baulichen Anlagen so einrichten, dass Traufwasser nicht auf das Nachbargrundstück tropft oder auf andere Weise dorthin gelangt.

(2) Absatz 1 findet keine Anwendung auf bei Inkrafttreten dieses Gesetzes vorhandene freistehende Mauern entlang öffentlichen Straßen und öffentlichen Grünflächen.

Anmerkungen

1. Die Vorschrift stellt klar, dass es ein allgemeines Traufrecht im Sinne einer ortsüblichen Immission nicht gibt. Ohne besonderen Rechtsgrund (vgl. Anm. 1 zu § 46 NNachbG) oder Erlaubnis des Nachbarn ist es nicht gestattet, dass Traufwasser von dem Dach einer baulichen Anlage auf das Nachbargrundstück tropft oder von ihr auf andere Weise dorthin gelangt. Damit ist es nicht zulässig, dass Traufwasser auf das Nachbargrundstück ausgestoßen wird oder dass Traufwasser, das auf den Boden abgeleitet worden ist und sich dort gesammelt hat, auf das angrenzende Grundstück übertritt. Ein irgendwie gearteter Vorsatz für das Übertreten ist nicht erforderlich. Bauliche Anlagen sind deshalb so zu gestalten, dass dies nicht geschieht. Dazu gehören auch viersiegelte Flächen, Terrassen oder befestigte Wege (*Schäfer*, § 45 Rz. 1). Wie der Übertritt von Traufwasser verhindert wird, bleibt dem Eigentümer des Grundstücks überlassen. Die Maß-

nahmen müssen aber geeignet sein, um das Traufwasser vom Nachbargrundstück fernzuhalten.

2. **Traufwasser** sind nur Niederschläge, die nicht unmittelbar zu Boden, sondern auf bauliche Anlagen fallen und von dort abgeleitet werden. Niederschlagswasser, das unmittelbar zu Boden fällt, braucht nicht aufgefangen zu werden, da es vom Anwendungsbereich des § 45 NNachbG nicht umfasst ist (*Schäfer,* § 45 Rz. 2). **Bauliche Anlagen** sind mit dem Erdboden fest verbundene, aus Baustoffen und Bauteilen hergestellte Anlagen und baurechtlich gleichgestellte Anlagen, so auch Terrassen (*Pardey*, §§ 45, 46 Rz. 2).

3. Beseitigung oder Unterlassung der Störung kann jeder verlangen, dessen Rechtsstellung beeinträchtigt ist, ebenso **Schadenersatz**, da § 45 Abs. 1 NNachbG als **Schutzgesetz** i. S. des § 823 Abs. 2 BGB anzusehen ist (BGH NJW 2011, 3294). Ein Schadensersatzanspruch kann daher vorliegen, wenn der Nachbar seine bauliche Anlage schuldhaft so einrichtet, dass Traufwasser auf das Nachbargrundstück gelangt und dort einen Schaden anrichtet. Die Beweislast für den Verstoß gegen § 45 Abs. 1 NNachbG, den Schaden, das Verschulden und die Ursächlichkeit liegt beim Geschädigten (BGH NJW 1975, 1774). Störer im Sinne von § 1004 BGB ist der Eigentümer der baulichen Anlage, auf die der Niederschlag gefallen ist. Ferner könnte noch ein Anspruch nach § 906 Abs. 2 Satz 2 BGB in Betracht kommen, wenn der Geschädigte die Einwirkung zu dulden hatte und die Einwirkung eine ortsübliche Benutzung seines Grundstücks oder dessen Ertrag über das zumutbare Maß hinaus beeinträchtigt hat.

4. Abs. 2 enthält eine Ausnahme für öffentliche Straßen und öffentliche Grünflächen, soweit es sich um freistehende Mauern (Umfassungsmauern) handelt. Öffentliche Straßen sind diejenigen Straßen, die dem öffentlichen Verkehr gewidmet sind und auch die öffentlichen Wege und Plätze (§ 2 Abs. 1 NStrG). Diese Ausnahme gilt aber nur für Mauern, die bei Inkrafttreten des Gesetzes (01.01.1968) vorhanden waren.

5. **Schlagregenwasser** (Wasser, das bei schräg auftreffendem Regen von einer senkrechten Wand abläuft) ist nicht zum Traufwasser zu rechnen. Gelangt es auf das Nachbargrundstück, so ist es wie anderes wild zufließendes Wasser aufzunehmen.

Anbringen von Sammel- und Abflusseinrichtungen
§ 46 NNachbG

(1) Ist ein Grundstückseigentümer aus besonderem Rechtsgrund verpflichtet, Traufwasser aufzunehmen, das von den baulichen Anlagen eines Nachbargrundstücks tropft oder in anderer Weise auf das eigene Grundstück gelangt, so kann er auf seine Kosten besondere Sammel- und Abflusseinrichtungen auf dem Nachbargrundstück anbringen, wenn damit keine erhebliche Beeinträchtigung verbunden ist. Er hat diese Einrichtungen zu unterhalten.

(2) Für Anzeigepflicht und Schadensersatz gelten § 8 Abs. 2 und 3 sowie die §§ 14 und 37 Abs. 1 Satz 1 entsprechend. Mit den Arbeiten darf, wenn nichts anderes vereinbart wird, erst nach Ablauf der Frist nach § 37 Abs. 1 Satz 1 begonnen werden.

Anmerkungen

1. Wer aus **besonderem Rechtsgrund** (z. B. Vertrag oder Dienstbarkeit) zur Duldung der Traufe des Nachbarn verpflichtet ist, erhält durch Abs. 1 die Befugnis, auf seine Kosten Sammel- und Abflusseinrichtungen, also **Dachrinnen** und **Abflussrohre**, die er dann auch unterhalten muss, an der baulichen Anlage des Nachbarn anzubringen, um so die ihn beeinträchtigende Wirkung der Traufe abzumildern. Allerdings darf mit solchen Maßnahmen für den traufberechtigten Nachbarn keine erhebliche Beeinträchtigung verbunden sein. An Nutzungsvereinbarungen zwischen den Nachbarn sind Sonderrechtsnachfolger nicht gebunden, soweit diese nicht dinglich abgesichert sind (*Schäfer,* § 46 Rz. 1).
2. Die Errichtungs- und Unterhaltungskosten der Anlagen hat der zur Aufnahme der Traufe Verpflichtete zu tragen. Wie er das

Wasser aufnehmen möchte, steht ihm frei. Wenn er dazu Anlagen benutzt, muss er diese auch unterhalten. Hierbei hat er darauf zu achten, dass das Nachbargrundstück nicht erheblich beeinträchtigt wird. So darf z.B. der Abfluss des Wassers nicht verschlechtert werden.

3. Die Arbeiten dürfen erst vorgenommen werden, nachdem sie vorher fristgerecht angezeigt worden sind (vgl. § 37 Abs. 1 NNachbG). Die Anzeige ist formlos gültig. Auf Einwilligung des Nachbarn kann mit den Arbeiten auch früher begonnen werden.

4. **Schäden** sind nach Abs. 2 in Verbindung mit § 14 NNachbG verschuldensunabhängig zu ersetzen. Auf Verlangen des traufberechtigten Nachbarn ist Sicherheit für zu erwartende Schäden zu leisten, wenn mit einem Schaden von mehr als 3 000 € zu rechnen ist (§ 14 Abs. 2 NNachbG). Vorher darf mit den Arbeiten nicht begonnen werden. Ein Schadensersatzanspruch nach dieser Vorschrift besteht aber nur, wenn sich die mit dem konzentrierten Transport des Wassers in einer Rohrleitung oder mit der Abgabe des Wassers typischerweise verbundene besondere Betriebsgefahr verwirklicht hat (BGH NJW 1991, 2635).

Neunter Abschnitt – Hammerschlags- und Leiterrecht

Vorbemerkungen

1. Früherer Rechtszustand: Das Recht, zum Zweck von Arbeiten an einem dicht an der Grenze stehenden Gebäude das Nachbargrundstück mit Hammer und Leiter zu betreten, war im niedersächsischen Rechtsraum nur durch § 80 der braunschweigischen Bauordnung von 1899 geregelt. Im ALR gab es dieses Recht nur für Arbeiten an einer Grenzplanke (§ 155 I 8 ALR). Das preußische Obertribunal gewährte allerdings einen Anspruch auf Einräumung einer notwendigen Servitut (Dienstbarkeit) gemäß § 3 I 22 ALR. In der Lehre zum gemeinen Recht war das Hammerschlags- und Leiterrecht nicht allgemein anerkannt. Die heutige Judikatur neigt dazu, ein solches Recht aus dem Grundsatz von Treu und Glauben herzuleiten (§ 242 BGB) (vgl. amtliche Begründung zum Gesetzentwurf – Landtagsdrucksache Nr. 839 der 5. Wahlperiode).

2. Das NNachbG ist am 01.01.1968 in Kraft getreten (§ 66 NNachbG). Der Umfang von Befugnissen, die bei Inkrafttreten des NNachbG aufgrund des bisherigen Rechts bestanden, richtet sich nach den Vorschriften dieses Gesetzes (§ 63 Abs. 1 NNachbG).

3. Nach den Übergangsvorschriften werden Einzelvereinbarungen der Beteiligten durch das NNachbG nicht berührt (§ 63 Abs. 2 NNachbG).

4. Im Bereich des Wohnungseigentums existiert ein Betretungsrecht des Sondereigentums, wenn am Gemeinschaftseigentum Arbeiten zur Instandsetzung oder Instandhaltung auszuführen sind (§ 14 Nr. 4WEG).

Inhalt und Umfang
§ 47 NNachbG

(1) Der Eigentümer eines Grundstücks und die Nutzungsberechtigten müssen dulden, dass das Grundstück zur Vorbereitung und Durchführung von Bau- oder Instandsetzungsarbeiten auf dem Nachbargrundstück und im Fall eines zu duldenden Überbaus auf dem eigenen Grundstück vorübergehend betreten und benutzt wird, wenn die Arbeiten anders nicht zweckmäßig oder nur mit unverhältnismäßig hohen Kosten ausgeführt werden können. Diese Pflicht besteht gegenüber jedem, der nach eigenem Ermessen, insbesondere als Bauherr auf dem Nachbargrundstück solche Arbeiten ausführen lässt oder selbst ausführt. Die Pflicht besteht nicht, wenn dem Verpflichteten unverhältnismäßig große Nachteile entstehen würden.

(2) Das Recht ist so schonend wie möglich auszuüben; es darf nicht zur Unzeit geltend gemacht werden, wenn sich die Arbeiten unschwer auf später verlegen lassen.

(3) Auf die Eigentümer öffentlicher Straßen sind die Absätze 1 und 2 nicht anzuwenden; für sie gilt das öffentliche Straßenrecht.

(4) Für Anzeigepflicht und Schadensersatz gelten § 8 Abs. 2 und 3 sowie die §§ 14 und 37 Abs. 1 Satz 1 entsprechend. Mit den Arbeiten darf, wenn nichts anderes vereinbart wird, erst nach Ablauf der Frist nach § 37 Abs. 1 Satz 1 begonnen werden.

Anmerkungen

1. Das Recht des Betretens und Mitbenutzens des nachbarlichen Grundstücks für notwendige Instandsetzungs- und Unterhaltungsarbeiten am eigenen Grundstück aus § 47 NNachbG steht dem Nachbarn unter folgenden Voraussetzungen zu:
   a) Sein Vorhaben (z. B. das Verputzen des Hauses oder dessen Wärmedämmung) kann **anders nicht zweckmäßig** oder nur mit unverhältnismäßig hohen Kosten durchgeführt werden. Hierbei genügt es, wenn eine Alternative vorliegt. Gibt es mehrere zweckmäßige Möglichkeiten der Ausführung, ist die den Nachbarn am geringsten belastende zu wählen. Es ist also nicht auf den Bauherrn abzustellen, was er für am zweckmäßigsten hält, sondern darauf, welche zweckmäßige Ausführungsart den Nachbarn am geringsten beeinträchtigt. Unverhältnismäßig hoch sind die Kosten der Ausführung, wenn diese ein wirtschaftlich vernünftig denkender Mensch im Vergleich zu der anderen Ausführungsart nicht mehr für vertretbar hielte. Geringe Preisunterschiede reichen mithin nicht aus, um eine bestimmte Art der Ausführung zu begründen. In die Bewertung sind sämtliche Kosten, mithin auch Folgekosten, mit einzubeziehen.
   b) Die mit der Duldung für den Verpflichteten verbundenen Nachteile oder Belästigungen sind **nicht unverhältnismäßig** groß. In die Abwägung der Vor- und Nachteile sind sämtliche negative Folgen aufzunehmen, nicht nur materielle Schäden. Die Art und die Dauer der Beeinträchtigung des Nachbarn sind in die Abwägung mit einzubeziehen. Immaterielle Nach-

teile können durch die Pflicht zur Nutzungsentschädigung nach § 48 NNachbG ausgeglichen werden, was bei der Abwägung zu berücksichtigen ist. Die Schadensersatzpflicht nach Abs. 4 ist bei der Abwägung nicht einzubeziehen.

c) Das Vorhaben muss schließlich den **baurechtlichen** Vorschriften entsprechen und **privatrechtlich** zulässig sein. Es darf z. B. nicht unanfechtbar feststehen, dass die erforderliche Baugenehmigung nicht erteilt wird oder der Nachbar seine Zustimmung nicht gegeben hat. Würde der Bauherr dennoch mit dem Bau beginnen, verstieße er gegen Treu und Glauben (§ 242 BGB). Mit den Arbeiten darf auch erst begonnen werden, wenn eine erforderliche Genehmigung bindend und vollziehbar ist. Unerheblich ist es hingegen, ob die vom Bauherrn beabsichtigte Maßnahme überhaupt erforderlich ist. Dies hat allein der Bauherr zu beurteilen.

2. **Bauarbeiten** sind dabei alle Arbeiten, die zur ordnungsgemäßen Herstellung oder Modernisierung der baulichen Anlage erforderlich sind. **Instandsetzungsarbeiten** dienen der zumindest teilweisen Erneuerung der baulichen Anlage, wie z. B. Schönheitsreparaturen oder ein neuer Anstrich. Der zu duldende **Überbau** bezieht sich auf eine nachträgliche Wärmedämmung im Sinne des § 21a NNachbG. Bloße Reinigungsarbeiten sind bereits nach dem Wortsinn nicht unter den Anwendungsbereich dieser Vorschrift zu fassen. Umstritten ist, ob das Beschneiden einer Hecke darunterfällt (zu Streitstand siehe *Schäfer*, § 47 Rz. 1). Dafür spricht, dass das Beschneiden als Instandhaltungsmaßnahme gewertet werden kann.

3. Das Hammerschlags- und Leiterrecht kann, wenn seine Voraussetzungen vorliegen, von jedem ausgeübt werden, der auf dem Nachbargrundstück befugtermaßen Bauarbeiten ausführt. Hierzu darf nicht nur das Grundstück vorübergehend betreten oder befahren werden, sondern auf dem Grundstück dürfen auch Baugeräte und Baustoffe gelagert und ein Gerüst aufgestellt werden. Beim Vorliegen der Voraussetzungen dürfen auch die baulichen

Anlagen des Nachbarn betreten werden (vgl. auch AG Winsen Schiedsamtszeitung 2001, 134).

4. Das Hammerschlags- und Leiterrecht besteht auch dann, wenn es sich um die Errichtung eines **Neubaus** handelt. Es umfasst ebenfalls das Recht, das Erdreich des Nachbargrundstücks auszuheben, um z.B. eine Grenzwand zu bauen oder eine Mauer zu isolieren (so die h.M., vgl. *Schäfer*, § 47 Rz. 3 m.w.N.; a.A. OLG Düsseldorf Nds. Rechtspflege 1992 S. 26). Im Anschluss ist der frühere Zustand des nachbarlichen Grundstücks wiederherzustellen.

5. Abs. 2 schreibt zum Schutz des Verpflichteten vor, dass der berechtigte Nachbar sein Recht mit tunlichster Schonung auszuüben hat und unter den dort angegebenen Voraussetzungen nicht zur Unzeit geltend machen darf. Tut er dies doch, macht er sich unter Umständen schadensersatzpflichtig. Zur **Unzeit** wird das Bauvorhaben ausgeübt, wenn dadurch die landwirtschaftliche Nutzung des Nachbargrundstücks oder andere saisonale Nutzungsarten beeinträchtigt werden oder das vom Nachbarn geplante Vorhaben nicht mehr durchführbar ist (*Schäfer*, § 47 Rz. 4). Im Rahmen der größtmöglichen nachbarlichen **Schonung** hat der Bauherr darauf zu achten, dass sein Vorhaben möglichst wenig Lärm verursacht und das nachbarliche Grundstück so wenig wie möglich beeinträchtigt, indem er bauliche Anlagen oder die nachbarliche Rasenfläche abdeckt oder auf andere Weise sichert. Verschmutzungen des nachbarlichen Grundstücks müssen wieder beseitigt werden.

6. Nach Abs. 3 gilt das Hammerschlags- und Leiterrecht nicht gegenüber dem Eigentümer **öffentlicher Straßen**. Insoweit kommt öffentliches Recht zur Anwendung. Danach besteht im Allgemeinen ebenfalls die Möglichkeit zur Aufstellung von Gerüsten, soweit dadurch der Gemeingebrauch nicht gefährdet wird. Es ist erforderlich, eine Erlaubnis für die Sondernutzung einzuholen. Andere öffentliche Grundstücke, etwa eine Schule oder ein Finanzamt, fallen nicht unter die Ausnahme des Abs. 3.

7. Die Arbeiten dürfen erst begonnen werden, nachdem sie zuvor fristgerecht angezeigt worden sind (Abs. 4 in Verbindung mit § 37 Abs. 1 NNachbG) und erforderlichenfalls Sicherheit geleistet wurde. Die **Anzeige** ist an alle zu richten, die durch die Ausübung des Rechts beeinträchtigt werden, also an Eigentümer, Erbbauberechtigte, Nießbraucher, Mieter, Pächter und sonstige Nutzungsberechtigte. Sie dient dazu, dass sich die Betroffenen auf die bevorstehenden Arbeiten einstellen und eventuell selbst Schutz- oder Sicherungsmaßnahmen ergreifen können. In der Anzeige sind daher die geplanten Arbeiten und die Art, der Umfang und die Dauer der Beeinträchtigung des nachbarlichen Grundstücks möglichst genau aufzunehmen. Wurde eine Anzeige unterlassen, muss sie nachgeholt werden und die geplanten Arbeiten dürfen bis zum Ablauf der Anzeigefrist nicht ausgeführt werden.
8. Das Duldungsrecht darf auch nicht im Wege der Selbsthilfe ausgeübt werden. Bestehen Meinungsverschiedenheiten zwischen den Nachbarn, muss eine gerichtliche Klärung herbeigeführt werden. Erst danach darf mit den Arbeiten begonnen werden.
9. Der Duldungspflicht steht die Verpflichtung zum Ersatz des aus der Ausübung der Rechte erwachsenden **Schadens** ohne Rücksicht auf Verschulden gegenüber. Die Norm ist aber kein Schutzgesetz im Sinne des § 823 Abs. 2 BGB. Ein Anspruch nach § 904 Satz 2 BGB könnte auch vorliegen. Eine Mitverursachung kann zur Verringerung des Schadensersatzes führen (Abs. 4 in Verbindung mit § 14 NNachbG). Die Beweislast für das Hammerschlags- und Leiterrecht trifft denjenigen, der sich darauf beruft.

Nutzungsentschädigung
§ 48 NNachbG

(1) Wer ein Grundstück länger als zehn Tage gemäß § 47 benutzt, hat für die ganze Zeit der Benutzung eine Nutzungsentschädigung zu zahlen; diese ist so hoch wie die ortsübliche Miete für einen dem benutzten Grundstücksteil vergleichbaren gewerblichen Lagerplatz.

(2) Nutzungsentschädigung kann nicht verlangt werden, soweit nach § 47 Abs. 4 in Verbindung mit § 14 Ersatz für entgangene anderweitige Nutzung geleistet wird.

Anmerkungen

1. § 48 NNachbG sieht eine entschädigungslose Nutzung des nachbarlichen Grundstücks von zehn Tagen vor. Innerhalb dieses Zeitraums sollten normale Arbeiten abgeschlossen sein. Bei längerer Inanspruchnahme des Grundstücks sieht die Norm die Zahlung einer Nutzungsentschädigung für den **gesamten** Zeitraum der Benutzung des nachbarlichen Grundstücks vor. Dies übt einen Druck auf den Bauherrn aus, die Inanspruchnahme des nachbarlichen Grundstücks möglichst kurz zu halten. Der Anspruch auf Nutzungsentschädigung besteht grundsätzlich neben dem Anspruch auf Schadensersatz nach §§ 14, 47 Abs. 4 NNachbG. Er ist ohne den Nachweis eines tatsächlichen Schadens durchsetzbar. Anspruchsinhaber ist derjenige, dessen Rechte durch den Bauherrn beeinträchtigt worden sind. Dies kann auch der Mieter oder Pächter eines Grundstücks sein.
2. Die Nutzungsentschädigung ist so hoch wie die ortsübliche Miete für einen dem benutzten Grundstücksteil vergleichbaren gewerblichen Lagerplatz. Soweit sich die Nachbarn über die Höhe nicht verständigen, ist ggf. ein Sachverständiger zur Bestimmung der Höhe heranzuziehen. Hierbei wird die Bestimmung des Nutzungsausfalls oftmals schwierig sein, da es keinen Markt für einen mit dem mitbenutzten Teil des nachbarlichen Grundstücks vergleichbaren Lagerplatz geben wird. Im Zweifel ist nach billigem Ermessen zu schätzen. Soweit der tatsächlich entstandene Nutzungsausfall höher ist, kann dieser bei konkretem Nachweis nach § 47 Abs. 1 NNachbG in Verbindung mit § 14 NNachbG ersetzt werden. Die Entschädigung ist für den **konkreten** Nutzungszeitraum und nicht für volle Monate zu entrichten.

3. Die Nutzungsentschädigung nach Abs. 1 ist nicht gerechtfertigt, soweit der Betroffene den Ersatz von anderweitigen, ihm entgangenen Einkünften aus Grundstücksnutzung verlangen kann. Wird z. B. ein Gaststättengarten in Anspruch genommen und wird die dadurch entstandene vorübergehende Gewinnminderung des Gaststättenbetriebes als Schaden nach §§ 14, 47 NNachbG verlangt, so kommt daneben keine Nutzungsentschädigung nach § 48 NNachbG in Betracht. Denn wäre der Gaststättengarten als solcher benutzt worden, so hätte er nicht zugleich als Lagerplatz vermietet werden können. Die Normen können aber nebeneinander angewandt werden, wenn über § 14 NNachbG von einem bloßen Nutzungsausfall abweichende Schäden geltend gemacht werden.

Zehnter Abschnitt – Höherführen von Schornsteinen

Vorbemerkungen

1. Wenn den Schornsteinen oder Luftschächten eines Gebäudes durch ein nebenan errichtetes Bauwerk Zug- oder Saugwirkung genommen wird, steht dem Eigentümer kein Schadensersatz- oder Unterlassungsanspruch aus dem BGB zu, da es sich bei solchen Störungen um sogenannte **negative Einwirkungen** handelt. Diese wirken nicht direkt auf das Nachbargrundstück ein, sondern führen lediglich durch ihr Vorhandensein zu Beeinträchtigungen des nachbarlichen Grundstücks, weshalb sie auch nicht unter § 906 BGB fallen. Daher kann der Betroffene auch nicht nach § 1004 BGB vorgehen.

2. Aus diesem Grunde blieb dem Landesgesetzgeber die Möglichkeit erhalten, eine entsprechende Anspruchsgrundlage zu schaffen. Der Entwurf zum Bundesbaugesetz (Bundestagsdrucksache Nr. 336/ III. Wahlperiode) enthielt im Abschnitt „Bauliches Nachbarrecht“, der nicht Gesetz geworden ist, in § 172 eine entsprechende Vorschrift. Ihren Grundgedanken hat das NNachbG in § 49 NNachbG übernommen.

3. Nach den Übergangsvorschriften werden Einzelvereinbarungen der Beteiligten durch das NNachbG nicht berührt (§ 63 Abs. 2 NNachbG).

Höherführen von Schornsteinen
§ 49 NNachbG

(1) Der Eigentümer eines Gebäudes und die Nutzungsberechtigten müssen dulden, dass der Nachbar an dem Gebäude Schornsteine und Lüftungsschächte eines angrenzenden niederen Gebäudes befestigt, wenn

1. **deren Höherführung erforderlich ist und anders nur mit erheblichen technischen Nachteilen oder mit unverhältnismäßig hohen Kosten möglich wäre und**
2. **das betroffene Grundstück nicht erheblich beeinträchtigt wird.**

(2) Der Eigentümer und die Nutzungsberechtigten haben ferner zu dulden, dass höher geführte Schornsteine und Entlüftungsschächte vom betroffenen Grundstück aus unterhalten und gereinigt und die hierzu erforderlichen Einrichtungen auf dem betroffenen Grundstück angebracht werden, wenn diese Maßnahmen anders nicht zweckmäßig oder nur mit unverhältnismäßig hohen Kosten getroffen werden können. Das Durchgehen durch das betroffene Gebäude braucht nicht geduldet zu werden, wenn der Berechtigte außen eine Steigleiter anbringen kann.

(3) Für Anzeigepflicht und Schadensersatz gelten § 8 Abs. 2 und 3 sowie die §§ 14 und 37 Abs. 1 Satz 1 entsprechend. Mit den Arbeiten darf, wenn nichts anderes vereinbart wird, erst nach Ablauf der Frist nach § 37 Abs. 1 Satz 1 begonnen werden.

Anmerkungen

1. Wenn neben ein niederes Gebäude ein höheres gebaut oder ein Gebäude aufgestockt wird, verlieren die Schornsteine und Lüftungsschächte des niederen Gebäudes die Zug- und Saugwir-

kung. Gegen die Errichtung des höheren Gebäudes oder das Aufstocken kann der Eigentümer des niederen Gebäudes nicht vorgehen, da es sich hierbei lediglich um eine negative Einwirkung auf sein Grundstück handelt. Ihm bleibt nur der Weg, seine Schornsteine und Lüftungsschächte entsprechend höherzuführen. Dies dürfte aber auch dem höheren Gebäude nützlich sein, da dessen obere Stockwerke anderenfalls den Emissionen des niederen ausgesetzt sind.

2. § 49 NNachbG gibt dem Eigentümer (Erbbauberechtigten) des niederen Gebäudes das Recht, an dem höheren Gebäude seine höhergeführten Schornsteine und Lüftungsschächte zu befestigen (Abs. 1) und die höhergeführten Schornsteine und Lüftungsschächte von dem höheren Gebäude aus zu unterhalten, zu reinigen und die zu diesen Arbeiten nötigen Einrichtungen auf seine Kosten anzubringen (Abs. 2 Satz 1). Dem Recht des Eigentümers des niederen Gebäudes steht die **Duldungspflicht** des Eigentümers des höheren Gebäudes gegenüber. Die Rechte und Pflichten bestehen unabhängig davon, welches Gebäude zuerst stand und welches wann erhöht wurde. Die Gebäude müssen unmittelbar aneinandergrenzen, wobei Abs. 1 keine Grenzbebauung verlangt. Weitergehende Ansprüche, z. B. für Antennenanlagen, schafft die Regelung nicht.

3. Voraussetzung bei Abs. 1 ist, dass die Erhöhung der Schornsteine und Lüftungsschächte – insbesondere zur Erzielung der notwendigen Zug- und Saugwirkung – erforderlich ist. Dazu muss zunächst das nachbarliche Gebäude höher als das betroffene sein. Die **Erforderlichkeit** bemisst sich an der Frage, ob andere technische Lösungsmöglichkeiten bestehen, um die notwendige Zug- oder Saugwirkung zu erzielen. Stehen andere Möglichkeiten zur Verfügung, so etwa eine stärkere Anlage, sind diese zuvorderst zu wählen. Weitere Voraussetzung ist, dass die Befestigung der Schornsteine und Lüftungsschächte bzw. die in Abs. 2 genannten Maßnahmen anders nicht zweckmäßig oder nur mit unverhältnismäßig hohen Kosten durchgeführt werden

können. **Unverhältnismäßig** hoch sind die Kosten der Ausführung, wenn diese ein wirtschaftlich vernünftig denkender Mensch im Vergleich zu der anderen Ausführungsart für nicht mehr vertretbar hielte. Sind mehrere Arten der Befestigung der Anlage gleich geeignet, hat auch hier der Betreiber die am wenigsten störende zu wählen.

4. Ferner darf das betroffene Grundstück nicht erheblich beeinträchtigt werden (Abs. 1 Nr. 2). Dies betrifft vor allem die technische Ausführung und den Betrieb der Anlage. So sind vor allem Erschütterungen, Schwingungen, Geräusche und Schmutz zu vermeiden. Insbesondere sind Richtwerte einzuhalten. Auch ästhetische Fragen können eine Rolle spielen. Diese sind aber von untergeordneter Natur.

5. Der Verpflichtete kann das **Betreten** seines Gebäudes durch den Eigentümer des niederen Gebäudes zum Zwecke der Unterhaltung und Reinigung dadurch abwenden, dass er diesen veranlasst, an dem höheren Gebäude eine **Steigleiter** anzubringen und sie zu benutzen (Abs. 2 Satz 2). Voraussetzung hierbei ist, dass eine solche Lösung technisch zweckmäßig ist. Soweit das Anbringen der Anlage nicht zulässig war, hat der Betreiber auch kein Betretensrecht des nachbarlichen Grundstücks. Anspruchsberechtigt ist der Eigentümer bzw. der Erbbauberechtigte. Vertraglich oder dinglich zur Nutzung des Grundstücks Berechtigte können nur einen Anspruch aus § 49 NNachbG geltend machen, soweit ihnen vom Eigentümer hierzu ein Recht eingeräumt worden ist.

6. Die **Kosten** für das Anbringen der Steigleiter hat der Berechtigte zu tragen. Soweit das Anbringen einer Steigleiter nicht möglich ist, steht dem Betreiber der Anlage ein Betretensrecht des Grundstücks des Nachbarn zu. Dieses kann er selbst oder durch Hilfspersonen (z.B. Schonsteinfeger) ausüben. Unzulässig ist das Betreten, wenn die Arbeiten auch vom eigenen Grundstück aus durchgeführt werden können.

7. Im Weigerungsfalle kann der Berechtigte auf Duldung der in Betracht kommenden Maßnahmen durch den Verpflichteten klagen.
8. Der Duldungspflicht steht die Verpflichtung zum Ersatz des aus der Ausübung der Rechte erwachsenden **Schadens** ohne Rücksicht auf Verschulden gegenüber. Ersatzfähig sind sowohl Sach- als auch Vermögensschäden. Ferner muss – außer im Falle der Not – vor Beginn der Arbeiten rechtzeitig **Anzeige** erstattet und auf Verlangen **Sicherheit** geleistet werden. Vertragliche Regelungen sind jederzeit möglich. Ein Entgelt für die Mitbenutzung sieht das Gesetz nicht vor.

Elfter Abschnitt – Grenzabstände für Pflanzen, ausgenommen Waldungen

Vorbemerkungen

1. Das BGB beinhaltet nur wenige nachbarrechtliche Vorschriften über Bäume und Sträucher. Es regelt den Überhang von Zweigen und das Eindringen von Wurzeln in das Nachbargrundstück, den Überfall von Früchten auf das andere Grundstück sowie die Rechtsverhältnisse am Grenzbaum. Die Entziehung von Licht und Luft ist nach dem BGB grundsätzlich nicht abwehrbar, da es sich um sogenannte negative Einwirkungen handelt (vgl. *Schäfer*, § 50 Rz. 1 m. w. N.). Einzig aus dem nachbarrechtlichen Gemeinschaftsverhältnis (§ 242 BGB) ergibt sich ein Abwehranspruch bei schwerwiegenden Beeinträchtigungen. Im Übrigen überlässt das BGB Regelungen dem Landesrecht, obwohl durch eine zu dichte oder zu hohe Bepflanzung erhebliche Einwirkungen auf das nachbarliche Grundstück entstehen können.

2. Vor Inkrafttreten des NNachbG fehlten Vorschriften über Abstände der Anpflanzungen von den Grundstücksgrenzen in Niedersachsen fast gänzlich. Das preußische Allgemeine Landrecht enthielt lediglich eine Bestimmung über den Grenzabstand lebender Hecken (§ 173ff. I 8 ALR).

3. Seit dem Jahre 2004 hat **Österreich** den Rechtsschutz des Grundeigentümers gegen Beeinträchtigungen durch Bäume und Pflanzen auf der Nachbarliegenschaft erweitert. Das **„Recht auf Licht und Luft"** ist gesetzlich in § 364 Abs. 3 AGBG verankert worden. Um einen Anspruch aus dieser Norm begründen zu können, müssen zwei Voraussetzungen vorliegen: Zum einen muss eine Überschreitung des nach den örtlichen Verhältnissen gewöhnlichen Maßes (Ortsüblichkeit) und zum anderen eine unzumutbare Beeinträchtigung der Benutzung des Grundstücks gegeben sein. Das Ausmaß und die Lage der beeinträchtigten Flächen ist hierbei für die Begründetheit des Anspruchs entscheidend. Zur Beurteilung, ob eine Beeinträchtigung unzumutbar ist, gilt: Je näher die Beeinträchtigung an der Grenze der Ortsüblichkeit liegt, desto weniger ist Unzumutbarkeit anzunehmen. Ferner sind Ausmaß und Lage der durch Lichteinfall beeinträchtigten Fläche zu berücksichtigen und welche konkrete Nutzungsmöglichkeit für den Grundstückseigentümer eingeschränkt oder unmöglich gemacht wird. Auch die Art, Widmung und Benutzung des Grundstücks spielen bei der Beurteilung eine Rolle. In einer Entscheidung vom 19.10.2016 (Az. 1Ob84/16 h) hat der Oberste Gerichtshof Österreichs darauf hingewiesen, dass stets eine Interessenabwägung vorzunehmen sei. Eine gewisse Beeinträchtigung des Nachbargrundstücks durch Bäume sei hinzunehmen.

4. Auch wenn das NNachbG nicht so weit geht wie das österreichische Recht, regelt es doch den Grenzabstand von Pflanzen und schränkt damit die Rechte der Grundstückseigentümer ein. Grundsätzlich wäre jeder Grundstückseigentümer berechtigt, auf seinem Grundstück beliebig hohe und dichte Bäume oder Sträucher zu pflanzen, auch wenn diese dem Nachbarn Licht und Luft entziehen. Durch das abgefallene Laub von Bäumen, den Übertritt von Pflanzen, insbesondere von Unkräutern, können die Nachbarn aber erheblich gestört werden. Daher soll durch die Vorschriften des NNachbG ein angemessener Interessensausgleich zwischen den Eigentümern der aneinandergrenzenden Grundstücke gewährt werden. Auf die Größe der einzelnen Grundstücke ist dabei nicht abzustellen. Dies wäre nicht sachgerecht.

5. Hinsichtlich des Begriffs des Nachbarn im Sinne des NNachbG vgl. Anm. 2 zu § 1 NNachbG.

6. Das NNachbG ist am 01.01.1968 in Kraft getreten (§ 66 NNachbG). Der Umfang von Befugnissen, die bei Inkrafttreten des NNachbG aufgrund des bisherigen Rechts bestanden, richtet sich nach den Vorschriften dieses Gesetzes (§ 63 Abs. 1 NNachbG). Wenn Anpflanzungen bei Inkrafttreten dieses Gesetzes vorhanden waren, vgl. § 55 NNachbG.

7. Nach den Übergangsvorschriften werden Einzelvereinbarungen der Beteiligten durch das NNachbG nicht berührt (§ 63 Abs. 2 NNachbG).

Grenzabstände für Pflanzen, ausgenommen Waldungen

Grenzabstände für Bäume und Sträucher
§ 50 NNachbG

(1) Mit Bäumen und Sträuchern sind je nach ihrer Höhe mindestens folgende Abstände von den Nachbargrundstücken einzuhalten:

a) bis zu 1,2 m Höhe 0,25 m

b) bis zu 2 m Höhe 0,50 m

c) bis zu 3 m Höhe 0,75 m

d) bis zu 5 m Höhe 1,25 m

e) bis zu 15 m Höhe 3,00 m

f) über 15 m Höhe 8,00 m.

(2) Die in Abs. 1 bestimmten Abstände gelten auch für lebende Hecken, falls die Hecke nicht gemäß § 30 auf die Grenze gepflanzt wird. Sie gelten auch für ohne menschliches Zutun gewachsene Pflanzen.

(3) Im Falle des § 31 ist der Abstand so zu bemessen, dass vor den Pflanzen ein Streifen von 0,6 m frei bleibt.

(4) Die Abs. 1 bis 3 gelten auch für die Nutzungsberechtigten von Teilflächen eines Grundstücks in ihrem Verhältnis zueinander.

Anmerkungen

1. Die Vorschrift betrifft nur **Gehölzpflanzen** außerhalb des Waldes. Für Waldungen gelten die Vorschriften des § 58 ff. NNachbG. Auf Stauden oder gar Blumen ist die Vorschrift nicht anwendbar. So brauchen z. B. Sonnenblumen keine Grenzabstände einzuhalten. **Stauden** unterscheiden sich von den Gehölzen dadurch, dass am Ende der jährlichen Vegetationsperiode der obere Teil der Pflanze abstirbt.
2. Nach Abs. 1 haben sich die Grenzabstände der Bäume und Sträucher nach der Höhe der Pflanzen zu richten. Abweichende Parteivereinbarungen sind zulässig. Das NNachbG unterscheidet anders als andere Landesgesetze nicht nach Pflanzengruppen (z. B. Allee- und Parkbäume: sehr stark wachsende, stark wachsende, übrige), um die Grenzabstände einzuteilen. Hierzu führt die amtliche Begründung zum Regierungsentwurf aus:

   „Gegen die Einteilung der Pflanzen in Gruppen in Verbindung mit der zeitlichen Beschränkung des Beseitigungsanspruchs auf 5 Jahre besteht das Bedenken, dass es dem Nachbarn mit durchschnittlichen botanischen Kenntnissen nicht immer möglich sein wird, in den ersten 5 Jahren zu erkennen, welcher Art das junge Bäumchen angehört und ob es zu den sehr stark wachsenden oder zu den stark wachsenden Arten zu zählen ist. Auch erscheint es unbillig, dass der Eigentümer einen ganz kleinen Baum, der den Nachbarn noch gar nicht stört, sogleich wieder wegnehmen soll."

3. **Bäume** sind ausdauernde Holzgewächse mit ausgeprägtem Stamm und bevorzugtem Längenwachstum an den Spitzen des Sprosssystems. Für **Sträucher** ist die basisbetonte Verzweigung aus mehr oder weniger zahlreichen Seitenachsen mit schwächerem Wuchs charakteristisch, wobei die Hauptachse meistens verkümmert ist (*Schäfer*, § 50 Rz. 3). Zu den Sträuchern zählen u. a. Flieder, Forsythien, Haselnuss, Wacholder, Rosen, Ginster und Halbsträucher (*Pardey*, § 51 Rz. 6). Für Bambus mit hölzernen Stämmen gilt der Mindestabstand ebenfalls (*Pardey*, § 51 Rz. 5).

4. Da sich die Grenzabstände der Bäume und Sträucher nach der Höhe der Pflanzen zu richten haben, kann jeder, der einen Baum oder Strauch pflanzt, aus dem Gesetz entnehmen, welche Höhe die an dieser Stelle stehende Pflanze ohne stillschweigende Duldung durch den Nachbarn nicht überschreiten darf. Der Eigentümer kann sich von vornherein überlegen, ob er den Baum oder Strauch später – falls der Nachbar es verlangt – durch wiederholtes Zurückschneiden auf der zulässigen Höhe halten oder ihn dann wieder beseitigen will. Insgesamt ist der in Abs. 1 gewählte Abstand jeweils aber eher gering, um auch bei kleinen Grundstücken noch genügend Raum für eine gärtnerische Gestaltung zu belassen und einen ausreichenden Besatz an Bäumen und Sträucher zu gewähren.

5. Zu den vorgesehenen Grenzabständen sagt die amtliche Begründung zum Regierungsentwurf Folgendes:

   „Wer Sträucher ziemlich dicht an die Grenze pflanzt, soll darauf gefasst sein, dass er sie auf Verlangen regelmäßig beschneiden muss. Wer hingegen Sträucher mit 1,25 m Abstand pflanzt, soll dieser Notwendigkeit weitgehend enthoben sein, weil Sträucher im Allgemeinen nicht über 5 m hoch werden. Die in erster Linie für Sträucher und Hecken gedachten Höhen von 1,2 m, 2 m, 3 m und 5 m sollen auch für Bäume gelten, wenn sie in Grenznähe gepflanzt werden. Bäume, die in 3 m Abstand und mehr stehen, sollen grundsätzlich hochwachsen dürfen, jedoch nicht unbegrenzt. Für sehr große Bäume (über 15 m Höhe) erscheint ein Grenzabstand von 3 m zu gering. Sehr große Bäume in diesem geringen Abstand können den Nachbarn empfindlich beeinträchtigen. Für kleinere Gärten mit weniger als 16 m Breite müssen derartig große Bäume im Hinblick auf die Nachbarinteressen allgemein als unzweckmäßig bezeichnet werden. Deshalb sieht der Entwurf für Bäume von über 15 m Höhe einen Grenzabstand von 8 m vor. Wenn es nicht praktikabel ist, einen großen Baum, der in weniger als 8 m Abstand steht, durch wiederholtes Zurückschneiden auf 15 m zu halten, so mag er – wenn der Nachbar ihn nicht dulden will – beseitigt und durch einen jungen Baum ersetzt werden."

6. Die Grenzabstände sind im Zusammenspiel mit § 51 NNachbG zu ermitteln. Mindestens ist jedoch ein Abstand von 0,25 m zur Grenze einzuhalten. Wenn die Pflanze mehr als 8 m vom nachbarlichen Grundstück entfernt steht, darf sie beliebig hoch werden. Zwischenabstände weist das Gesetz nicht zu. Wenn die Pflanze die nächsthöhere Schwelle erreicht hat, muss sie den dieser Schwelle zugewiesenen Grenzabstand einhalten.
7. Werden die vom Gesetz vorgegebenen Abstände unterschritten, kann der Nachbar **Beseitigung** verlangen. Dies kann durch Zurückschneiden oder Versetzen der Pflanze geschehen. § 53 NNachbG ist dabei zu beachten. Eine konkrete Beeinträchtigung braucht der Nachbar nicht darzutun. Weiter zu beachten sind gegebenenfalls **Baumschutzsatzungen** der Gemeinden und die naturschützenden Vorschriften des Bundes und des Landes, z. B. § 39 BNatG.
8. Die in Abs. 1 genannten Abstände gelten gemäß Abs. 2 auch für lebende Hecken. Eine **Hecke** ist eine Anpflanzung, bei der die Sträucher in dichter Reihe angepflanzt sind, somit der Einfriedung des Grundstücks dienen und im Allgemeinen – mindestens zur Grenze hin – beschnitten werden oder beschnitten werden sollen. Lebende Hecken sind keine Einfriedungen im baurechtlichen Sinn. Sie unterscheiden sich von Gebäuden, da sie licht- und luftdurchlässig sind und einer ständigen Veränderung unterliegen (*Pardey*, § 51 Rz. 7).

9. Sonderregelungen ergeben sich:
   a) nach Abs. 2 für Hecken, die gemäß § 30 NNachbG als Einfriedung auf die Grenze gepflanzt werden,
   b) wenn zur Ausübung des Schwengelrechts (§ 31 NNachbG) ein Streifen von 0,6 m frei bleiben muss (Abs. 3),
   c) nach § 52 NNachbG in den dort aufgezählten Fällen,
   d) bei nachträglichen Grenzänderungen (§ 57 NNachbG).
10. Abs. 4 nimmt insbesondere auf die Pächter von **Kleingärten** Rücksicht, wobei innerhalb von Kleingartenkolonien oftmals noch durch die Satzung bestimmte Sonderregelungen gelten. Auch den Nutzungsberechtigten von Teilflächen gegenüber sind die Abstände einzuhalten.
11. Abweichende Vereinbarungen sind zulässig. Das bloße **Dulden** einer bestimmten Höhe der betroffenen Pflanzen bildet jedoch noch keine Vereinbarung der betroffenen Nachbarn. Anderenfalls wäre § 54 NNachbG überflüssig.
12. Anspruchsberechtigt für einen Beseitigungsanspruch ist der Eigentümer bzw. Erbbauberechtigte des Nachbargrundstücks. Er darf seinen Anspruch nicht im Wege der Selbsthilfe durchsetzen, sondern muss seinen Nachbarn notfalls auf Rückschnitt oder Beseitigung verklagen. In der Klageschrift sind die störenden Anpflanzungen genau zu bezeichnen.

Bestimmung des Abstandes
§ 51 NNachbG

Der Abstand wird am Erdboden von der Mitte des Baumes oder des Strauches bis zur Grenze gemessen.

Anmerkungen

1. Für die Berechnung des Abstandes maßgebend ist die **Mitte** des Baumstammes oder Strauches, und zwar an der Stelle, an der diese aus der Erde treten. Sind mehrere Stämme, Zweige oder Triebe vorhanden, so ist derjenige maßgebend, der der Grenze

am nächsten steht (vgl. Abb. 17). Bei Hecken ist der Abstand der einzelnen Pflanzen maßgebend.

2. Eine etwaige Neigung der Pflanze zur Grenze bleibt außer Betracht. Bei Sträuchern ist die Mitte des Strauches und nicht dessen grenznächster Trieb für die Messung heranzuziehen. Soweit sich der Strauch immer weiter in Richtung Grenze ausbreitet und den vorgegebenen Abstand nicht mehr einhält, da er seitliche neue Triebe ausbildet, sind diese zu entfernen oder der Strauch ist insgesamt zurückzuschneiden.

3. Zu messen ist die kürzeste Entfernung zwischen der in Anm. 1 genannten Stelle und der Grenze, und zwar bei ebenem Gelände entlang dem Grund und Boden.

4. Ist das Gelände zur Grenze ansteigend oder abfallend, so bestehen Zweifel, wie die Entfernung zu messen ist. Aus dem Wortlaut des § 51 NNachbG, der Abstand sei „am Erdboden“ zu messen, könnte geschlossen werden, er sei entlang der Geländeschräge und nicht in der gedachten Waagerechten zwischen der Mitte des Baumes oder Strauches und der Grenzlinie zu messen. Dies hätte zur Folge, dass die Pflanze der Grenze etwas näher stehen dürfte, als es bei Zugrundelegung der gedachten Waagerechten der Fall wäre. Die Gesetzesmaterialien geben hierzu

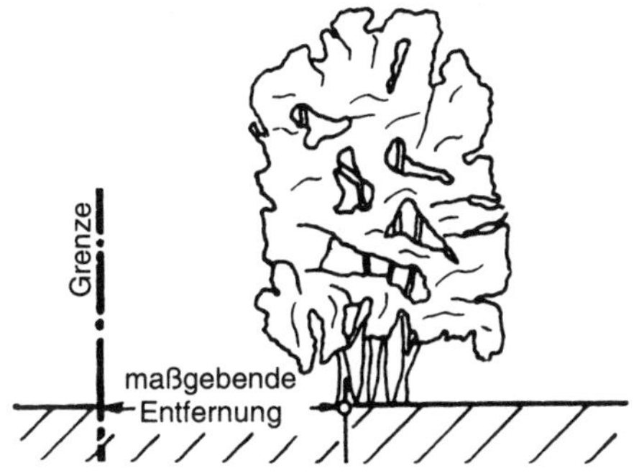

Abb. 17: Berechnung des Abstandes. Dieser ist bei mehreren Stämmen oder Trieben von der Mitte des Stammes oder Triebes zu messen, der der Grenze am nächsten steht

keinen Aufschluss. Die vorgenannte Ansicht erscheint allerdings nicht richtig. Denn der Gesetzeswortlaut zwingt zum einen nicht unbedingt zu der Auslegung, auch bei Geländeschräge müsse längs des Erdbodens gemessen werden. Es erscheint ferner unbillig, in einem solchen Falle zu gestatten, die Pflanze näher an die Grenze heranzusetzen, als es bei ebenem Gelände zulässig wäre. Es entstehen schließlich erhebliche Schwierigkeiten, wenn das abschüssige Gelände nachträglich planiert wird, da dann Bäume und Sträucher einen zu geringen Abstand von der Grenze haben. Aus diesen Gründen wird die Absicht des Gesetzgebers dahin anzunehmen sein, dass bei ansteigendem oder abfallendem Gelände der Grenzabstand nicht entlang der Geländeschräge, sondern in der **gedachten Waagerechten** zwischen Pflanzenmitte und Grenze zu messen ist.

Ausnahmen
§ 52 NNachbG

(1) § 50 gilt nicht für

1. Anpflanzungen hinter einer Wand oder einer undurchsichtigen Einfriedung, wenn sie diese nicht überragen,

2. Anpflanzungen an den Grenzen zu öffentlichen Straßen und zu Gewässern,

3. Anpflanzungen auf öffentlichen Straßen und auf Uferböschungen.

(2) Im Außenbereich (§ 35 Abs. 1 des Baugesetzbuchs) genügt ein Grenzabstand von 1,25 m für alle Anpflanzungen über 3 m Höhe.

Anmerkungen

1. In den Fällen des Abs. 1 brauchen die in § 50 vorgeschriebenen Abstände nicht eingehalten zu werden, da in den aufgeführten Fällen ein Schutz des nachbarlichen Grundstücks nicht erforderlich erscheint oder bereits hinreichende öffentlich-rechtliche Normen existieren.

2. Nach Abs. 1 Nr. 1 ist kein Abstand einzuhalten, da Anpflanzungen hinter einer undurchsichtigen Einfriedung oder einer Wand keinen zusätzlichen Schatten werfen können. Hecken zählen hierzu nicht, da sie zumindest im Winter ihre Blätter abwerfen. Sobald die Anpflanzung die undurchsichtige Einfriedung oder Wand aber überragt oder seitlich von dieser hervortritt, gelten die Grenzabstände des § 50 NNachbG.

3. Abs. 1 Nr. 2 nimmt ebenfalls Anpflanzungen an den Grenzen zu öffentlichen Straßen und zu Gewässern von § 50 NNachbG aus. Davon sind auf der anderen Straßen- oder Gewässerseite angrenzende Anlieger betroffen, da diese keine nachbarrechtlichen Ansprüche nach § 50 NNachbG mehr geltend machen können. So kann es geschehen, dass ein direkt an einer sehr schmalen Straße stehender über 15 m hoher Baum vom gegenüberliegenden Grundstücknachbarn anspruchslos hinzunehmen ist.

4. **Öffentliche Straßen** sind nach § 2 Abs. 1 NStrG diejenigen Straßen, die dem öffentlichen Verkehr gewidmet sind. Öffentliche Straßen im Sinne dieses Gesetzes sind auch die öffentlichen Wege und Plätze. Öffentliche **Grünflächen** fallen aber nicht unter diese Vorschrift, da sie nicht genannt werden. Ein **Gewässer** ist ständig oder zeitweilig in Betten fließendes oder stehendes oder aus Quellen wild abfließendes Wasser (§ 3 Nr. 1 WHG). Hierunter fallen auch künstliche Gewässer, also von Menschen geschaffene oberirdische Gewässer (§ 3 Nr. 4 WHG). Die Norm unterscheidet nicht zwischen privaten und öffentlichen Gewässern, sodass beide vom Anwendungsbereich umfasst sind.

5. Bestimmungen zu Anpflanzungen an den Grenzen zu öffentlichen Straßen und zu Gewässern enthält das öffentliche Recht. § 31 Abs. 2 NStrG schreibt vor, dass Anpflanzungen aller Art nicht angelegt werden dürfen, wenn sie die Sicherheit oder Leichtigkeit des Verkehrs beeinträchtigen können; soweit sie vorhanden sind, haben die Eigentümer sie zu beseitigen. Kommt der Eigentümer der Aufforderung nicht nach, kann die Straßenbaubehörde das Erforderliche selbst veranlassen und dem Eigen-

tümer die Kosten für die Beseitigung auferlegen. Eine ähnliche Vorschrift enthält § 11 Abs. 2 des Bundesfernstraßengesetzes.

6. Inwieweit Straßen bepflanzt werden dürfen, bestimmt ebenfalls nicht das NNachbG (vgl. Abs. 1 Nr. 3), sondern das öffentliche Recht. Hierzu § 32 Nds.StrG:

   „Die Bepflanzung des Straßenkörpers bleibt dem Träger der Straßenbaulast vorbehalten. Die Straßenanlieger haben alle Maßnahmen zu dulden, die im Interesse der Erhaltung und Ergänzung der auf dem Straßenkörper befindlichen Pflanzungen erforderlich sind. Sie haben der Straßenbaubehörde rechtzeitig vorher Anzeige zu machen, wenn sie auf das Anliegergrundstück eingedrungene Wurzeln eines Straßenbaumes abschneiden wollen."

   Dem Nachbarn stehen allenfalls Beseitigungsansprüche zu, wenn Wurzeln der auf öffentlichen Straßen stehenden Anpflanzungen störend in sein Grundstück hineinragen (§ 1004 BGB).

7. Im **Außenbereich** (vgl. Abs. 2) genügt ein Grenzabstand von 1,25 m für alle Anpflanzungen über 3 m Höhe. Im Außenbereich (vgl. § 35 Abs. 1 BauGB) liegen Grundstücke, wenn sie außerhalb eines Bebauungsplans (§ 30 BauGB) und außerhalb der im Zusammenhang bebauten Ortsteile liegen. Wenn im Außenbereich zwei Wohngrundstücke aneinander grenzen, ist mithin der nachbarrechtliche Schutz vor einem zu geringen Grenzabstand deutlich geringer ausgeprägt als in Wohngebieten.

Anspruch auf Beseitigen oder Zurückschneiden
§ 53 NNachbG

(1) Bäume, Sträucher oder Hecken mit weniger als 0,25 m Grenzabstand sind auf Verlangen des Nachbarn zu beseitigen. Der Nachbar kann dem Eigentümer die Wahl lassen, die Anpflanzungen zu beseitigen oder durch Zurückschneiden auf einer Höhe bis zu 1,2 m zu halten.

(2) Bäume, Sträucher oder Hecken, welche über die im § 50 oder § 52 zugelassenen Höhen hinauswachsen, sind auf Verlangen des Nachbarn auf

die zulässige Höhe zurückzuschneiden, wenn der Eigentümer sie nicht beseitigen will.

(3) Der Eigentümer braucht die Verpflichtung zur Beseitigung oder zum Zurückschneiden von Pflanzen nur in der Zeit vom 1. Oktober bis zum 15. März zu erfüllen.

Anmerkungen

1. Halten Baum, Strauch oder Hecke den Mindestabstand von 0,25 m (vgl. § 50 Abs. 1 Buchstabe a NNachbG) nicht ein, so hat der Nachbar einen Anspruch auf **Beseitigung** der Pflanze (Abs. 1). Er kann aber auch dem Eigentümer der Pflanze die Entscheidung darüber lassen, ob dieser statt der Beseitigung der – eigentlich unzulässigen – Anpflanzung sie stehen lassen will. Der Eigentümer hat sie dann aber – ebenso wie eine Anpflanzung mit vollem 0,25 m Grenzabstand – auf 1,2 m Höhe zu halten. Eine konkrete Beeinträchtigung braucht der Nachbar nicht darzutun. Eine Grenze des Anspruchs ist nur im Rechtsmissbrauch zu ziehen (§ 242 BGB). Die Nachbarn können über jede Höhe einer Pflanze auch vom Gesetzeswortlaut abweichende Vereinbarungen treffen.
2. Steht die Pflanze im Bereich zwischen 0,25 und 8 m Abstand von der Grenze, so richtet sich der Anspruch des Nachbarn auf das **Zurückschneiden** der Pflanze auf die Höhe, die das Gesetz für den vorhandenen Grenzabstand zulässt (Abs. 2). Dem Eigentümer steht es frei, wenn das Verlangen auf Zurückschneiden gestellt wird, sie ganz zu entfernen. Der Anspruch besteht auch unabhängig davon, ob die Pflanze durch den verlangten Rückschnitt eingeht oder nicht. Der Anspruch entsteht jedes Mal neu, sobald die zulässigen Höhen überschritten werden.
3. Die Pflicht zur Beseitigung oder zum Zurückschneiden braucht nur in der dafür geeigneten Jahreszeit (1. Oktober bis 15. März) außerhalb der Wachstums- und Brutperiode erfüllt zu werden (Abs. 3). Zusätzlich ist § 39 Abs. 5 Nr. 2 BNatSchG zu beachten. Danach ist es grundsätzlich verboten, Bäume, Hecken, lebende

Zäune, Gebüsche und andere Gehölze in der Zeit vom 1. März bis zum 30. September abzuschneiden, auf den Stock zu setzen oder zu beseitigen. Zulässig sind nur schonende Form- und Pflegeschnitte zur Beseitigung des Zuwachses der Pflanzen oder zur Gesunderhaltung von Bäumen. Im Gegensatz zur nachbarrechtlichen Norm, von der die Nachbarn eine abweichende Vereinbarung treffen können, ist das Verbot nach dem Bundesnaturschutzgesetz allgemein zu beachten. Ist der Nachbar zum Rückschnitt der Grenzbepflanzung innerhalb des von § 53 Abs. 3 NNachbG vorgegebenen Zeitraums verurteilt, darf er sich bis zum Ende des Zeitfensters Zeit lassen. Eine zuvor eingeleitete Zwangsvollstreckung ist unzulässig (AG Wilhelmshaven ZMR 2011, 651).

4. Der Ausschluss eines Anspruchs ist zu beachten (§ 54 NNachbG).

Ausschluss des Anspruchs auf Beseitigen oder Zurückschneiden § 54 NNachbG

(1) Der Anspruch auf Beseitigung von Anpflanzungen mit weniger als 0,25 m Grenzabstand (§ 53 Abs. 1 Satz 1) ist ausgeschlossen, wenn der Nachbar nicht spätestens im fünften auf die Anpflanzung folgenden Kalenderjahr Klage auf Beseitigung erhebt. Diese Anpflanzungen müssen jedoch, wenn sie über 1,2 m Höhe hinauswachsen, auf Verlangen des Nachbarn zurückgeschnitten werden.

(2) Der Anspruch auf Zurückschneiden von Anpflanzungen (Absatz 1 Satz 2 und § 53 Abs. 2) ist ausgeschlossen, wenn die Anpflanzungen über die nach diesem Gesetz zulässige Höhe hinauswachsen und der Nachbar nicht spätestens im fünften darauffolgenden Kalenderjahr Klage auf Zurückschneiden erhebt. Nach Ablauf der Ausschlussfrist kann der Nachbar vom Eigentümer jedoch verlangen, die Anpflanzung durch jährliches Beschneiden auf der jetzigen Höhe zu halten; im Fall der Klage auf Beschneiden ist die jetzige Höhe die Höhe im Zeitpunkt der Klageerhebung. Der Klageerhebung steht die Bekanntgabe eines Antrags auf Durchführung eines Schlichtungsverfahrens vor dem Schiedsamt oder einer anderen Gütestelle, die Streitbeilegungen betreibt, gleich.

Anmerkungen

1. Der Anspruch auf **Beseitigung** oder **Zurückschneiden** der Anpflanzungen (vgl. Anm. 1 und 2 zu § 53 NNachbG) ist ausgeschlossen, wenn der beeinträchtigte Nachbar die Klage nicht innerhalb der Frist des § 54 NNachbG erhoben hat. Der Nachbar hat sodann die Pflanze in ihrer Erscheinungsform hinzunehmen. Die **Beweislast** für das Überschreiten der Höhengrenze länger als **fünf Jahre** trägt der Eigentümer der Pflanze (AG Wilhelmshaven ZMR 2011, 651). Die Frist beginnt mit dem Setzen oder Aufkeimen der Pflanze. Die Ausschlussfrist stellt aber keine Verjährungsfrist dar. Daher ist sie auch von Amts wegen zu berücksichtigen, ohne dass sich der Berechtigte darauf berufen muss.
2. Hat ein Nachbar den Beseitigungsanspruch infolge Fristablaufs nicht mehr, so kann er immer noch den Anspruch auf Zurückschneiden geltend machen, solange nicht auch dieser Anspruch durch Abs. 2 ausgeschlossen ist. Dies ergibt sich aus Abs. 1 Satz 2.
3. Die Ausschlussfrist des Abs. 2 soll die Rechtsverhältnisse zwischen den Nachbarn klären und Streitigkeiten verhindern. Zu diesem Zwecke werden Anpflanzungen trotz des Überschreitens der durch das Gesetz gebilligten Maximalhöhe unter **Bestandsschutz** gestellt, wenn der Nachbar dieses Überschreiten über einen längeren Zeitraum nicht beanstandet und unterbunden hat. Der Bestandsschutz gilt nur für die konkrete Pflanze. Ersatzanpflanzungen haben die Höhenbegrenzungen zu beachten.
4. Mit dem Anspruch auf Zurückschneiden auf die zulässige Höhe ist nicht jeder Anspruch auf eine Höhenbegrenzung ausgeschlossen. Der Bestandsschutz ist vielmehr bei Abwägung der beiderseitigen Interessen nur hinsichtlich des Höhenwachstums in der Vergangenheit, nicht aber auch hinsichtlich des künftigen Höhenwachstums geboten. Verlangt der Nachbar daher nach Ablauf der Ausschlussfrist lediglich eine Beschneidung des aktuellen Zustandes (jetzige Höhe), so gebührt diesem Interesse der Vorrang vor dem Interesse des Eigentümers an einem – weiter-

hin – ungehinderten Höhenwachstum. Obwohl dieser Anspruch grundsätzlich jährlich durchsetzbar ist, ist auch ein möglicher **Rechtsmissbrauch** zu beachten. Hierbei ist z. B. mit in Erwägung zu ziehen, wie stark sich das jährliche Höhenwachstum gestaltet und welchen Aufwand der Rückschnitt verursacht.

5. Die **Frist** beginnt mit dem Überschreiten der zulässigen Höhe zu laufen. Sie ist vom Ende des Jahres zu berechnen, in dem die Pflanze die zulässige Höhe überschritten hat. Ist dies z. B. im Mai 2020 der Fall, muss die dagegen gerichtete Klage spätestens am 31.12.2025 erhoben sein. Nach jedem Rückschnitt beginnt die Frist erneut zu laufen, wenn die Pflanze wieder das zulässige Höchstmaß überschritten hat. Eine bloße Aufforderung zum Beschneiden unterbricht die Frist nicht. Das kann nur die Klageerhebung. Bei Anpflanzungen hinter einer Wand oder einer undurchsichtigen Einfriedung (§ 50 Abs. 1 Nr. 1 NNachbG) beginnt die Frist erst zu laufen, wenn die Pflanze über die Einfriedung bzw. Wand hinauswächst. Verjährung tritt erst nach Ablauf der Ausschlussfrist ein (§ 2 Abs. 1 Satz 2 NNachbG).
6. Die Parteien können die Verpflichtung des Eigentümers, die Anpflanzung durch jährliches Beschneiden auf der aktuellen Höhe zu halten, jederzeit vereinbaren. Um Missverständnisse zu vermeiden, bietet es sich an, eine schriftliche Vereinbarung zu treffen. An die privatrechtliche Vereinbarung muss sich der Nachbar zwar halten. Sie gilt aber nur für die konkreten Pflanzen und nicht generell. Der Einzelrechtsnachfolger (z. B. Käufer) ist an eine solche Vereinbarung nicht gebunden. An den mittlerweile eingetretenen Bestandsschutz für einzelne Pflanzen hat er sich hingegen zu halten.
7. Im Streitfall ist die Höhe der Anpflanzung im Zeitpunkt der Klageerhebung des Nachbarn maßgeblich. Ein Selbsthilferecht des Nachbarn gewährt diese Vorschrift nicht.
8. Der Klageerhebung wird die Einleitung eines **Güteverfahrens** gleichgestellt, denn es wäre nicht sachgerecht, wenn dem Nach-

barn durch das Bemühen um eine außergerichtliche Einigung ein Nachteil entstünde.

9. Soweit nach dem NNachbG Ansprüche auf Zurückschneiden ausgeschlossen sind, verbleiben dem Nachbarn noch Ansprüche nach §§ 906 oder 1004 BGB, soweit deren Voraussetzungen vorliegen. Diese sind nicht durch die landesrechtlichen Ausschlusstatbestände ausgeschlossen (OLG Celle Nds. Rechtspflege 2005, 116–118).

Bei Inkrafttreten des Gesetzes vorhandene Pflanzen – Außenbereich § 55 NNachbG

(1) Für Anpflanzungen, die bei Inkrafttreten dieses Gesetzes vorhanden sind und deren Grenzabstand dem bisherigen Recht entspricht, gelten folgende besondere Regeln:

1. **Der Anspruch auf Beseitigung (§ 53 Abs. 1 Satz 1) ist ausgeschlossen.**
2. **Der Anspruch auf Zurückschneiden (§ 53 Abs. 2) ist ausgeschlossen, wenn die Anpflanzung bei Inkrafttreten des Gesetzes über 3 m hoch ist.**
3. **Anpflanzungen, die bei Inkrafttreten des Gesetzes nicht über 3 m hoch sind, jedoch über die nach § 50 Abs. 1 Buchst. a und b zulässigen Höhen von 1,2 m oder 2 m hinausgewachsen waren, sind auf Verlangen des Nachbarn durch Zurückschneiden auf derjenigen Höhe zu halten, die sie bei Inkrafttreten des Gesetzes hatten; der weitergehende Anspruch auf Zurückschneiden ist ausgeschlossen. § 54 Abs. 2 ist entsprechend anzuwenden.**

(2) Absatz 1 gilt entsprechend für Anpflanzungen, deren Standort infolge Veränderung des Außenbereichs (§ 35 Abs. 1 des Baugesetzbuchs) aufhört, zum Außenbereich zu gehören.

(3) Entspricht der Grenzabstand von Anpflanzungen, die bei Inkrafttreten des Gesetzes vorhanden sind, nicht dem bisherigen Recht, so enden die in § 54 bestimmten Fristen frühestens zwei Jahre nach Inkrafttreten dieses Gesetzes.

Anmerkungen

1. Abs. 1 beinhaltet Übergangsregelungen für Anpflanzungen, die bei Inkrafttreten des NNachbG (01.01.1968) vorhanden waren und deren Grenzabstände dem bisherigen Recht entsprachen.
   a) Der Anspruch auf Beseitigung (bei Anpflanzungen mit einem Grenzabstand bis 0,25 m vgl. Anm. 1 zu § 53 NNachbG) ist ausgeschlossen.
   b) Ein Zurückschneiden (vgl. Anm. 2 zu § 53 NNachbG) kann nicht verlangt werden, wenn die Anpflanzungen am 01.01.1968 eine Höhe von über 3 m erreicht hatten. Stehen also bei Inkrafttreten des Gesetzes kleine Bäume von je 4 m Höhe in einem Grenzabstand von 1,25 m oder von 3 m, so können sie weiter wachsen, auch über 5 bzw. 15 m Höhe hinaus.
   c) Hatten die Bäume, Sträucher oder Hecken eine Höhe bis zu 3 m, aber die in § 50 Abs. 1 Buchstaben a und b NNachbG vorgesehene Höhe von 1,2 m bzw. 2 m überschritten, so sind sie auf der Höhe zu halten, die sie am 01.01.1968 hatten, wenn der Nachbar dies verlangt. Ein weiterer Anspruch auf Zurückschneiden besteht nicht. Für die Klageerhebung gilt die Frist des § 54 Abs. 2 NNachbG.

2. Für Pflanzen, die am 01.01.1968 noch nicht 3 m hoch waren und die in § 50 Abs. 1 NNachbG vorgesehenen Höhen noch nicht erreicht hatten, fehlt es an einer Übergangsregelung. Für sie gilt daher nach § 53 Abs. 2 NNachbG, dass die Pflanzen die Höhen, die § 50 Abs. 1 vorschreibt, nicht überschreiten dürfen, wenn der Nachbar dies nicht duldet.

3. Die Regelung des Abs. 2 trifft folgenden Fall: Wächst eine Siedlung in ihren bisherigen **Außenbereich** hinein, so verkleinert sich der Außenbereich. Dabei wird es oft vorkommen, dass der Standort von Bäumen und Sträuchern, der bisher im Außenbereich lag, aufhört, zum Außenbereich zu gehören. Dieser Fall bedarf einer Übergangsregelung, weil die Grenzabstände im Außenbereich nach § 52 Abs. 2 NNachbG teilweise kleiner sind

als in der Ortslage. Z. B. genügt ein in 1,25 m Grenzabstand stehender großer Baum dem § 52 Abs. 2 NNachbG, während er den Vorschriften des § 50 NNachbG nicht genügt. Für diese Pflanzen, die im Zeitpunkt einer solchen Rechtsänderung vorhanden sind, gelten dieselben Übergangsregeln, die in Abs. 1 für die bei Inkrafttreten des Gesetzes vorhandenen Pflanzen vorgesehen sind. Im Außenbereich (vgl. § 35 Abs. 1 BauGB) liegen Grundstücke, wenn sie außerhalb eines Bebauungsplans (§ 30 BauGB) und außerhalb der im Zusammenhang bebauten Ortsteile liegen.

4. Auch hier ist § 2 Abs. 1 Satz 2 NNachbG zu beachten. Der Anspruch verjährt aber frühestens nach Ablauf der Ausschlussfrist.
5. Entsprachen die Anpflanzungen, die am 01.01.1968 vorhanden waren, nicht dem bisherigen Recht, so konnte der Nachbar innerhalb der in Abs. 3 vorgesehenen Frist Klage auf Beseitigung oder Zurückschneiden erheben. Diese Vorschrift ist aber wegen Zeitablaufs gegenstandslos.

Ersatzanpflanzungen
§ 56 NNachbG

Bei Ersatzanpflanzungen sind die in den §§ 50 und 52 Abs. 2 vorgeschriebenen Abstände einzuhalten; jedoch dürfen in geschlossenen Anlagen einzelne Bäume oder Sträucher nachgepflanzt werden und zur Höhe der übrigen heranwachsen.

Anmerkungen

1. Für **Ersatzanpflanzungen**, bei denen wegen Ablauf der Ausschlussfrist keine Beseitigung oder Zurückschneiden mehr verlangt werden kann, kommen ausschließlich die §§ 50 und 52 Abs. 2 NNachbG zur Anwendung. Wenn die erforderlichen Abstände nicht eingehalten werden, entsteht der Anspruch von neuem, der selbst wieder Ausschlussfristen unterliegt.
2. Für geschlossene Anlagen gelten Ausnahmen. **Geschlossene Anlagen** sind zusammenhängende, reihen- oder zeilenweise An-

pflanzungen gleicher Art und gleichen Alters (*Pardey*, § 56 Rz. 1). Eine solche Ersatzanpflanzung liegt aber nicht vor, vielmehr ist nur eine **Nachpflanzung** anzunehmen, wenn in einer geschlossenen Obstanlage einzelne Bäume ausgewechselt werden. Dieses Auswechseln darf aber nicht bezwecken, allmählich und systematisch die gesamte Obstanlage zu erneuern, um so die zu geringen Abstände für immer beizubehalten.

Nachträgliche Grenzänderungen
§ 57 NNachbG

Die Rechtmäßigkeit des Abstandes und der Höhe einer Anpflanzung wird durch nachträgliche Grenzänderungen nicht berührt; jedoch gilt § 56 entsprechend.

Anmerkungen

1. Eine Anpflanzung braucht nicht entfernt zu werden, wenn **nachträglich** Grenzänderungen eintreten und dadurch der vorgeschriebene Abstand für Bäume, Sträucher und Hecken nicht mehr vorhanden ist. Eine solche Änderung kann z.B. durch den Verkauf eines Grundstücks und dessen Aufteilung in mehrere kleine Grundstücke geschehen. Wenn eine nachträgliche Grenzfeststellung zu einer Änderung führt, kommt es auf die Abstände zur zuvor angenommenen Grenze an. Um jeden Zweifel auszuschließen, bestimmt das Gesetz dies ausdrücklich. Es müssen nur die gesetzlich zulässigen oder vertraglich vereinbarten Abstände zur **alten** Grenze eingehalten worden sein. Dies gilt auch für Anpflanzungen, die Bestandsschutz im Sinne des § 54 NNachbG genießen.
2. Sind die Abstandsvorschriften zur alten Grenze nicht eingehalten worden, müssen diese nunmehr beachtet werden, soweit sie nicht durch die neue Grenze gewahrt werden. Ein Anspruch auf Rückschnitt kann also nur entstehen, wenn die Grenzabstände bzw. der Höhenwuchs der Pflanzen nach der alten und der

neuen Grenze nicht beachtet wurden. Die Anpflanzungen brauchen dann aber nur die Werte zur alten Grenze einzuhalten, mithin entsprechend versetzt oder zurückgeschnitten zu werden (*Schäfer*, § 57 Rz. 3). Die Ausschlussfristen nach § 54 NNachbG werden durch die Grenzänderung nicht unterbrochen.

3. Wird später neu gepflanzt, so müssen nunmehr – wenn nichts anderes vereinbart wird – die vorgeschriebenen Abstände zur neuen Grenze eingehalten werden. Es verbleibt aber bei der Privilegierung durch § 56 NNachbG.

Zwölfter Abschnitt – Grenzabstände für Waldungen

Grenzabstände
§ 58 NNachbG

(1) In Waldungen sind von den Nachbargrundstücken mit Ausnahme von Ödland, öffentlichen Straßen, öffentlichen Gewässern und anderen Waldungen folgende Abstände einzuhalten:

mit Gehölzen bis zu	**2 m Höhe**	**1 m**
mit Gehölzen bis zu	**4 m Höhe**	**2 m**
mit Gehölzen über	**4 m Höhe**	**8 m**

(2) Werden Waldungen verjüngt, die bei Inkrafttreten dieses Gesetzes vorhanden sind, so genügt für die neuen Gehölze über 4 m Höhe der bisherige Grenzabstand derartiger Gehölze, jedoch ist mit ihnen mind. 4 m Grenzabstand einzuhalten.

(3) Die §§ 51, 56 und 57 sind entsprechend anzuwenden.

Anmerkungen

1. Die Abstände, die Wälder von der Grundstücksgrenze einzuhalten haben, sind in Abs. 1 anders geregelt als die Abstände für sonstige Bäume in den §§ 50 ff. NNachbG. Dies rührt daher, da von einem geschlossenen Wald andere Beeinträchtigungen ausgehen können als von einzelnen Bäumen. Nach § 2 Abs. 3 Satz 1

NWaldLG ist Wald jede mit Waldbäumen bestockte Grundfläche, die aufgrund ihrer Größe und Baumdichte einen Naturhaushalt mit eigenem Binnenklima aufweist. Hiervon umfasst sind hingegen keine kleineren Flächen in der übrigen freien Landschaft, die nur mit einzelnen Baumgruppen, Baumreihen oder mit Hecken bestockt sind, Hofgehölze, Flächen, auf denen Waldbäume mit dem Ziel baldiger Holzentnahme angepflanzt werden (Kurzumtriebsplantagen), Weihnachtsbaumkulturen oder Schmuckreisigkulturen (§ 2 Abs. 7 NWaldLG). Die Zielsetzung des NNachbG weicht hiervor etwas ab. Im Nachbarrecht sind unter **Wald** Grundstücke zu verstehen, die wesentlich zur Gewinnung von Holz dienen oder bestimmt sind und über eine gewisse größere räumliche Ausdehnung verfügen (*Schäfer*, § 58 Rz. 1). Auf einen Erholungszweck oder alleinig auf die Gewinnung von Holz kommt es also nicht an.

2. Die vorgeschriebenen Abstände gelten **nicht** gegenüber Ödland, öffentlichen Straßen, öffentlichen Gewässern und anderen Waldungen. Unter **Ödland** sind Grundstücke zu verstehen, die brachliegen, also weder, land- noch fortwirtschaftlich genutzt werden. Wenn Ödland kultiviert wird, sind die von § 58 NNachbG vorgegebenen Abstände unter dem Gesichtspunkt des Bestandsschutzes erst bei der nächsten Verjüngung zu beachten. Zu beachten ist ferner, dass private Straßen und Gewässer nicht erfasst sind.

3. Wird Wald, der bereits am 01.01.1968 vorhanden war, verjüngt, so brauchen die neuen Gehölze über 4 m Höhe nur den geringeren Abstand des Abs. 2 einzuhalten. Dies gilt auch bei einer Verjüngung in Etappen. Dagegen gilt für den Ersatz einzelner abgängiger Bäume § 56 Halbsatz 2 NNachbG. **Verjüngung** ist die Bestandserneuerung durch Ersetzen einer Baumgeneration durch eine neue (*Schäfer*, § 58 Rz. 6).

4. Der in Abs. 3 genannte § 51 NNachbG betrifft die Berechnung des Abstandes, § 56 NNachbG die Ersatzanpflanzungen, § 57 NNachbG die nachträgliche Grenzänderung.

Beseitigungsanspruch
§ 59 NNachbG

(1) Gehölze, die entgegen § 58 nicht den Mindestgrenzabstand von 1 m haben oder über die zulässige Höhe hinauswachsen, sind auf Verlangen des Nachbarn zu beseitigen.

(2) Der Anspruch auf Beseitigung ist ausgeschlossen,

1. **wenn die Gehölze bei Inkrafttreten dieses Gesetzes rechtmäßig vorhanden waren oder**
2. **wenn nach Inkrafttreten dieses Gesetzes gepflanzte Gehölze über die zulässige Höhe hinauswachsen und der Nachbar nicht spätestens in dem fünften darauffolgenden Kalenderjahr Klage auf Beseitigung erhebt.**

Anmerkungen

1. Da bei Waldbäumen ein Zurückschneiden nicht in Betracht kommt, gibt Abs. 1 dem beeinträchtigten Nachbarn einen **Beseitigungsanspruch**. Falls der Nachbar zurückschneiden will, um die Grenzabstände nicht zu verletzen, wird ihm diese Maßnahme nicht verwehrt werden können. Der Beseitigungsanspruch gilt auch für wild gewachsene Gehölze.
2. Der Beseitigungsanspruch ist in ähnlicher Weise ausgeschlossen wie in den §§ 54 und 55 NNachbG. Auch hier kann gemäß § 2 Abs. 1 Satz 2 NNachbG keine Verjährung vor Ablauf der Ausschlussfrist eintreten.

Bewirtschaftung von Wald
§ 60 NNachbG

Bei der Bewirtschaftung von Wald hat der Waldbesitzer auf die Bewirtschaftung benachbarter Waldgrundstücke Rücksicht zu nehmen, soweit dies im Rahmen ordnungsmäßiger Forstwirtschaft ohne unbillige Härten möglich ist.

Anmerkungen

1. Die Vorschrift will sicherstellen, dass die Bewirtschaftungsmaßnahmen zweier Waldbestände möglichst aufeinander abgestimmt werden. Sie stellt aber im Ergebnis nur einen allgemeinen nachbarrechtlichen Grundsatz auf. Darüber hinaus hat die Vorschrift keinen eigenständigen Aussagegehalt.
2. Drohende Schäden Dritter durch Bäume und andere Gewächse hat der Verfügungsberechtigte über den Wald im Rahmen seiner **Verkehrssicherungspflicht** abzuwenden. Für **waldtypische Gefahren** haftet er hingegen nicht. Das sind solche, die sich aus der Natur oder der ordnungsgemäßen Bewirtschaftung des Waldes unter Beachtung der jeweiligen Zweckbestimmung ergeben, die Gefahren, die von lebenden und toten Bäumen ausgehen, u.U. Gefahren wegen herabhängender Äste oder auch wegen mangelnder Stand- und Bruchfestigkeit von Bäumen (*Pardey*, § 60 Rz. 2).
3. Größere Beachtung sollten die Vorschriften des Niedersächsischen Gesetzes über den Wald und die Landschaftsordnung (NWaldLG) und des Gesetzes zur Erhaltung des Waldes und zur Förderung der Forstwirtschaft (BWaldG) finden.

Dreizehnter Abschnitt – Grenzabstände für Gebäude im Außenbereich

Vorbemerkungen

1. Die Regelung des NNachbG entspricht dem bisherigen § 71 der braunschweigischen Bauordnung von 1899. Einen ähnlichen Schutz bot § 15 des Preußischen Ansiedlungsgesetzes vom 10.08.1904 (Pr.GS S. 227) für den Bereich der ehemaligen Provinz Hannover. Dieses Gesetz trat mit Wirkung vom 01.05.1968 außer Kraft (Art. II des Gesetzes zur Aufhebung des Gesetzes betreffend die Gründung neuer Ansiedlungen vom 24.05.1966 – Nds.GVBl. S. 109).

2. Hinsichtlich des Begriffs des Nachbarn im Sinne des NNachbG vgl. Anm. 2 zu § 1 NNachbG.

3. Wegen der bei Inkrafttreten des NNachbG vorhandenen Gebäude vgl. § 62 NNachbG.

Größe des Abstandes
§ 61 NNachbG

(1) Bei Errichtung oder Erhöhung eines Gebäudes im Außenbereich (§ 35 Abs. 1 des Baugesetzbuchs) ist von landwirtschaftlich oder erwerbsgärtnerisch genutzten Grundstücken ein Abstand von mind. 2 m einzuhalten. Ist das Gebäude höher als 4 m, so muss der Grenzabstand eines jeden Bauteiles mindestens halb so groß sein wie seine Höhe über dem Punkt der Grenzlinie, der diesem Bauteil am nächsten liegt.

(2) Teile des Bauwerks, die in den hiernach freizulassenden Luftraum hineinragen, sind nur mit Einwilligung des Nachbarn erlaubt; die Einwilligung muss erteilt werden, wenn keine oder nur geringfügige Beeinträchtigungen zu erwarten sind.

Anmerkungen

1. Grundsätzlich sind die erforderlichen Grenzabstände zu anderen Gebäuden durch öffentlich-rechtliche Grenzabstandsvorschriften in Bebauungsplänen, Baunutzungsverordnungen und vor allem in der NBauO niedergelegt. Diese haben aber auch nachbarschützende Wirkung. Das BGB regelt keine Grenzabstände. § 61 Abs. 1 NNachbG schützt daher landwirtschaftlich und erwerbsgärtnerisch genutzte Grundstücke im Außenbereich davor, dass sie durch Gebäude auf dem Nachbargrundstück zu stark beschattet und dadurch in ihrem Ertrag gemindert werden. **Gebäude** sind selbstständig benutzbare, überdeckte bauliche Anlagen, die von Menschen betreten werden können und geeignet oder bestimmt sind, dem Schutz von Menschen, Tieren oder Sachen zu dienen (§ 2 Abs. 2 NBauO). Eine **landwirtschaft-**

liche Nutzung liegt vor, wenn der Boden zur Nutzung seines Ertrags planmäßig und eigenverantwortlich bewirtschaftet wird (OVG Lüneburg BauR 1987, 289). Dies ist insbesondere beim Ackerbau, bei der Tierhaltung sowie bei der Wiesen- und Weidewirtschaft der Fall.

2. **Außenbereich** bedeutet nach § 35 Abs. 1 BauGB das Gebiet außerhalb der im Zusammenhang bebauten Ortsteile.
3. Jeder einzelne Bauteil, der in beachtlichem Ausmaß Schatten wirft, muss daher wenigstens halb so weit von der Grenze entfernt sein, wie er hoch ist, mindestens aber 2 m. Hat die parallel zur Grenze verlaufende Dachrinne einen Grenzabstand, der mindestens ihrer halben Höhe entspricht, so wird auch der parallel zur Grenze verlaufende Dachfirst, obwohl er höher liegt, in der Regel genügend Grenzabstand haben. Nur bei sehr steilen Dächern, z. B. Mansardendächern, wird es für das Verhältnis von Höhe zu Grenzabstand nicht auf die Unterkante des Daches, sondern auf die Oberkante ankommen. Soweit durch das öffentliche Baurecht größere Abstände gefordert werden, sind diese einzuhalten.
4. In den nach dem Nachbargrundstück hin freizulassenden Raum dürfen Teile des Bauwerks nicht hineinragen, es sei denn, dass hierzu die **Einwilligung** des Nachbarn vorliegt. Diese muss unter den Voraussetzungen des Abs. 2, 2. Satzteil erteilt werden. Diese Regelung kann insbesondere Schornsteine und Balkone betreffen. Der Einzelfall ist hierbei entscheidend. Ausschlaggebend ist die konkret geplante Nutzungsart. Auch ansonsten kann der Nachbar in eine Abstandsunterschreitung einwilligen. Diese gilt allerdings nur privatrechtlich. Die öffentlich-rechtlichen Vorschriften müssen weiter beachtet und gegebenenfalls ein Dispens erreicht werden. Wird die Einwilligung verweigert, muss geklagt werden. An die Einwilligung selbst ist nur der Gesamtrechtsnachfolger gebunden. Der Einzelrechtsnachfolger (z. B. Käufer) wird dies erst, wenn die Maßnahme ausgeführt wurde und damit ein rechtmäßiger Zustand geschaffen worden ist.

Ausschluss des Beseitigungsanspruches
§ 62 NNachbG

Der Anspruch auf Beseitigung eines Gebäudes, das einen geringeren als den in § 61 vorgeschriebenen Grenzabstand hat, ist ausgeschlossen,

1. **wenn das Gebäude bei Inkrafttreten dieses Gesetzes vorhanden ist und sein Grenzabstand dem bisherigen Recht entspricht,**
2. **wenn der Nachbar nicht spätestens im zweiten Kalenderjahr nach der Errichtung oder Erhöhung des Gebäudes Klage auf Beseitigung erhoben hat; die Frist endet frühestens zwei Jahre nach Inkrafttreten dieses Gesetzes.**

Anmerkungen

1. Diese Vorschrift entspricht § 25 NNachbG.
2. Wenn die Voraussetzungen der Nr. 1 oder 2 vorliegen, besteht kein Beseitigungsanspruch mehr. Der Nachbar muss in diesen Fällen das Gebäude dulden. Die Vorschrift wirkt auch gegenüber den Rechtsnachfolgern der Betroffenen.
3. Wird nach Fristablauf (Nr. 2) erneut gegen die Vorschriften verstoßen, beginnt die Frist von neuem zu laufen. Die Frist ist keine Verjährungs-, sondern eine Ausschlussfrist. Sie ist daher von Amts wegen zu berücksichtigen. Diese Eigentumsbeschränkung muss der Nachbar hinnehmen, solange der Gebäudeteil besteht. Dieser darf zwar verändert werden. Eine weitere Verminderung des Abstands darf dadurch aber nicht eintreten. Eine Erhöhung des Gebäudes muss der Nachbar nicht hinnehmen, da durch diese in seine Rechte eingegriffen wird. Auch eine Unterkellerung braucht nicht hingenommen werden, da der Nachbar nur zur Duldung des ursprünglich geschaffenen Zustands verpflichtet ist (*Schäfer*, § 62 Rz. 2).

Vierzehnter Abschnitt – Schlussbestimmungen

Übergangsvorschriften
§ 63 NNachbG

(1) Der Umfang von Befugnissen, die bei Inkrafttreten dieses Gesetzes aufgrund des bisherigen Rechtes bestehen, richtet sich – unbeschadet der §§ 25, 33, 40, 55, 59 und 62 – nach den Vorschriften dieses Gesetzes.

(2) Einzelvereinbarungen der Beteiligten werden durch dieses Gesetz nicht berührt. Die nachbarrechtlichen Bestimmungen in Rezessen und Flurbereinigungsplänen treten außer Kraft, soweit sie diesem Gesetz widersprechen.

(3) Ansprüche auf Zahlung aufgrund der Vorschriften dieses Gesetzes bestehen nur, wenn das den Anspruch begründende Ereignis nach Inkrafttreten dieses Gesetzes eingetreten ist; andernfalls behält es bei dem bisherigen Recht sein Bewenden.

(4) Geht die Verpflichtung, eine Einfriedung zu unterhalten, mit dem Inkrafttreten dieses Gesetzes von dem einen Nachbarn auf den anderen über, so ist die Einfriedung von dem bisher unterhaltspflichtigen Nachbarn innerhalb von zwei Jahren in ordnungsmäßigen Zustand zu versetzen. Der bisher Verpflichtete kann sich auf den Übergang der Unterhaltungspflicht erst berufen, wenn er seiner Pflicht nach Satz 1 genügt hat.

(5) Geldansprüche, die am 1. Oktober 2006 noch nicht verjährt sind, verjähren nicht vor Ablauf der nach § 2 Abs. 2 des Niedersächsischen Nachbarrechtsgesetzes in der bis zu diesem Tage geltenden Fassung berechneten Frist.

Anmerkungen

1. Soweit das NNachbG Regelungen enthält, richten sich die Nachbarrechte nach diesem Gesetz. Nicht in dem Gesetz geregelte Rechte bleiben unbeschadet bestehen, soweit sie nicht nach § 65 NNachbG aufgehoben worden sind. Ebenso unberührt bleiben vertragliche Vereinbarungen zwischen den Nachbarn (Abs. 2 Satz 1).
2. Zahlungsansprüche nach diesem Gesetz können nur auf Ereignisse gestützt werden, die sich nach dem Inkrafttreten des Ge-

setzes (§ 66 NNachbG) ereignet haben (*Schäfer*, § 63 Rz. 4). Ansonsten wären sie auf das bis zu diesem Zeitpunkt geltende Recht zu stützen.

3. Abs. 5 enthält eine Übergangsregelung, da die Verjährungsvorschriften des § 2 mit Wirkung zum 01.01.2002 neu gefasst worden sind. Diese Übergangsvorschrift wurde notwendig, da die Ansprüche nach der alten Fassung des NNachbG erst nach vier Jahren verjährten.

Änderung des Niedersächsischen Wassergesetzes § 64 NNachbG

Das Niedersächsische Wassergesetz vom 7. Juli 1960 (Nieders.GVBl. S. 105) wird wie folgt geändert:

a) § 123 wird aufgehoben.

b) In § 127 wird die Zahl „123" durch die Zahl „124" ersetzt.

Anmerkung

Diese Vorschrift hat keine Bedeutung mehr.

Außerkrafttreten älteren Rechtes § 65 NNachbG

(1) Folgende Vorschriften werden aufgehoben, soweit sie nicht bereits außer Kraft getreten sind:

1. **Erster Teil Titel 8 §§ 118 bis 186, Erster Teil Titel 22 §§ 55 bis 62 des Allgemeinen Landrechts für die Preußischen Staaten vom 5. Februar 1794,**
2. **die §§ 71 bis 75 und §§ 77 bis 80 des Gesetzes, betreffend Bauordnung für das Herzogthum Braunschweig vom 13. März 1899 (Braunschw. GVS S. 165),**
3. **die §§ 19 bis 47 der Kurhessischen Bauordnung vom 9. Januar 1784,**

4. § 1 Abs. 2 des Gesetzes über die Aufhebung privatrechtlicher Baubeschränkungen in der Provinz Hannover und in der Stadt Frankfurt am Main vom 28. Juli 1926 (Nieders.GVBl. Sb. II S. 472).

(2) Ferner wird alles diesem Gesetz entgegenstehende oder gleichlautende Recht aufgehoben.

Anmerkungen

1. Das Land Niedersachsen ist aus den Ländern Braunschweig, Hannover, Oldenburg und Schaumburg-Lippe hervorgegangen. Bis zum Inkrafttreten des NNachbG bestanden in jedem Landesteil andere nachbarrechtliche Regelungen oder es fehlten diese gänzlich.
2. Um Rechtsklarheit zu erzielen, mussten daher neben dem Inkrafttreten dieses Gesetzes die bis dahin bestehenden Regelungen zur Gänze aufgehoben werden. Seither sind sämtliche nachbarrechtlichen Ansprüche, die auf Landesrecht beruhen, aus dem NNachbG abzuleiten.

Inkrafttreten des Gesetzes
§ 66 NNachbG

Dieses Gesetz tritt am 1. Januar 1968 in Kraft.

Anmerkung

Diese Vorschrift regelt das Inkrafttreten der ursprünglichen Fassung des Gesetzes. Die letzte Änderung des Gesetzes ist durch das Gesetz vom 23. Juli 2014 eingetreten (Nds. GVBl. S. 206). Diese ist zum 1. August 2014 in Kraft getreten.

III. Die nachbarrechtlichen Vorschriften des Bürgerlichen Gesetzbuches (BGB)

Schikaneverbot
§ 226 BGB

Die Ausübung eines Rechtes ist unzulässig, wenn sie nur den Zweck haben kann, einem anderen Schaden zuzufügen.

Anmerkungen

1. Der Berechtigte darf ein ihm zustehendes Recht nicht ausüben, wenn er schikanös handelt. Dies ist ein allgemeiner Grundsatz des bürgerlichen Rechts, der auch für die nachbarrechtlichen Beziehungen Bedeutung hat. **Schikane** liegt nicht bereits dann vor, wenn durch die Ausübung eines Rechts ein anderer Schaden erleidet, wohl aber dann, wenn die Rechtsausübung keinen anderen Zweck verfolgt, als dem anderen einen Schaden zuzufügen.

   Beispiele: Errichtung eines unvernünftig hohen Bretterzaunes oder einer sehr hohen Mauer, die dem Eigentümer keinen Vorteil bringen, aber dem Nachbarn Licht und Sonne wegnehmen sollen (RGZ 72, 251); wenn der Grundstückseigentümer das Überfahren seines Grundstücks durch die Allgemeinheit duldet und nur einen Nachbarn davon ausschließt (AG Bremen 10 C 67/15 vom 18.06.2016, Tz. 14 – zitiert nach Juris).

2. Dass Schikane vorliegt, muss im Streitfalle derjenige beweisen, der sich darauf beruft. Dies ist oft schwer, da der vermeintlich schikanös Handelnde vielfach auch belangvolle Gründe für sein Handeln vorbringen wird.

3. Für besondere Tatbestände (vgl. § 905 Satz 2, § 906 Abs. 1, § 910 Abs. 2 BGB) trifft das Gesetz Sonderregelungen, sodass es sich in diesen Fällen erübrigt, auf § 226 BGB zurückzugreifen.

(Verteidigungs)**Notstand**
§ 228 BGB

Wer eine fremde Sache beschädigt oder zerstört, um eine durch sie drohende Gefahr von sich oder einem anderen abzuwenden, handelt nicht widerrechtlich, wenn die Beschädigung oder die Zerstörung zur Abwendung der Gefahr erforderlich ist und der Schaden nicht außer Verhältnis zu der Gefahr steht. Hat der Handelnde die Gefahr verschuldet, so ist er zum Schadenersatz verpflichtet.

Anmerkungen

1. Der in § 228 BGB enthaltene allgemeine Rechtsgrundsatz gilt auch für das Nachbarrecht. Er behandelt die Notstandsverteidigung oder Notwehr und gibt das Recht, auf die fremde Sache, von der Gefahr droht, einzuwirken, ohne dass der andere dies verbieten darf. Im Gegensatz hierzu handelt es sich bei dem Notstand des § 904 BGB um eine Einwirkung auf eine nicht selbst gefahrbringende Sache. **Notwehr** ist die Verteidigung, die erforderlich ist, um einen gegenwärtigen rechtswidrigen Angriff von sich oder einem anderen abzuwehren (§ 227 Abs. 2 BGB). Eine durch Notwehr begangene Handlung ist nicht widerrechtlich (§ 227 Abs. 1 BGB).

   Beispiele: Der von einem Hund (vgl. hierzu Anm. 1 zu § 904 BGB) Angegriffene verletzt diesen durch einen Schlag oder schießt ihn nieder; der Nachbar reißt die fremde Mauer nieder, deren Einsturz sein Treibhaus zu zerstören droht.

2. Der **Angriff** kann sich gegen jedes Rechtsgut richten, vor allem gegen Leben, Gesundheit und Sachen, die man im Besitz oder Eigentum hat. Die Entfernung von Metallpflöcken, die jemand auf einem gemeinsam mit Nachbarn genutzten Weg auf der Grundstücksgrenze aufgestellt hat, ist jedoch ein Fall (unzulässiger) Selbsthilfe. Es liegt nämlich mangels drohender Gefahr keine Notstandslage vor (AG Viersen 33 C 231/11 vom 26. 9. 2012 Tz. 31 – zitiert nach Juris).

3. Es muss sich um einen **gegenwärtigen** Angriff handeln. Die Gefahr darf nicht erst später drohen und auch nicht bereits vorüber sein *(Beispiel:* Der Hund, der das Blumenbeet zerwühlt hat, ist bereits im Weglaufen).
4. Der Schaden, der durch die Beschädigung oder Vernichtung der fremden Sache verursacht wird, muss zur Abwendung der Gefahr **erforderlich** sein, darf also nicht über das notwendige Maß hinausgehen *(Beispiel:* Man darf ein fremdes Huhn, das die Aussaat aufpickt, nicht erschießen, es reicht aus, es wegzujagen). Dies ist eine Frage des Einzelfalls. Auf die Vorstellung des Handelnden kommt es dabei nicht an.
5. Der entstehende Schaden darf auch **nicht** außer Verhältnis zur Gefahr stehen *(Beispiel:* Man darf den wertvollen Rassehund des Nachbarn nicht erschießen, wenn dieser ein Huhn reißen will).
6. Ein **Schadenersatzanspruch** besteht nur, wenn der Handelnde die Gefahr verschuldet hat, also z. B. den ihn angreifenden Hund zuvor gereizt hat.
7. Wenn jemand irrtümlich annimmt, im Rahmen seines Notstandsrechts gehandelt zu haben (sog. Putativnotstand), kann er sich nur auf § 228 BGB berufen, wenn sein Irrtum entschuldigt ist. Er macht sich aber schadensersatzpflichtig.

Befugnisse des Eigentümers
§ 903 Satz 1 BGB

Der Eigentümer einer Sache kann, soweit nicht das Gesetz oder Rechte Dritter entgegenstehen, mit der Sache nach Belieben verfahren und andere von jeder Einwirkung ausschließen. (...)

Anmerkungen

1. Das **Eigentum** gewährt die umfassendste Herrschaft über eine Sache. Demgemäß kann der Grundstückseigentümer im Prinzip mit seinem Grundstück tun und lassen, was er will und

jeden anderen von Einwirkungen auf das Grundstück ausschließen (BGH NJW-RR 2004, 231). Dieses Recht des Eigentümers ist aber im Interesse der Allgemeinheit und im Hinblick auf das nachbarliche Gemeinschaftsverhältnis begrenzt (vgl. hierzu ausführlich BGH NJW 2003, 1392).

2. Beim Eigentum unterscheidet man vor allem das **Alleineigentum**, das **Gesamthandseigentum** (§§ 54, 718, 1416, 2032 BGB) und das **Miteigentum nach Bruchteilen** (§§ 1008 ff. BGB). Das **Wohnungseigentum** (WEG) ist rechtlich ein Miteigentum der Wohnungseigentümer am Grund und Boden sowie an gemeinschaftlichen Gebäudeteilen, verbunden mit einem Sondereigentum an der Wohnung.
3. Wie Grundstücksrechte werden die **grundstücksgleichen Rechte** behandelt, vor allem das Erbbaurecht (ErbbauRG).
4. Vom Eigentum zu unterscheiden ist der **Besitz** (§§ 854 ff. BGB). Er ist keine rechtliche, sondern nur eine tatsächliche Herrschaft über eine Sache. Man unterscheidet den unmittelbaren und den mittelbaren Besitz. **Unmittelbaren** Besitz hat der, der die Sache tatsächlich in Gewahrsam hat, also insbesondere der Eigentümer, der sein Haus selbst bewohnt oder sein Grundstück selbst bewirtschaftet. **Mittelbarer** Besitzer ist der, der nicht aufgrund eines tatsächlichen Gewaltverhältnisses besitzt, sondern aufgrund eines Rechtsverhältnisses, nach dem ein anderer (z. B. Pächter, Mieter) für ihn den unmittelbaren Besitz ausübt (§ 868 BGB).

   Obwohl der Besitz nur eine tatsächliche Herrschaft über eine Sache bedeutet, gewährt er eine wichtige Rechtsstellung. Der Besitzer hat das Recht auf Schutz seines Besitzstandes, der frühere Besitzer hat unter den Voraussetzungen des § 1007 BGB einen Herausgabeanspruch gegen den jetzigen Besitzer. Zugunsten des Besitzers einer beweglichen Sache wird vermutet, dass er Eigentümer der Sache ist (§ 1006 Abs. 1 Satz 1 BGB).

5. Das NNachbG spricht in mehreren Paragraphen von **Nutzungsberechtigten**. Was darunter zu verstehen ist, ergibt sich aus den allgemeinen Vorschriften des bürgerlichen Rechts: Nach § 100 BGB sind unter Nutzungen die Früchte einer Sache oder eines Rechts sowie die Vorteile zu verstehen, die durch den Gebrauch der Sache oder des Rechts entstehen. Nutzungsberechtigte sind also diejenigen, die ein dingliches Nutzungsrecht besitzen (insbesondere Nießbraucher, §§ 1030ff. BGB), aber auch alle, die ein obligatorisches Nutzungs- oder Gebrauchsrecht haben, vor allem Mieter und Pächter (§§ 535ff., 581ff. BGB).
6. Das Eigentum ist ein absolutes, dingliches Recht und hat nach § 903 BGB folgende Hauptwirkungen:
   a) Die **positive** Wirkung: Der Eigentümer kann nach seinem Belieben mit dem Grundstück verfahren, und zwar rechtlich (z.B. durch Veräußerung oder Belastung) oder tatsächlich (z.B. durch Bebauung, Bepflanzung oder dem Gegenteil hiervon).
   b) Die **negative** Wirkung: Der Eigentümer kann jeden anderen von Einwirkungen auf das Grundstück ausschließen (z.B. das Betreten oder Befahren verbieten). Er muss sich hierfür auch nicht rechtfertigen, solange er nicht schikanös handelt.
7. Die Einschränkungen des Herrschaftsrechts des Eigentümers sind zahlreich. Sie ergeben sich aus bürgerlichem Recht, insbesondere den Nachbarrechts-Bestimmungen, aus Vertrag oder öffentlich-rechtlichen Bestimmungen. Als Individualrecht prägt die Eigentumsgarantie nämlich auch den öffentlich-rechtlichen Nachbarschutz.
8. Die nachbarrechtlichen Beschränkungen ergeben sich aus den §§ 906 bis 923 BGB und dem NNachbG.
9. Die Beschränkungen des Eigentümers durch öffentlich-rechtliche Vorschriften legen dem Eigentümer gewisse **Duldungspflichten** auf oder verlangen von ihm in bestimmtem Umfang eigene Einwirkungen auf sein Grundstück. So kann z.B. dem

Eigentümer zur Pflicht gemacht werden, sein Grundstück in bestimmter Weise zu bebauen (§ 176 BauGB); der Eigentümer muss der Feuerwehr gestatten, zur Brandbekämpfung sein Grundstück zu betreten; er kann auch verpflichtet werden, Maßnahmen zur Schädlingsbekämpfung auszuführen oder zu dulden.

10. Das **Hausrecht**, das aus dem Eigentums- bzw. Besitzrecht abgeleitet wird, ermöglicht es dem Inhaber, frei darüber zu entscheiden, wem er Zutritt zu seinem Grundstück gewährt und wem er diesen verbietet. Er kann auch den Zutritt nur zu bestimmten Zwecken bewilligen oder ausschließen oder dieses mit Hilfe eines **Hausverbots** durchsetzen (*Pardey*, § 903 BGB Rz. 7).

(Angriffs)**Notstand**
§ 904 BGB

Der Eigentümer einer Sache ist nicht berechtigt, die Einwirkung eines anderen auf die Sache zu verbieten, wenn die Einwirkung zur Abwendung einer gegenwärtigen Gefahr notwendig und der drohende Schaden gegenüber dem aus der Einwirkung dem Eigentümer entstehenden Schaden unverhältnismäßig groß ist. Der Eigentümer kann Ersatz des ihm entstehenden Schadens verlangen.

Anmerkungen

1. § 904 regelt den **Notstand** und gestattet, in fremde Rechte einzugreifen, ohne dass der andere dies verhindern darf. Bei dem Notstand geht nicht – wie bei dem Verteidigungsnotstand (§ 228 BGB) – die Gefahr von der Sache aus, die durch die Notwehrmaßnahme beschädigt oder zerstört wird. Vielmehr wird bei ihm auf eine Sache eingewirkt, die mit der drohenden Gefahr nicht im Zusammenhang steht. Diese Gefahr wird dadurch beseitigt, dass in fremde Rechte eingegriffen wird.

Beispiel: Die eigene Mauer droht einzustürzen, dabei wird durch Stützmaßnahmen das fremde Grundstück beeinträchtigt, oder es wird fremdes Material in Anspruch genommen, da eigenes nicht vorhanden ist, um den Einsturz zu verhüten.

2. Eine **Gefahr** birgt die Wahrscheinlichkeit, dass in nächster Zeit ein Schaden eintreten wird. Die Gefahr, die droht, kann sich gegen jedes Rechtsgut richten, vor allem gegen Leben, Gesundheit oder Sachen, die man im Besitz hat.
3. Es muss sich um eine gegenwärtige Gefahr handeln. Wenn diese bereits beseitigt ist, besteht kein Recht mehr, in fremde Rechte einzugreifen. **Gegenwärtig** ist die Gefahr, wenn der Schadenseintritt bereits begonnen hat oder unmittelbar bevorsteht.
4. Die Einwirkung auf die fremde Sache oder das fremde Tier muss auch **notwendig** sein, um die gegenwärtige Gefahr abzuwenden. Dabei ist es gleichgültig, ob die Gefahr schuldhaft herbeigeführt wurde, welches Rechtsgut betroffen ist und ob der Einwirkende im eigenen oder fremden Interesse handelt.
5. Ein Notstandsrecht besteht nur dann, wenn der drohende Schaden gegenüber dem aus der Einwirkung entstehenden Schaden **unverhältnismäßig** groß ist (*Beispiel:* Der Brand eines Hauses darf mit Wasser vom anderen Grundstück gelöscht werden).
6. Eine erhebliche Gefahr für Leib und Leben wiegt stets schwerer als ein Sachschaden. Bei Vermögensschäden ist eine Abwägung nach deren Höhe vorzunehmen.
7. Der beeinträchtigte Eigentümer kann stets **Ersatz** des durch den Eingriff entstandenen Schadens verlangen.

Begrenzung des Eigentums
§ 905 BGB

Das Recht des Eigentümers eines Grundstücks erstreckt sich auf den Raum über der Oberfläche und auf den Erdkörper unter der Oberfläche. Der Eigentümer kann jedoch Einwirkungen nicht verbieten, die in solcher

Höhe oder Tiefe vorgenommen werden, dass er an der Ausschließung kein Interesse hat.

Anmerkungen

1. Das Eigentum erfasst nicht nur die Erdoberfläche, sondern auch den gesamten darüber befindlichen Luftraum und den Erdkörper unter der Oberfläche. In diesem gesamten Bereich kann der Eigentümer grundsätzlich alle Einwirkungen fremder Personen verbieten.
2. Der Eigentümer muss jedoch Einwirkungen Dritter dulden. In den Fällen des § 905 Satz 2 BGB sind dies die in solcher Höhe oder solcher Tiefe vorgenommen Einwirkungen, dass der Eigentümer an der Ausschließung fremder Personen kein Interesse hat. Beweispflichtig ist insoweit der andere, also derjenige, der auf das Grundeigentum einwirken will.
3. Über die ausdrücklich in § 905 BGB selbst geregelte Ausnahme des Satzes 2 gibt es weitere Einwirkungen, die der Eigentümer gestatten muss. Dies kann der Fall sein:
   a) aufgrund Vertrages (z. B., wenn vereinbart wird, dass eine Ferngasleitung durch das Grundstück gelegt wird) oder aufgrund gesetzlich fixierter Vertragsbedingungen;
   b) nach § 21 NNachbG hat der Nachbar unter den dort genannten Voraussetzungen das Übergreifen kleinerer, nicht zum Betreten bestimmter Bauteile in den Luftraum seines Grundstücks zu dulden;
   c) in den Fällen des § 21a NNachbG, in denen der Nachbar einen Überbau infolge einer nachträglich angebrachten Wärmedämmung dulden muss;
   d) kraft öffentlichen Rechts (vgl. hierzu Anm. 4).
4. Die wichtigsten Einschränkungen durch das öffentliche Recht sind folgende:
   a) Das Telekommunikationsgesetz gestattet, „Telekommunikationslinien" (früher: Fernsprechleitungen) über Privatgrund-

stücke zu führen, wenn das Grundstück durch die Benutzung nicht oder nur unwesentlich beeinträchtigt wird.

b) Das Luftverkehrsgesetz erlaubt die Benutzung des Luftraums über fremden Grundstücken durch Luftfahrzeuge jeder Art und verbietet in gewissem Umfang die Errichtung von Bauwerken.

c) Weitere Beschränkungen ergeben sich insbesondere aus dem Bundesberggesetz.

Zuführung unwägbarer Stoffe (Immissionen)
§ 906 BGB

(1) Der Eigentümer eines Grundstücks kann die Zuführung von Gasen, Dämpfen, Gerüchen, Rauch, Ruß, Wärme, Geräusch, Erschütterungen und ähnliche von einem anderen Grundstück ausgehende Einwirkungen insoweit nicht verbieten, als die Einwirkung die Benutzung seines Grundstücks nicht oder nur unwesentlich beeinträchtigt. Eine unwesentliche Beeinträchtigung liegt in der Regel vor, wenn die in Gesetzen oder Rechtsverordnungen festgelegten Grenz- oder Richtwerte von den nach diesen Vorschriften ermittelten und bewerteten Einwirkungen nicht überschritten werden. Gleiches gilt für Werte in allgemeinen Verwaltungsvorschriften, die nach § 48 des Bundes-Immissionsschutzgesetzes erlassen worden sind und den Stand der Technik wiedergeben.

(2) Das gleiche gilt insoweit, als eine wesentliche Beeinträchtigung durch eine ortsübliche Benutzung des anderen Grundstücks herbeigeführt wird und nicht durch Maßnahmen verhindert werden kann, die Benutzern dieser Art wirtschaftlich zumutbar sind. Hat der Eigentümer hiernach eine Einwirkung zu dulden, so kann er von dem Benutzer des anderen Grundstücks einen angemessenen Ausgleich in Geld verlangen, wenn die Einwirkung eine ortsübliche Benutzung seines Grundstücks oder dessen Ertrag über das zumutbare Maß hinaus beeinträchtigt.

(3) Die Zuführung durch eine besondere Leitung ist unzulässig.

Anmerkungen

1. Die Vorschrift behandelt die Zuführung von **Immissionen**, das heißt sinnlich wahrnehmbaren Einwirkungen. Außer den in Abs. 1 Satz 1 ausdrücklich genannten Störungen kommen vor allem in Betracht: Staub, Sand, Asche, Funken, elektrische Ströme, Bienenflug, Fliegenplage, greller Lichtschein, Störung des Rundfunkempfangs durch nicht abgeschirmte Geräte, auch Flug von Unkrautsamen von verwahrlosten Grundstücken (vgl. hierzu insbesondere die Anm. 7 bis 15). Unzulässig ist es auch, Unkraut-Vernichtungsmittel so zu verwenden, dass der Ertrag des nachbarlichen Bodens in erheblichem Maße beeinträchtigt wird (BGHZ 90, 255). Dem Grundstückseigentümer sind jedoch solche Einwirkungen auf das Nachbargrundstück nicht zuzurechnen, die auf einem Naturgeschehen beruhen, das nicht, auch nicht mittelbar, auf seinen Willen zurückgeführt werden kann, z. B. Beeinträchtigung durch Ungeziefer (BGH NJW 1995, 2633 = „Wollläuse-Fall"). **Negative** Einwirkungen, wie z. B. der Entzug von Licht, fallen nicht unter den Anwendungsbereich des § 906 BGB. Gleiches gilt für **ideelle** Einwirkungen, wie auf das **ästhetische** oder **moralische** Empfinden des Nachbarn.

   Nach § 117 OWiG begeht eine Ordnungswidrigkeit, wer „ohne berechtigten Anlass oder in einem unzulässigen oder nach den Umständen vermeidbaren Ausmaß Lärm erregt, der geeignet ist, die Allgemeinheit oder die Nachbarschaft erheblich zu belästigen oder die Gesundheit eines anderen zu schädigen." Polizeiverordnungen sehen weitergehende Regelungen vor, um ruhebedürftige Menschen vor Lärm, insbesondere auch durch zu lautes Einstellen des Rundfunks, zu schützen. Einschlägig ist ferner das Gesetz zum Schutz gegen Fluglärm (FluLärmG).

2. Der Nachbar muss die Zuführung von Einwirkungen auf sein Grundstück **dulden**, wenn
   a) hierdurch die Benutzung seines Grundstücks nicht oder nur **unwesentlich beeinträchtigt** wird (Abs. 1, vgl. Anm. 4) oder

b) eine zwar wesentliche Beeinträchtigung des Grundstücks vorliegt, diese aber durch eine ortsübliche Benutzung des anderen Grundstücks (vgl. Anm. 5) herbeigeführt wird und die wesentliche Beeinträchtigung nicht durch Maßnahmen verhindert werden kann, die dem störenden Nachbarn wirtschaftlich zumutbar sind. In diesem Fall kann er jedoch unter den Voraussetzungen des Abs. 2 Satz 2 einen angemessenen finanziellen **Ausgleich** beanspruchen, der sich nach den Grundsätzen der Enteignungsentschädigung richtet (BGH NJW-RR 1997, 1374). Der Ausgleichsanspruch ist **verschuldensunabhängig** und wird durch die Anlagenhaftung gemäß § 2 Abs. 1 Satz 1 HaftPflG nicht ausgeschlossen (vgl. BGH NJW 2003, 2377). Zur Entschädigung und ihrer Höhe bei Lärm durch die Bebauung des Nachbargrundstücks vgl. OLG Celle OLGR 2000, 83.

3. In allen über Anm. 2 hinausgehenden Fällen ist die Störung **unzulässig**. Gleiches gilt, wenn die Einführung der Einwirkungen durch eine besondere Leitung vorgenommen wird (Abs. 3). Wegen Ausnahmen vgl. Anm. 14 ff.

4. **Unwesentlich** ist eine Beeinträchtigung in den Fällen der Sätze 2 und 3 des § 906 Abs. 1 BGB. Allgemeine Verwaltungsvorschriften i. S. des § 906 Abs. 1 Satz 3 BGB sind insbesondere die Technische Anleitung zur Reinhaltung der Luft (TA Luft) und die Technische Anleitung zum Schutz gegen Lärm (TA Lärm). Ansonsten wird die Wesentlichkeit der Einwirkung durch den Einzelfall bestimmt. **Unwesentlich** ist hiernach eine solche Beeinträchtigung, wenn sie dem Empfinden eines verständigen Durchschnittsmenschen unter Würdigung aller öffentlicher und privater Belange zumutbar ist. Im Rahmen der erforderlichen Gesamtwürdigung, z. B. von Geruchsbelästigungen, ist es im Einzelfall geboten, über den Vergleich der auf der Grundlage der Geruchshäufigkeit objektiv berechneten Messwerte hinaus Feststellungen zur subjektiv empfundenen

Geruchsqualität und Geruchsintensität zu treffen (OLG Celle OLGR 2009, 917).

Nach Abschnitt 6.1 TA Lärm betragen die Emissionsrichtwerte außerhalb von Gebäuden z.B. in allgemeinen Wohngebieten tags 55 dB (A) und nachts 40 dB (A). Bei Kinderlärm aus einer Kindergartenanlage nimmt die Rechtsprechung eine gesteigerte Duldungspflicht des Nachbarn an, die eine Erhöhung des Richtwerts um 3 dB (A) rechtfertigte (OLG Celle MDR 1997, 1023).

Darüber hinaus ist es im Einzelfall Tatfrage, ob eine Beeinträchtigung wesentlich ist oder nicht. Maßgebend ist hierbei „das Empfinden eines verständigen Durchschnittsmenschen, der seine Lästigkeitsempfindung zugleich in einer wertenden Abgrenzung durch situationsbezogene Abwägung kontrolliert und dabei auch Allgemeininteressen und gesetzliche Wertungen berücksichtigt“ (BGH NJW 1993, 925).

5. Ob eine Störung **ortsüblich** ist, muss nach den Verhältnissen in der betreffenden Gemeinde oder dem Ortsteil entschieden werden. Der Begriff ist je nach den Fortschritten des Verkehrs, der Technik und der Denkweise der beteiligten Bevölkerungskreise wandelbar. Die Ortsüblichkeit richtet sich nach der tatsächlichen Situation vor Ort. Es ist hierbei die Situation mit den Folgen der Emissionen bei der Grundstücksnutzung in der näheren Umgebung zu vergleichen. In einem Industriebezirk sind weitergehende Immissionen hinzunehmen als in einer Wohngegend.

6. Die Störung muss nicht unbedingt von dem Nachbarn des unmittelbar anschließenden Grundstücks ausgehen. **Störer** kann auch, z.B. bei Störungen durch Asche oder Ruß, ein entfernt liegender Grundstückseigentümer sein.

7. Zur (unwesentlichen) **Geruchsbelästigung** durch eine Kaminofenanlage des Nachbarn vgl. LG Oldenburg OLGR 1999, 219. Bezüglich nächtlichem Grillen vgl. OLG Oldenburg OLGR 2002,

217 (viermal jährlich bis 24 Uhr sei „sozialadäquat"), wobei bei beengten räumlichen Verhältnissen (Abstand zum Nachbarhaus 9 Meter) das Grillen auf einem feststehenden Grillkamin auf zwei Mal im Monat während der Sommermonate eines Kalenderjahres (i. d. R. von Mai bis September), also insgesamt 10mal pro Kalenderjahr, beschränkt werden kann (AG Westerstede NZM 2010, 336). Als Anhaltspunkt für die Feststellung und Beurteilung von Geruchsimmissionen kann die niedersächsische Geruchsimmissions-Richtlinie (GIRL) vom 23.07.2009 dienen.

8. Zur Abwägung der Interessen der Allgemeinheit und der Anwohner bei **Geräuschimmissionen** kommt als Orientierungshilfe auch die sog. **Freizeitlärm-Richtlinie** in Betracht (= Hinweise des Länderausschusses für Immissionsschutz zur Beurteilung der durch Freizeitanlagen verursachten Geräusche (LAI-Hinweise), abgedruckt in NVwZ 1997, 469). Siehe bezüglich der Abwägung bei einem Musikfestival von kommunaler Bedeutung OLG Oldenburg MDR 2010, 1388. Bei Dorffesten muss auf das Ruhebedürfnis der Anlieger Rücksicht genommen werden (BGH NJW 1990, 2465). Zum Lärm durch ein Rockkonzert vgl. BGH NJW 2003, 3699; zum Lärm durch einen Tennisplatz siehe OLG Celle NJW 1988, 426 sowie Nds. Rechtspflege 1994, 220 und zur Lärmbelästigung durch Orgelgeräusche vgl. OLG Celle NJW-RR 2011, 1585.

9. Einflug von **Bienen**: Wie sich aus Anm. 1 ergibt, zählt zu den Immissionen im Sinne des § 906 BGB auch der Einflug von Bienen. Der beeinträchtigte Nachbar kann jedoch den Einflug einzelner Bienen nicht untersagen. Es muss sich vielmehr um Störungen handeln, die die Benutzung des Grundstücks mehr als unwesentlich beeinträchtigen und die auch nicht ortsüblich sind (vgl. Anm. 3 bis 5). Das gelegentliche Schwärmen von Bienen muss der Nachbar hinnehmen (BGH NJW 1992, 1389). Eine durch den Nachbarn angeführte Bienenallergie bzw. -phobie ist unbeachtlich (AG Wolfenbüttel 19 C 109/14 vom

26.02.2016, Tz. 25 – zitiert nach Juris). Der beeinträchtigte Nachbar ist aber nicht gehindert, Hecken oder Zäune anzubringen, die die Bienen zwingen, in größeren Höhen das Grundstück zu überfliegen. Zum Aufstellen von Gift oder dergleichen, um die Bienen zu töten, ist er nicht berechtigt. Auch eine vorbeugende Klage nach § 907 BGB kommt für den beeinträchtigten Nachbarn bei dem Aufstellen von Bienenstöcken auf dem Nachbargrundstück nicht in Betracht, da Bienenstöcke mit dem Grund und Boden nicht fest verbunden sind und daher nicht zu den Anlagen im Sinne des § 907 BGB zählen (vgl. Anm. 4 zu § 907 BGB).

10. Einflug von **Tauben**: Nach herrschender Meinung zählen einfliegende Tauben zu den Immissionen. Der beeinträchtigte Nachbar ist also berechtigt, gegen den Taubenhalter auf Unterbindung des Einflugs zu klagen, wenn die Voraussetzungen der Anm. 3 bis 5 vorliegen. Auch in reinen Wohngebieten kann aber eine kleinere Brieftaubenzucht und die Errichtung eines Taubenschlags insbesondere dann zulässig sein, wenn die Taubenhaltung in dem betreffenden Stadtteil ortsüblich ist (OLG Oldenburg 8 U 127/98 vom 10.06.1999, Tz. 6 – zitiert nach Juris). Für entstandenen Schaden haftet der Taubenhalter nach § 833 BGB.

11. Beeinträchtigungen durch Hühner, Gänse, Enten und sonstiges **Geflügel**: Bei dem Eindringen von Geflügel auf ein Grundstück findet § 906 BGB keine Anwendung, da es sich hierbei nicht um Immissionen handelt. Der beeinträchtigte Nachbar befindet sich im (Verteidigungs)Notstand (§ 228 BGB), er kann also die eingedrungenen Hühner usw. verjagen, nicht aber einfangen, um sie einzusperren. Er darf auf seinem Grundstück auch kein Gift auslegen, um das eingedrungene Geflügel zu töten. Der beeinträchtigte Nachbar ist berechtigt, von dem Geflügelhalter Unterlassung der Beeinträchtigung zu verlangen (§ 1004 BGB). Ihm stehen wegen des verursachten Schadens im Rahmen des § 833 BGB (Tierhalterhaftung) zudem Schadenersatzansprüche

gegen den Geflügelhalter zu. Eier, die Hennen auf einem fremden Grundstück legen, gehören dem Geflügelhalter. Wenn der beeinträchtigte Nachbar die Eier an sich nimmt, kann er auf Herausgabe verklagt werden.

12. Beeinträchtigungen durch **Hunde** und **Katzen**: Der beeinträchtigte Nachbar hat – wie im Falle der Anm. 11 – die Möglichkeit, Notwehrmaßnahmen zu ergreifen. Im Übrigen kann er auf Unterlassung der Störung klagen und gegebenenfalls Schadenersatz verlangen. Das gelegentliche Betreten des Grundstücks durch zwei Katzen hat z. B. der Nachbar in einem typisch ländlich geprägten Wohngebiet mit im Vergleich zu städtischen oder stadtnahen Wohngebieten doch recht großzügig geschnittenen Grundstücken zu dulden (LG Oldenburg NZM 2012, 440). Zum störenden Hundegebell vgl. LG Braunschweig 7 S 132/74 vom 11.09.1975 – zitiert nach Juris. Lärmeinwirkungen durch bellende Hunde brauchen von Nachbarn nur hingenommen werden, wenn sie unerheblich oder noch ortsüblich sind und sich durch für den Hundehalter zumutbare Maßnahmen nicht unterbinden lassen. Haustiere sind dabei stets so zu halten, dass niemand durch den von den Tieren erzeugten Lärm wesentlich gestört wird. Somit kann gelegentliches, auch noch tägliches und wiederholtes Anschlagen eines Hundes als ortsüblich bezeichnet werden, nicht aber häufiges und anhaltendes und zudem lautstarkes Gebell eines großen und stimmgewaltigen Schäferhundes (LG Braunschweig a. a. O.).

13. Zum **Froschquaken** in Nachbars Garten vgl. ausführlich BGH NJW 1993, 925: Bei der Beurteilung von Lärmimmissionen ist auf das Empfinden eines verständigen Durchschnittsmenschen abzustellen. Die erforderliche Abwägung der widerstreitenden Interessen muss das geänderte Umweltbewusstsein und den auf die Frösche bezogenen Artenschutz berücksichtigen. Massive Störungen der Nachtruhe durch Froschlärm sind aber nicht zumutbar.

14. **Blendungen** durch reflektiertes Sonnenlicht infolge eines strahlend weißen Hausanstrichs des Nachbarhauses muss der Grundstückseigentümer hinnehmen (so OLG Düsseldorf MDR 1991, 57).

15. Die Beeinträchtigung durch vom Nachbargrundstück herübergewehtes **Laub** sieht die Rechtsprechung zunehmend als – jedenfalls in durchgrünten Wohngebieten – ortsübliche und zumutbare Einwirkung an, die auch keinen Anspruch auf Geldausgleich oder Entschädigung begründet (LG Osnabrück NuR 1991, 298). Dies gilt jedoch nicht, wenn der Baum den vorgeschriebenen Grenzabstand nicht einhält. In diesem Falle kann dem Nachbarn für den erhöhten Reinigungsaufwand infolge des Abfallens von Nadeln und Zapfen dieses Baumes ein nachbarrechtlicher Ausgleichsanspruch analog § 906 Abs. 2 Satz 2 BGB zustehen (BGH NJW 2004, 1037, 1040/1041).

16. Beschränkungen des Grundeigentümers bringt § 14 BImSchG. Er kann hiernach, soweit es sich um Einwirkungen von unanfechtbar genehmigten Anlagen handelt, nur Vorkehrungen verlangen, die die benachteiligenden Wirkungen ausschließen. Soweit solche Vorkehrungen nach dem Stand der Technik nicht durchführbar oder wirtschaftlich nicht vertretbar sind, kann er lediglich Schadensersatz verlangen. Die Einstellung des Betriebes der Anlage kann nicht gefordert werden.

17. Die VO über genehmigungsbedürftige Anlagen (4. DVO zum BImSchG) zählt in etwa 180 Positionen die Betriebe auf, die genehmigungsbedürftig sind. Es handelt sich z. B. um Feuerungsanlagen, Müllverwertungsbetriebe, Anlagen zum Brennen und Mahlen von Gips, Kalk und Zement, Ziegelöfen, Schotterwerke, Gießereien, Schlachthöfe, Gerbereien usw. Dem Nachbarn, der durch Immissionen solcher Betriebe bedroht wird, steht es frei, seine Einwendungen im Genehmigungsverfahren vorzubringen.

18. Es gibt noch zahlreiche andere Normen, die nachbarschützenden Charakter haben. Dies sind z. B. die VO zur Auswurfbe-

grenzung von Holzstaub (7. DVO zum BImSchG), die VerkehrslärmschutzVO (16. DVO zum BImSchG), die VO über die Verbrennung und die Mitverbrennung von Abfällen (17. DVO zum BImSchG), die SportanlagenlärmschutzVO (18. DVO zum BImSchG), die VO über elektromagnetische Felder (26. DVO zum BImSchG), die VO über Anlagen zur Feuerbestattung (27. DVO zum BImSchG), die VO über Emissionsgrenzwerte für Verbrennungsmotoren (28. DVO zum BImSchG), die VO über Anlagen zur biologischen Behandlung von Abfällen (30. DVO zum BImSchG), die Geräte- und MaschinenlärmschutzVO (32. DVO zum BImSchG) und die VO zur Verminderung von Sommersmog pp. (33. DVO zum BImSchG).

19. Der beeinträchtigte Nachbar, der die Immissionen nicht zu dulden braucht, kann nach § 1004 BGB auf **Unterlassung** der Störung klagen. Soweit er wesentliche Beeinträchtigungen dulden muss (Anm. 2 b, 4), hat er einen Anspruch auf angemessenen Ausgleich in Geld.

20. Eine **Duldungspflicht** besteht für den beeinträchtigten Nachbarn, soweit die Störungen auf der Ausübung staatlicher Hoheitsrechte beruhen, z.B. von öffentlichen Schulen ausgehen oder auf genehmigte, im öffentlichen Interesse eingerichtete lebenswichtige Betriebe, wie Eisenbahn, Post, Elektrizitätswerk, Straßen, Autobahn, zurückzuführen sind. Falls die Störungen über das zumutbare Maß hinausgehen und nicht ortsüblich sind, kann in allen diesen Fällen nur Schadensersatz, nicht aber Betriebseinstellung verlangt werden.

21. Das öffentliche Baurecht enthält in der Nds. BauO, um die Gesundheit zu schützen und um Gefahren, Schäden und unzumutbare Nachteile oder Belästigungen auszuschließen, ins Einzelne gehende Vorschriften für u.a. Lüftungs-, Feuerungs-, Abwasseranlagen, Abfallschächte, Toiletten, Ställe und Gärfutteranlagen.

Gefahr drohende Anlagen
§ 907 BGB

(1) Der Eigentümer eines Grundstücks kann verlangen, dass auf den Nachbargrundstücken nicht Anlagen hergestellt oder gehalten werden, von denen mit Sicherheit vorauszusehen ist, dass ihr Bestand oder ihre Benutzung eine unzulässige Einwirkung auf sein Grundstück zur Folge hat. Genügt eine Anlage den landesgesetzlichen Vorschriften, die einen bestimmten Abstand von der Grenze oder sonstige Schutzmaßregeln vorschreiben, so kann die Beseitigung der Anlage erst verlangt werden, wenn die unzulässige Einwirkung tatsächlich hervortritt.

(2) Bäume und Sträucher gehören nicht zu den Anlagen im Sinne dieser Vorschriften.

Anmerkungen

1. Nach dieser Vorschrift kann der Eigentümer eines Grundstücks verlangen, dass sein Nachbar bestimmte Anlagen nicht herstellt oder hält. § 907 BGB setzt – abgesehen von den Fällen nach Abs. 1 Satz 2 – dabei nicht voraus, dass **Einwirkungen** von diesen Anlagen bereits eingetreten sind, sondern nur, dass solche Störungen mit Sicherheit vorauszusehen sind und die Einwirkungen auf das Nachbargrundstück unzulässig wären. Die Vorschrift ist mithin ein vorbeugender Unterlassungsanspruch.
2. Nach überwiegender Rechtsansicht gehören zu den Anlagen des § 907 BGB nicht die Bienenstände, weil sie mit dem Grund und Boden nicht fest verbunden sind (vgl. hierzu Anm. 9 zu § 906 BGB).
3. **Anlagen** sind von Menschen geschaffene Werke von gewisser Selbstständigkeit und Dauer, die mit dem Boden verbunden sind. Auf eine andauernde Verbindung kommt es ebenso wenig an, wie auf die Häufigkeit und zeitliche Länge der Nutzung der Anlagen (*Birk,* § 907 BGB Rz. 3a). **Schadendrohend** sind Anlagen, von denen Beeinträchtigungen ausgehen können, die bei Menschen, Sachen und an dem nachbarlichen Grundstück Schäden verursachen können. Ein drohender Schaden liegt vor,

wenn dessen Eintritt objektiv wahrscheinlicher ist als der Nichteintritt (*Birk*, § 907 BGB Rz. 3b).

4. Bei Einrichtungen, deren Vorhandensein der Nachbar **nicht** zu dulden braucht, muss es sich um Werke und Einrichtungen von einer gewissen Selbstständigkeit und dauerndem Bestand handeln, die von selbst oder durch ihre Benutzung (z. B. Schweinestall, Müllgrube, Misthaufen) auf das Nachbargrundstück einwirken. Zum Verlegungsanspruch eines Misthaufens vgl. LG Hildesheim RdL 1991, 36.
5. Der Anspruch aus § 907 BGB unterliegt nicht der Verjährung (§ 924 BGB). Anspruchsberechtigt sind der Eigentümer und sonst dinglich Berechtigte (vgl. Abs. 1 Satz 1), nicht aber Mieter oder Pächter. Dem gestörten Nachbarn steht ein Unterlassungs- bzw. Beseitigungsanspruch nach § 1004 BGB zu.
6. Abs. 2 schließt hinsichtlich der Bäume und Sträucher den speziellen Abwehranspruch nach Abs. 1 aus. Der Anspruch aus § 1004 BGB bleibt aber bestehen (vgl. BGH NJW 2004, 1035).

Drohender Gebäudeeinsturz
§ 908 BGB

Droht einem Grundstück die Gefahr, dass es durch den Einsturz eines Gebäudes oder eines anderen Werkes, das mit einem Nachbargrundstück verbunden ist, oder durch die Ablösung von Teilen des Gebäudes oder des Werkes beschädigt wird, so kann der Eigentümer von demjenigen, welcher nach dem § 836 Abs. 1 oder den §§ 837, 838 für den eintretenden Schaden verantwortlich sein würde, verlangen, dass er die zur Abwendung der Gefahr erforderliche Vorkehrung trifft.

Anmerkungen

1. Der Nachbar, dessen Grundstück durch den Einsturz eines auf dem fremden Grundstück stehenden Bauwerks usw. bedroht wird, kann den anderen zur Beseitigung der drohenden Gefahr zwingen.

2. Es muss eine **Gefahr** von Beschädigungen auf dem Grundstück des Nachbarn drohen. Dies ist der Fall, wenn der Eintritt eines Schadens in nicht allzu ferner Zukunft möglich erscheint und die Gefahr von einem Gebäude oder einem Werk ausgeht. Menschliches Verhalten reicht hierzu nicht aus.
3. Die Gefahr des **Einsturzes** kann von einem Gebäude oder einem anderen Werk (z.B. einer Mauer, einem Damm, einer Erdaufschüttung, einer Stromleitung) ausgehen. Die Voraussetzungen des § 908 BGB liegen auch vor, wenn die Gefahr besteht, dass sich lediglich Teile des Gebäudes oder Werkes (z.B. Balkone, Gesimse, Verzierungen) lösen.
4. Ein **Verschulden** des Nachbarn, von dessen Grundstück die Gefahr ausgeht, ist nicht erforderlich.
5. Der Anspruch richtet sich gegen den **Besitzer** des Grundstücks, also z.B. gegen den Pächter oder Mieter, wenn der Eigentümer das Grundstück verpachtet oder vermietet hat (§ 836 Abs. 1 BGB) bzw. gegen den Besitzer des Gebäudes oder Werks (§ 837 BGB) oder gegen denjenigen, der für den Besitzer die Unterhaltung des Gebäudes oder Werks übernommen hat. Die Vorkehrungen, die der Nachbar zur Beseitigung der Gefahr zu treffen hat, brauchen in Klageschrift und Urteil nicht einzeln angeführt zu werden. Es reicht aus, dass z.B. eine Verurteilung zur Beseitigung der näher bezeichneten Anlage beantragt wird. Der zu Vorkehrungen Verpflichtete kann unter mehreren gleich geeigneten Maßnahmen wählen, z.B. Reparatur oder Abbruch.
6. Der Anspruch aus § 908 BGB unterliegt nicht der Verjährung (§ 924 BGB).

Vertiefung
§ 909 BGB

Ein Grundstück darf nicht in der Weise vertieft werden, dass der Boden des Nachbargrundstücks die erforderliche Stütze verliert, es sei denn, dass für eine genügende anderweitige Befestigung gesorgt ist.

Anmerkungen

1. Die Vorschrift behandelt nachbarliche Eingriffe in fremden Grund und Boden. Sie will die natürliche bodenphysikalische Stütze sichern, die sich benachbarte Grundstücke gegenseitig gewähren. § 909 BGB schränkt daher die Einwirkungsmöglichkeiten des Eigentümers auf sein Grundstück ein. Er darf auf seinem eigenen Grund keine **Vertiefung** (Niveauveränderung, Ausgrabung) vornehmen, wenn dadurch der Boden des Nachbargrundstücks die erforderliche Stütze verliert und die Gefahr des Nachrutschens besteht (siehe Abb. 18). Ob eine Stütze erforderlich ist, beurteilt sich nach der tatsächlichen Beschaffenheit des Nachbargrundstücks (OLG Celle OLGR 1995, 244).
2. Der Grundstückseigentümer darf die Vertiefung vornehmen, wenn er eine hinreichende Böschung stehen lässt, die Gefahren für das Nachbargrundstück ausschließt (siehe Abb. 19). Gleiches gilt, wenn er auf seine Kosten für genügende Absteifung, insbesondere für eine ausreichende Stützmauer, sorgt (siehe Abb. 20). Dabei darf er grundsätzlich nicht in das Eigentum des Nachbargrundstücks eingreifen (BGH NJW 1997, 2595).
3. Der beeinträchtigte Nachbar kann gegen den Störer auf Unterlassung der Vertiefung bzw. Beseitigung der Störung klagen, sowie Schadensersatzansprüche aus unerlaubter Handlung (§ 823 Abs. 2 BGB) geltend machen. Geschützt ist nicht nur der unmittelbare Grundstücksnachbar, sondern jeder durch die Vertiefung Betroffene.
4. § 909 BGB ist Schutzgesetz i. S. des § 823 Abs. 2 BGB (OLG Celle OLGR 1998, 105, 106). Ein Verschulden ist bereits dann zu bejahen, wenn der Störer bei Anwendung der im Verkehr erforderlichen Sorgfalt hätte vorhersehen können, dass dem Grundstück des Geschädigten durch die Vertiefung die erforderliche Stütze entzogen wird und er gleichwohl nicht die gebotenen Vorsichtsmaßnahmen trifft, um diese Vertiefungsfolgen zu vermeiden (OLG Celle OLGR 1998, 105).

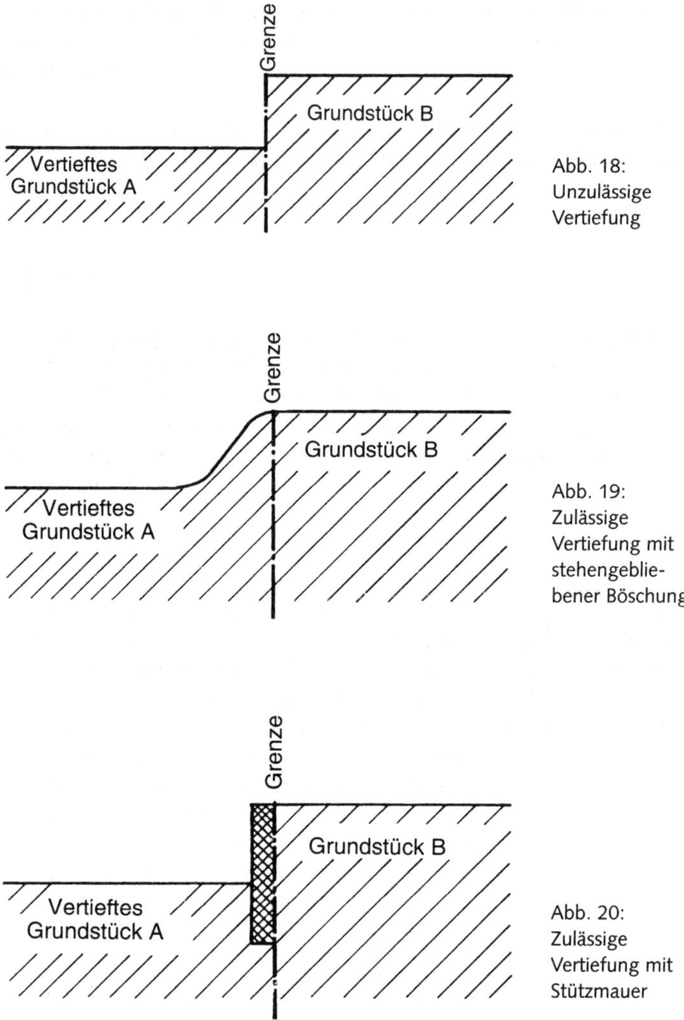

Abb. 18:
Unzulässige Vertiefung

Abb. 19:
Zulässige Vertiefung mit stehengebliebener Böschung

Abb. 20:
Zulässige Vertiefung mit Stützmauer

5. Störer kann auch der Bauunternehmer, Architekt oder Statiker sein, da sich das Verbot des § 909 BGB gegen jeden richtet, der an der Vertiefung mitwirkt (BGH NJW 1996, 3205). § 909 BGB ist ein von § 1004 BGB unabhängiger selbstständiger Unterlassungs- und Beseitigungsanspruch.
6. Der Anspruch auf Unterlassung oder Beseitigung der Vertiefung unterliegt nicht der Verjährung (§ 924 BGB); der Anspruch aus § 823 Abs. 2 BGB (unerlaubte Handlung) verjährt in drei Jahren nach Kenntnis des Schadens und der Person des Ersatzpflichtigen (§§ 195, 199 Abs. 1 BGB), in Ausnahmefällen nach 10 bzw. 30 Jahren (§ 199 Abs. 3 BGB).
7. § 909 BGB ist auf Grundstückserhöhungen nicht entsprechend anwendbar (BGH NJW 1976, 1840); diese sind in § 26 NNachbG geregelt.

Überhang
§ 910 BGB

(1) Der Eigentümer eines Grundstücks kann Wurzeln eines Baumes oder eines Strauches, die von einem Nachbargrundstück eingedrungen sind, abschneiden und behalten. Das Gleiche gilt von herüberragenden Zweigen, wenn der Eigentümer dem Besitzer des Nachbargrundstücks eine angemessene Frist zur Beseitigung bestimmt hat und die Beseitigung nicht innerhalb der Frist erfolgt.

(2) Dem Eigentümer steht dieses Recht nicht zu, wenn die Wurzeln oder die Zweige die Benutzung des Grundstücks nicht beeinträchtigen.

Anmerkungen

1. Der Eigentümer eines Grundstücks, auf dem Bäume oder Sträucher stehen, ist grundsätzlich auch der Eigentümer der Bäume oder Sträucher einschließlich sämtlicher Zweige und Wurzeln (§ 93 BGB). Eine Ausnahme gilt nur, wenn Baum oder Strauch – z.B. vom Pächter – lediglich zu vorübergehendem Zweck (etwa in einer Baumschule) mit dem Grund und Boden ver-

bunden worden sind (§ 95 BGB). In diesem Falle kann Eigentümer des Baumes oder des Strauches ein anderer als der Grundstückseigentümer sein.

2. Trotz dieser Eigentumsregelung ist der Nachbar, in dessen Grundstück **Zweige** oder **Wurzeln** eindringen, im Wege eines besonderen **Selbsthilferechts** berechtigt, diese abzuschneiden und zu behalten. Auch die Wurzeln anderer Pflanzen, wie z. B. Hecken, Schlingpflanzen, Stauden und sogar Unkraut, fallen unter diese Regelung, da die von § 910 BGB gewährte Rechtsposition nach dem Willen des Gesetzgebers nicht von der botanischen Bezeichnung der Pflanze abhängig sein soll (LG Osnabrück 7 O 361/10 vom 21.05.2010 Tz. 20 – zitiert nach Juris).

3. Ein Beseitigungsanspruch ergibt sich aber nur, wenn die Wurzeln das nachbarliche Grundstück in irgendeiner Weise tatsächlich und konkret **beeinträchtigen** (Abs. 2; vgl. auch LG Hannover ZMR 1990, 344). Maßgebend ist eine objektive Beeinträchtigung der konkreten Grundstücksnutzung (BGH NJW 2004, 1037, 1039 m. w. N.). Dies ist z. B. der Fall, wenn durch im Nachbargrundstück eingedrungene Wurzeln diesem Feuchtigkeit entzogen und dadurch die Nutzung des Grundstücks zum Anbau von Obst und Gemüse erschwert wird. Gleiches gilt für den Überhang von Ästen.

4. Der Nachbar kann ferner die durch das Eindringen sowie die durch die Beseitigung von Schäden entstehenden **Kosten** vom Baumbesitzer (= Störer) nach Bereicherungsgrundsätzen erstattet verlangen (BGH NJW 2004, 603; a. A. LG Hannover NJW RR 1994, 14).

5. Bei herüberhängenden Zweigen muss der beeinträchtigte Nachbar dem Störer vor der Selbsthilfe eine angemessene **Frist** zur Beseitigung gesetzt haben. Bei dieser Fristsetzung ist jedoch ergänzend zu beachten, dass durch das Abschneiden der Äste keine Schäden für Baum oder Strauch eintreten dürfen. Es kommt also bei der Frage, was angemessen ist, nicht allein auf

die absolute Dauer der Frist an, sondern auch auf die Jahreszeit und die gärtnerisch-botanischen Belange. Für Sträucher und lebende Hecken wird die Frist regelmäßig kürzer zu bemessen sein als für Bäume. Bei Obstbäumen kann in der Zeit, in der sie im Wachstum oder in vollem Saft stehen, die Beseitigung von Ästen nicht verlangt werden. Beim Abtrennen von Wurzeln kann sich gegenüber dem Eigentümer eine Anzeigepflicht aus § 242 BGB ergeben, wobei Sicherungsmaßnahmen dem Eigentümer und nicht dem Selbsthilfeberechtigten obliegen.

6. Neben dem Selbsthilferecht des beeinträchtigten Nachbarn (vgl. Anm. 2) besteht noch ein einklagbarer Beseitigungsanspruch (BGH NJW 2004, 603; ebenso OLG Celle Nds. Rechtspflege 2005, 116: „Der Beseitigungsanspruch aus § 1004 Abs. 1 Satz 1 BGB und das Selbsthilferecht aus § 910 Abs. 1 BGB bestehen (...) ohne Vorrangverhältnis selbstständig nebeneinander"). Nur in besonders gelagerten Fällen darf der Nachbar, der überhängende Äste abschneiden will, das fremde Grundstück betreten.

7. Das Abschneiden der Zweige und Äste darf nur bis zur **Grundstücksgrenze** vorgenommen werden, nicht aber etwa bis zum Stamm. Der beeinträchtigte Nachbar wird Eigentümer der Zweige und Wurzeln, wenn er zum Abschneiden berechtigt war.

8. Ein Recht auf Beseitigung der Zweige und Wurzeln besteht nicht, wenn der Nachbar durch sie in der Benutzung seines Grundstücks nicht beeinträchtigt wird, was der Eigentümer des Baumes/Strauches zu beweisen hat; denn § 910 Abs. 2 gilt auch für den Beseitigungsanspruch nach § 1004 BGB (BGH NJW 2004, 1037, 1038/1039). Gleiches gilt, wenn durch das Abschneiden der Zweige die Licht- bzw. Schattenverhältnisse sowie die gärtnerische Nutzung des Grundstücks nicht verbessert werden können (OLG Oldenburg NJW-RR 1991, 1367).

9. Soweit Zweige oder Wurzeln **unberechtigt** abgeschnitten werden, kann der geschädigte Nachbar Schadensersatzansprüche

geltend machen, wenn ein Verschulden vorliegt. Ein Schadenersatzanspruch des Nachbarn ist allerdings ausgeschlossen, wenn der betroffene Eigentümer es zwar versäumt hat, eine Beseitigungsfrist zu setzen, die Selbsthilfevoraussetzungen im Übrigen aber vorliegen, der Nachbar also auch bei Bestimmung einer Frist das Abschneiden nicht hätte vermeiden können (sog. rechtmäßiges Alternativverhalten).

10. Auch eine Gemeinde ist gegenüber dem benachbarten Eigentümer eines landwirtschaftlich genutzten Grundstücks verpflichtet, den Überwuchs zu beseitigen. Sie kann sich nicht darauf berufen, es herrsche eine ständige Übung in der Gemeinde, dass die Inhaber der Ackerflächen den Überwuchs selbst entfernen (OLG Celle Nds. Rechtspflege 2005, 804).

11. § 910 BGB gilt nicht für überragende Baumstämme von schief gewachsenen Bäumen, auch nicht für Ranken von Schlinggewächsen. Insoweit besteht kein Selbsthilferecht des beeinträchtigten Nachbarn, sondern nur der Anspruch gegen den Nachbarn auf Beseitigung der Störung (§ 1004 BGB).

12. Aus § 910 BGB hat der BGH eine sog. Sicherungspflicht entwickelt, d.h., der Grundstückseigentümer muss dafür Sorge tragen, dass die Wurzeln seiner Bäume nicht die Nutzung des Nachbargrundstücks beeinträchtigen. Bei Verletzung dieser Pflicht wird er, auch wenn die Wurzeln nicht in das Nachbargrundstück eingedrungen sind, zum Störer im Sinne des § 1004 BGB (BGH NJW 2004, 1035 – Mauerrisse infolge windbedingten Wurzeldrucks einer Rotfichte). Dem Beseitigungsanspruch steht der Ablauf der in § 54 NNachbG bestimmten Fünfjahresfrist nicht entgegen (BGH a.a.O. S. 1037).

13. Beschränkungen des Rechts können sich aus den örtlichen Baumschutzsatzungen ergeben. Soweit eine solche den Rückschnitt des Überwuchses verbietet, ist ein möglicher Überwuchs vom Nachbarn hinzunehmen.

14. Der Nachbar trägt die Darlegungs- und Beweislast dafür, dass von herüberragenden Zweigen (bzw. eingedrungenen Wurzeln) keine Beeinträchtigung ausgeht (BGH NZM 2005, 318, 319).
15. Das Recht zum Abschneiden aus § 910 BGB verjährt nicht, da es nicht von § 194 Abs. 1 BGB erfasst wird. In Ausnahmefällen käme einzig Verwirkung in Betracht.

Überfall
§ 911 BGB

Früchte, die von einem Baume oder einem Strauche auf ein Nachbargrundstück hinüberfallen, gelten als Früchte dieses Grundstücks. Diese Vorschrift findet keine Anwendung, wenn das Nachbargrundstück dem öffentlichen Gebrauch dient.

Anmerkungen

1. Zur Vermeidung nachbarlicher Streitigkeiten wegen des Auflesens von Fallobst schränkt Satz 1 die Rechte des Baumeigentümers über § 910 BGB hinaus ein.
2. **Früchte** sind solche im natürlichen Sinne, z. B. Obst, Eicheln oder Baumblätter, nicht dagegen Äste. Solange sich die Früchte an der Pflanze befinden, gehören sie dem Eigentümer der Pflanze, auch wenn die Zweige des Baumes oder Strauches auf das fremde Grundstück hinüberragen. Der Eigentümer ist berechtigt, auch diese Früchte zu ernten, z. B. durch Hinübergreifen oder mit einem Obstpflücker. Ohne Erlaubnis darf er jedoch das fremde Grundstück nicht betreten.
3. Nach der Trennung gehören die Früchte grundsätzlich ebenfalls dem Eigentümer des Baumes oder Strauches oder dem sonst Fruchtziehungsberechtigten (§§ 953 ff. BGB). Fallen die Früchte aber auf ein fremdes **Privatgrundstück**, so wird der **Nachbar**, auf dessen Grundstück sie gefallen sind, ihr Eigentümer und er darf sie auch behalten. Liest der Baumeigentümer gleichwohl die auf das Nachbargrundstück gefallenen Früchte auf, so handelt er

rechtswidrig. Die Ursache des Überfalls (Windstoß, menschliche Einwirkung) spielt keine Rolle. Der Nachbar darf die Früchte jedoch nicht selbst abtrennen oder abschütteln. Täte er es doch, müsste er sie an den Baumeigentümer herausgeben.

4. Wenn die Früchte auf ein dem **öffentlichen** Gebrauch dienendes Grundstück, also vor allem einen öffentlichen Weg oder eine öffentliche Anlage, fallen, bleibt der Eigentümer des Baumes oder Strauches Eigentümer der Früchte; gegebenenfalls erwirbt das Eigentum ein etwa vorhandener Fruchtziehungsberechtigter, z. B. Nießbraucher. Vgl. aber Anm. 3.
5. Auch wenn der Nachbar an den Früchten Eigentum erwirbt, stellt der Überfall eine Beeinträchtigung des Nachbargrundstücks dar, die der Nachbar nicht zu dulden braucht. Soweit Früchte auf sein Grundstück fallen, hat er daher gegen den Baumeigentümer einen Beseitigungsanspruch hinsichtlich der Zweige und ggf. einen Schadenersatzanspruch (AG Backnang NJW-RR 1989, 785).

Überbau; Duldungspflicht
§ 912 BGB

(1) Hat der Eigentümer eines Grundstücks bei der Errichtung eines Gebäudes über die Grenze gebaut, ohne dass ihm Vorsatz oder grobe Fahrlässigkeit zur Last fällt, so hat der Nachbar den Überbau zu dulden, es sei denn, dass er vor oder sofort nach der Grenzüberschreitung Widerspruch erhoben hat.

(2) Der Nachbar ist durch eine Geldrente zu entschädigen. Für die Höhe der Rente ist die Zeit der Grenzüberschreitung maßgebend.

Anmerkungen

1. Soweit Bauwerke über die Grenze eines Grundstücks hinausreichen, handelt es sich um einen **Überbau**. Dies kann dadurch geschehen, dass z. B. die Fundamente des Bauwerks (teilweise) auf das Nachbargrundstück gesetzt werden oder in den

fremden Luftraum (vgl. Anm. 1 zu § 905 BGB) z.B. ein Balkon gebaut wird. Zu unterscheiden ist zwischen dem sog. rechtmäßigen Überbau (§§ 912 bis 916 BGB) und dem sog. unrechtmäßigen Überbau.

2. § 912 BGB regelt die Fälle des **rechtmäßigen Überbaus**. Grund der Regelung ist der Umstand, dass ohne § 912 BGB der Eigentümer des überbauten Grundstücks nicht nur bei einem unrechtmäßigen Überbau, sondern grundsätzlich das Eigentum am überbauten Gebäudeteil erwürbe. Er könnte gem. § 1004 Abs. 1 BGB den Rückbau verlangen. Im volkswirtschaftlichen Interesse soll daher beim sog. rechtmäßigen Überbau ein nachbarlicher Interessenausgleich in Form einer Duldungs- und Rentenpflicht bestehen.

3. Nach § 912 BGB muss der Nachbar den (rechtmäßigen) Überbau dulden, wenn
   a) Bauherr der Eigentümer oder Erbbauberechtigte des Nachbargrundstücks ist,
   b) es sich um die Errichtung eines Gebäudes handelt,
   c) dem Bauherrn nur ein geringerer Verschuldensgrad als grobe Fahrlässigkeit bei dem Überbau zur Last fällt, etwa weil die Grenzverhältnisse unklar sind und sich der Bauherr trotz gewissenhafter Prüfung keine Klarheit über den Grenzverlauf verschaffen konnte, und
   d) der Nachbar nicht vor oder sofort nach der Grenzüberschreitung widerspricht.

4. **Gebäude** sind selbstständig nutzbare, überdeckte bauliche Anlagen, die von Menschen betreten werden können und geeignet oder bestimmt sind, dem Schutz von Menschen, Tieren oder Sachen zu dienen. Nicht darunter fallen z.B. Mauern, Zäune, Taubenschläge, Bienenstöcke, Backöfen. Auch ein infolge einer Grenzüberbauung auf dem benachbarten Grundstück nachträglich geschaffener Eingang stellt keinen Überbau gem. § 912 Abs. 1 BGB dar, da es sich nicht um die Errichtung eines Gebäudes handelt, sondern um nachträglich angebaute unerheb-

liche Gebäudeteile an einen vorhandenen Baukörper (OLG Braunschweig OLGR 2003, 162).

5. Zumindest **grob fahrlässig** handelt, wer vor Baubeginn, insbesondere einer Grenzbebauung, nicht die vorgeschriebene sog. Absteckung durch eine Vermessungsstelle vornehmen lässt (vgl. OLG Frankfurt, OLGR 1998, 189). Wer hingegen glaubt, bauen zu dürfen, weil er von der Genehmigung des Nachbarn ausgegangen ist oder weil ein beiderseitiger Irrtum über den Grenzverlauf bestanden hat, handelt nicht grob fahrlässig.
6. Auch bei einem Übergreifen des Gebäudes in den fremden **Luftraum** (z. B. durch Anbringen eines Balkons, Giebels, durch Ausbuckelung einer Mauer) liegt ein Überbau vor. Unerheblich ist es, wie weit der Überbau in das fremde Grundstück hineinreicht (vgl. Abb. 21 bis 23). Der Nachbar handelt jedoch **rechtsmissbräuchlich**, wenn er die Beseitigung eines mit bloßem Auge nicht feststellbaren Überbaus von wenigen Zentimetern verlangt (vgl. OLG Köln, NJW-RR 2003, 376 – Verletzung nachbarrechtlichen Grenzabstands allein durch die Wärmedämmung. In Niedersachsen gibt es eine gesetzliche Genehmigung zum Überbau durch eine Wärmedämmung, § 21a NNachbG).
7. Wenn die in Anm. 4 genannten Voraussetzungen vorliegen, bleibt der Überbau nach herrschender Meinung im Eigentum des Überbauenden (BGHZ 110, 298); die überbaute Grundstücksfläche verbleibt jedoch im Eigentum des beeinträchtigten Nachbarn. Der Nachbar hat (ebenso wie sein Rechtsnachfolger) keinen Beseitigungsanspruch aus § 1004 BGB, sondern muss den Überbau **dulden**. Dem rechtmäßig Überbauenden steht es als Eigentümer des Gebäudes hingegen frei, den Überbau wieder zu entfernen.
8. Als **Entschädigung** für die unter Anm. 7 dargelegte Duldungspflicht steht dem beeinträchtigten Nachbarn eine Überbaurente zu (vgl. §§ 913, 914 BGB). Der Anspruch besteht auch dann, wenn der Sonderrechtsvorgänger des Duldungspflichtigen dem Überbau zugestimmt hat.

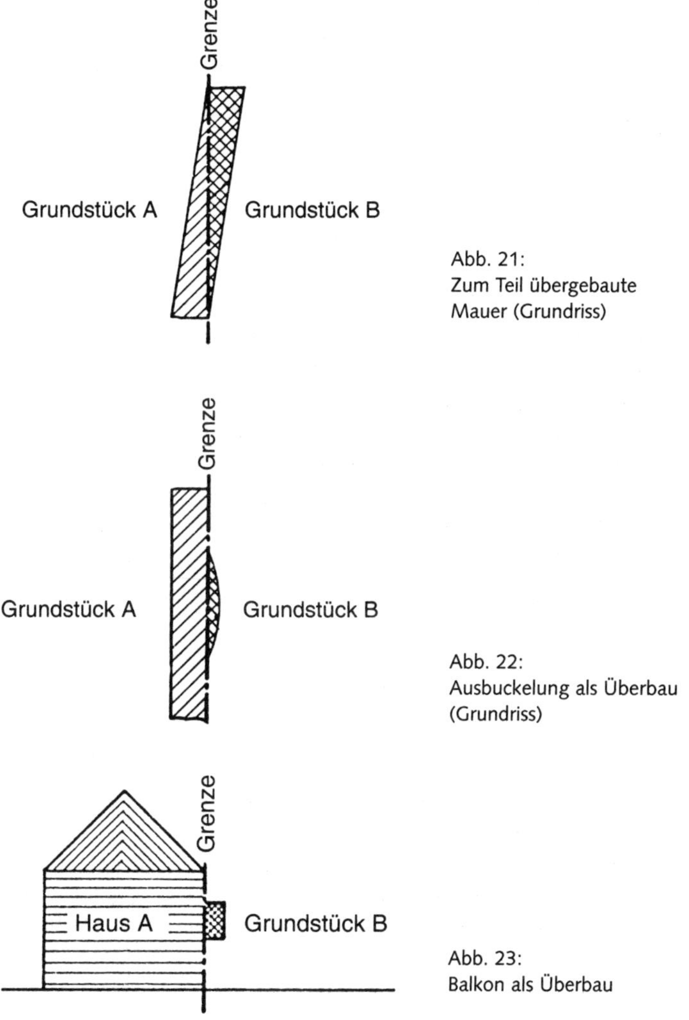

Abb. 21:
Zum Teil übergebaute Mauer (Grundriss)

Abb. 22:
Ausbuckelung als Überbau (Grundriss)

Abb. 23:
Balkon als Überbau

9. Die Höhe der **Rente** orientiert sich am Verkehrswert der überbauten Fläche zum Zeitpunkt der Grenzüberschreitung. Fehlt ein solcher, ist das übliche Nutzungsentgelt heranzuziehen. Dadurch soll ein dauernder nachbarlicher Streit über den aktuellen Wert ausgeschlossen werden (BGH NJW 1986, 2639, 2640). Eine durch den Überbau verhinderte hypothetische Bebauungsmöglichkeit und daraus zu erzielende Mieterträge sind ebenso nicht zu berücksichtigen (OLG Celle OLGR 1999, 101). § 323 ZPO ist nicht anwendbar. Im Streitfall hat das Gericht über die Höhe der Rente zu entscheiden.
10. Das Recht, eine Überbaurente zu verlangen, verjährt nicht. Die einzelnen Ansprüche verjähren hingegen innerhalb der gewöhnlichen Verjährungsfrist des § 195 BGB.
11. Die gesetzliche Duldungspflicht kann nicht in das Grundbuch eingetragen werden. Zweifel können durch eine Grunddienstbarkeit beseitigt werden (BGH MDR 2014, 212).
12. Auch wenn der Überbau vor dem Inkrafttreten des BGB (01.01.1900) vorgenommen worden ist, gelten die §§ 912 bis 916 BGB (Art. 181 Abs. 1 EGBGB).
13. Ein **unrechtmäßiger** Überbau, für den §§ 912 ff. BGB nicht gelten, liegt vor, wenn
    a) dem Bauherrn bei der Grenzüberschreitung Vorsatz oder grobe Fahrlässigkeit zur Last fällt oder
    b) dies zwar nicht der Fall ist, aber trotz des sofortigen Widerspruchs des beeinträchtigten Nachbarn weitergebaut wird oder
    c) das Gebäude nicht durch den Grundstückseigentümer oder den Erbbauberechtigten errichtet wird.

    Bei einem unrechtmäßigen Überbau kann der beeinträchtigte Nachbar **Beseitigung** des Überbaus verlangen (§§ 903, 905, 1004 BGB). Eigentümer des überbauten Teils wird der beeinträchtigte Nachbar.

Zahlung der Überbaurente
§ 913 BGB

(1) Die Rente für den Überbau ist dem jeweiligen Eigentümer des Nachbargrundstücks von dem jeweiligen Eigentümer des anderen Grundstücks zu entrichten.

(2) Die Rente ist jährlich im Voraus zu entrichten.

Anmerkungen

1. Das Recht auf eine Überbaurente ist dinglich; es gilt als Bestandteil des überbauten Grundstücks (§ 96 BGB) und kann von diesem nicht getrennt werden. Rentenberechtigt ist der jeweilige Eigentümer des überbauten Grundstücks. Auch wer gutgläubig das Grundstück des Zahlungspflichtigen erwirbt, ist zur Zahlung der Rente verpflichtet.
2. Die Rentenzahlungspflicht entsteht mit dem Tag des **Beginns** des Überbaus, auch wenn dieser erst später entdeckt wird. Der Anspruch besteht nur gegenüber dem aktuellen **Eigentümer**, nicht aber gegenüber dem Voreigentümer, der das Grundstück nach Verursachung des Überbaus verkauft hat (vgl. OLG Celle OLGR 1999, 101).
3. Die Rente ist im Voraus zu entrichten. Die in Abs. 2 vorgesehene jährliche Zahlungsweise ergibt sich aus dem Umstand, dass üblicherweise nur geringe Beträge fällig werden. Abweichende Zahlungsmodalitäten sind frei vereinbar. Eine dingliche Wirkung haben solche Abreden aber nur, wenn sie im Grundbuch eingetragen werden.
4. Das Rentenstammrecht kann nicht **verjähren**. Die einzelnen Zahlungsansprüche unterliegen hingegen der gewöhnlichen Verjährungsfrist des § 195 BGB.

Rang, Eintragung und Erlöschen der Rente
§ 914 BGB

(1) Das Recht auf die Rente geht allen Rechten an dem belasteten Grundstück, auch den älteren, vor. Es erlischt mit der Beseitigung des Überbaus.

(2) Das Recht wird nicht in das Grundbuch eingetragen. Zum Verzicht auf das Recht sowie zur Feststellung der Höhe der Rente durch Vertrag ist die Eintragung erforderlich.

(3) Im Übrigen finden die Vorschriften Anwendung, die für eine zugunsten des jeweiligen Eigentümers eines Grundstücks bestehende Reallast gelten.

Anmerkungen

1. § 914 Abs. 1 BGB trifft eine Regelung über Rang und Erlöschen der Rente. Das Rentenrecht geht allen anderen vor, also auch den älteren Rechten an dem belasteten Grundstück. Der Vorrang des Rentenrechts gilt jedoch nur in der gesetzlichen Höhe der betreffenden Rente, nicht dagegen für eine vertraglich vereinbarte höhere Rente.
2. Das Recht auf die Rente wird nicht in das Grundbuch eingetragen (§ 914 Abs. 2 BGB). Einzutragen ist aber ein Verzicht auf die Rente und die vertragliche Feststellung der Höhe der Rente. Ohne diese Eintragungen ist eine Wirkung gegen Dritte nicht möglich.
3. Nach § 914 Abs. 3 BGB sind ergänzend die Vorschriften über die Reallast entsprechend anwendbar. Es handelt sich hierbei um die §§ 1107, 1108, 1109 Abs. 2, 1110 BGB. Für die Rente haftet das Grundstück. Der Eigentümer haftet persönlich für die in seiner Eigentumszeit fällig werdenden Renten.
4. Das Rentenrecht erlischt durch Verzicht oder Beseitigung des Überbaus. Dabei ist es gleichgültig, durch wen oder auf wessen Veranlassung der Überbau beseitigt wird.

Abkauf
§ 915 BGB

(1) Der Rentenberechtigte kann jederzeit verlangen, dass der Rentenpflichtige ihm gegen Übertragung des Eigentums an dem überbauten Teil des Grundstücks den Wert ersetzt, den dieser Teil zur Zeit der Grenzüberschreitung gehabt hat. Macht er von dieser Befugnis Gebrauch, so bestimmen sich die Rechte und Verpflichtungen beider Teile nach den Vorschriften über den Kauf.

(2) Für die Zeit bis zur Übertragung des Eigentums ist die Rente fortzuentrichten.

Anmerkungen

1. Die überbaute Grundfläche bleibt im Eigentum desjenigen, dem sie auch vor dem Überbau gehörte. Dieser wird daraus aber keinen Nutzen ziehen können, da er in der Regel die Beseitigung des Überbaus nicht verlangen kann und auch ansonsten vom Willen des Überbauenden abhängt („Schattenrecht").
2. Nach Abs. 1 Satz 1 kann der durch den Überbau beeinträchtigte Grundstückseigentümer (der Rentenberechtigte) von dem Nachbarn, der übergebaut hat (dem Rentenverpflichteten), einseitig verlangen, den überbauten Grundstücksteil zu erwerben. Das Gebrauchmachen nach § 915 Abs. 1 Satz 2 BGB ist weder ein Anspruch noch ein Antrag auf Abschluss eines Kaufvertrages, sondern die Ausübung eines Gestaltungsrechts und erfolgt durch einseitige, empfangsbedürftige Willenserklärung gegenüber dem Rentenpflichtigen.
3. Ohne dass ein Kaufvertrag abgeschlossen werden muss, gelten für die Rechte und Pflichten beider Nachbarn die Vorschriften über den Kauf (§§ 433 ff. BGB). Formvorschriften bestehen für das Verlangen des beeinträchtigten Nachbarn nicht. § 311 b BGB, der bei Grundstücken die notarielle Beurkundung des Verpflichtungsgeschäfts vorsieht, ist nicht anwendbar. Die Übertragung des überbauten Grundstücksteils erfolgt nach den §§ 873, 925 BGB.

4. Für die Wertbemessung ist der Zeitpunkt der Grenzüberschreitung maßgebend (Abs. 1 Satz 1), jedoch kann nicht mehr als der Wert des überbauten Grundstücksteils nach dem üblichen Verkehrswert gefordert werden.
5. Der Anspruch aus § 915 BGB unterliegt nicht der Verjährung (§ 924 BGB).

Beeinträchtigung von Erbbaurecht oder Dienstbarkeit
§ 916 BGB

Wird durch den Überbau ein Erbbaurecht oder eine Dienstbarkeit an dem Nachbargrundstücke beeinträchtigt, so finden zugunsten des Berechtigten die Vorschriften der §§ 912 bis 914 entsprechende Anwendung.

Anmerkungen

1. § 916 BGB gewährt jedem Beeinträchtigten ein selbstständiges Rentenrecht. Wegen des Erbbaurechts vgl. §§ 1, 11 ErbbauRG.
2. Wegen der Dienstbarkeiten vgl. §§ 1018 ff. BGB (Grunddienstbarkeiten), §§ 1030 ff. BGB (Nießbrauch), §§ 1090 ff. BGB (beschränkte persönliche Dienstbarkeiten).
3. Die Vorschrift ist entsprechend anwendbar auf Dauerwohnberechtigte nach dem Wohnungseigentumsgesetz (WEG).

Notweg
§ 917 BGB

(1) Fehlt einem Grundstück die zur ordnungsmäßigen Benutzung notwendige Verbindung mit einem öffentlichen Wege, so kann der Eigentümer von den Nachbarn verlangen, dass sie bis zur Hebung des Mangels die Benutzung ihrer Grundstücke zur Herstellung der erforderlichen Verbindung dulden. Die Richtung des Notwegs und der Umfang des Benutzungsrechts werden erforderlichen Falles durch Urteil bestimmt.

(2) Die Nachbarn, über deren Grundstücke der Notweg führt, sind durch eine Geldrente zu entschädigen. Die Vorschriften des § 912 Abs. 2 Satz 2 und der §§ 913, 914, 916 finden entsprechende Anwendung.

Anmerkungen

1. Wenn Grundstücke keinen **unmittelbaren** Zugang zu einem öffentlichen Weg haben, gewähren die §§ 917 und 918 BGB ein gesetzliches Notwegrecht. Zudem steht es den Nachbarn frei, ein entsprechendes Wegerecht zu vereinbaren und erforderlichenfalls als Dienstbarkeit in das Grundbuch eintragen zu lassen.
2. In welchem Umfang ein **vertraglich** gewährtes Wegerecht ausgeübt werden darf, ergibt sich in erster Linie aus den getroffenen Vereinbarungen. Im Allgemeinen wird man annehmen können, dass das dienende Grundstück, das heißt das Grundstück, über welches der Weg führt, auch für eine weitergehende Benutzung als der ursprünglich eingeräumten herangezogen werden kann, wenn sich ein Bedürfnis hierzu ergibt (z. B. aus einer Wiese ein Acker wird, der häufiger betreten werden muss). Dies gilt allerdings nicht, wenn sich die Benutzungsart des herrschenden Grundstücks, das heißt des Grundstücks, zu dessen Gunsten das Wegerecht besteht, wesentlich geändert hat, z. B. aus einem Wohnhaus ein Bürohaus mit starkem Kundenverkehr oder eine Gastwirtschaft geworden ist.
3. § 917 BGB enthält eine gesetzliche Beschränkung des Eigentums. Voraussetzung für die Duldung des Notweges ist, dass
   a) eine Verbindung des zurückliegenden Grundstücks zu einem **öffentlichen Weg** fehlt. Öffentlich ist ein Weg, wenn er ausdrücklich dem öffentlichen Verkehr gewidmet ist (§ 2 Abs. 1 FStrG). Dies ist nicht der Fall, wenn ein – vielleicht auch unbequemer oder aufwändiger (OLG Celle OLGR 2009, 537) – Zugang zu einem öffentlichen Weg besteht. Unerheblich ist hierbei, aus welchen Gründen dies der Fall ist.
   b) der Notweg zur ordnungsgemäßen Bewirtschaftung des herrschenden Grundstücks notwendig ist; dies gilt auch bei einer Änderung der Benutzungsart (vgl. Abb. 24). Dabei kann der Notweg über mehrere Grundstücke desselben oder verschiedener Eigentümer gehen.

4. Dieser erforderliche Zugang fehlt auch dann, wenn nur ein **Teil** des Grundstücks keinen hinreichenden Zugang hat und dem Grundstückseigentümer nicht zugemutet werden kann, anderweitig einen Zugang zum öffentlichen Weg zu verschaffen. Dies ist der Fall, wenn die mit der Schaffung eines Zugangs auf dem eigenen Grundstück verbundenen Erschwernisse so groß sind, dass die Wirtschaftlichkeit der Grundstücksbenutzung aufgehoben oder in unzumutbarer Weise geschmälert wird. Die Grenze der Zumutbarkeit für den Grundstückseigentümer bestimmt sich hierbei aus dem Verhältnis zwischen den für die Schaffung einer Zuwegung notwendigen Kosten zu der Wirtschaftlichkeit der Nutzung des Grundstücks (OLG Celle OLGR 2009, 537, 538).
5. Verpflichtet, den Notweg zu dulden, ist der Eigentümer des dienenden Grundstücks, ebenso der Miteigentümer, Erbbauberechtigte, Wohnungseigentümer, Dienstbarkeitsberechtigte, nicht aber der Nießbraucher oder Pächter.
6. Berechtigt sind Eigentümer, Miteigentümer, Erbbauberechtigte und Wohnungseigentümer des herrschenden Grundstücks, nicht aber Nießbraucher und Pächter. Letztere dürfen jedoch, ohne dass sie Berechtigte sind (also ein eigenes Recht haben), den Notweg benutzen. Wird ihnen dies verweigert, müssen sie ihre Rechte in ihrem vertraglichen Verhältnis gegenüber ihrem Vermieter oder Verpächter durchsetzen und diesen ggf. dazu anhalten, ihre Rechte einzuklagen.
7. Falls für die **Richtung** des Notweges verschiedene Grundstücke in Betracht kommen, hat in erster Linie der Eigentümer des herrschenden Grundstücks zu entscheiden, von welchem der Nachbarn er die Duldung des Notweges verlangt. Er muss hierbei aber auf die natürlichen Verhältnisse Rücksicht nehmen und vor allem darauf, dass der Eigentümer des dienenden Grundstücks möglichst wenig beeinträchtigt wird. Nur in diesem engen Rahmen kann der in Anspruch genommene Eigentümer Einwendungen gegen das Begehren des Eigentümers des

herrschenden Grundstücks vorbringen. Bei mehreren Möglichkeiten des Zugangs zu einem Grundstück ist ebenfalls diejenige zu wählen, die den anderen möglichst gering belastet.

8. Der **Umfang** des gesetzlichen Notwegrechts richtet sich nach den Bedürfnissen des herrschenden Grundstücks. Diese beurteilen sich allein nach objektiven Gesichtspunkten des herrschenden Grundstücks und nicht nach persönlichen Bedürfnissen des Grundstückseigentümers. Es kommt daher nicht darauf an, in welchem Umfang und durch wen wie lange das dienende Grundstück benutzt wurde (OLG Celle OLGR 2009, 537, 538).

9. Die Ausübung eines seit langer Zeit bestehenden Notwegrechtes kann nicht untersagt werden, wenn der Weg weiterhin nur in dem Umfang genutzt wird, der der früheren jahrzehntelangen Nutzung, gegebenenfalls unter Berücksichtigung der fortgeschrittenen Technisierung, entspricht (OLG Celle OLGR 1999, 369).

10. Den Notweg hat der Eigentümer des herrschenden Grundstücks zu unterhalten. Ebenso hat er die **Kosten** hierfür zur tragen (OLG Celle MDR 2000, 81).

11. Der Eigentümer des dienenden Grundstücks hat einen Anspruch auf eine **Geldrente**. Diese ist nicht erst vom Zeitpunkt zu zahlen, in dem das Notwegrecht in Anspruch genommen wird; sie wird vielmehr bereits mit der Entstehung der Duldungspflicht fällig. Die Höhe der Rente richtet sich nicht nach dem Nutzen für den Notwegberechtigten, sondern nach dem Nutzungsausfall des dienenden (belasteten) Grundstücks. Tritt durch das Duldungsverlangen kein solcher Nachteil ein, so ist keine Rente zu zahlen. Größe, Lage und Zuschnitt des Grundstücks und der beanspruchten Teilfläche sowie Art und Intensität der Nutzung durch den Notwegberechtigten können jedoch als „die Wertminderung beeinflussende Faktoren" herangezogen werden.

12. Der Verpflichtete kann unter den Voraussetzungen des § 1023 Abs. 1 BGB die Verlegung des Notwegs verlangen, wenn die Ausübung des Rechts an der bisherigen Stelle für ihn besonders erschwerlich geworden ist (BGHZ 79, 307). Dann treffen ihn die hierfür erforderlichen Kosten. Die Duldungspflicht besteht nicht mehr, wenn für das herrschende Grundstück ein ausreichender Zugang geschaffen wurde.
13. Der Anspruch aus § 917 BGB unterliegt nicht der Verjährung (§ 924 BGB).
14. Weder das BGB noch das NNachbG enthalten Vorschriften für den Fall, dass der Nachbar Schwierigkeiten hat, sein Grundstück an die **Versorgungs-** und **Abwasserleitungen** anzuschließen. Rechte hinsichtlich des Verlegens und des Erhalts von Leitungen können daher allenfalls aus §§ 76 und 77 des Telekommunikationsgesetzes (TKG), aus § 176 des Niedersächsischen Wassergesetzes (NWG) bzw. § 93 des Wasserhaushaltsgesetzes (WHG) oder aus § 44b des Energiewirtschaftsgesetzes (EnWG) abgeleitet werden. Eine entsprechende Anwendung des § 917 BGB ermöglicht es lediglich, einen Anspruch auf eine **Notleitung** abzuleiten (vgl. *Pardey*, § 917/918 Rz. 24; OLG Celle OLGR 1999, 69).

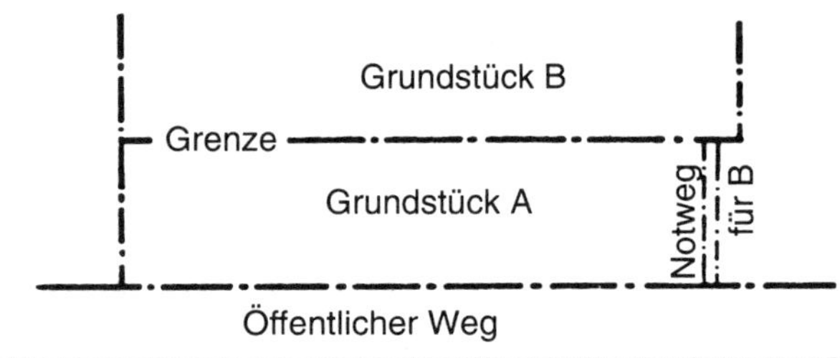

Abb. 24: Notweg

Ausschluss des Notwegrechts
§ 918 BGB

(1) Die Verpflichtung zur Duldung des Notwegs tritt nicht ein, wenn die bisherige Verbindung des Grundstücks mit dem öffentlichen Wege durch eine willkürliche Handlung des Eigentümers aufgehoben wird.

(2) Wird infolge der Veräußerung eines Teiles des Grundstücks der veräußerte oder der zurückbehaltene Teil von der Verbindung mit dem öffentlichen Wege abgeschnitten, so hat der Eigentümer desjenigen Teiles, über welchen die Verbindung bisher stattgefunden hat, den Notweg zu dulden. Der Veräußerung eines Teiles steht die Veräußerung eines von mehreren demselben Eigentümer gehörenden Grundstücken gleich.

Anmerkungen

1. Ein Notwegrecht besteht nicht, wenn der Eigentümer des herrschenden Grundstücks durch einen Willkürakt (keine Naturereignisse) die bisherige Verbindung seines Grundstücks mit einem öffentlichen Weg beseitigt hat, z. B. durch Verzicht auf ein vertragliches Wegerecht oder durch Errichtung einer Mauer, die den Zugang zur Straße verhindert. **Willkürlich** i. S. der Vorschrift ist eine auf freier Entscheidung beruhende Maßnahme, die der ordnungsgemäßen Grundstücksbenutzung widerspricht und die gebotene Rücksichtnahme auf nachbarliche Interessen außer Acht lässt. Danach ist es in der Regel willkürlich, wenn der Eigentümer unter den verschiedenen Möglichkeiten der ordnungsgemäßen Nutzung seines Grundstücks eine Gestaltung wählt, die einen Notweg erfordert oder wenn er bei der Bebauung seines Grundstücks nicht darauf achtet, dass die Verbindung sämtlicher Teile des Grundstücks zu dem öffentlichen Weg erhalten bleibt (OLG Celle OLGR 2009, 537, 538). Liegt eine andere Verbindungsmöglichkeit zum Grundstück vor, existiert keine Notlage.
2. Wenn Willkürlichkeit vorliegt, kommt es auf ein **schuldhaftes** Handeln nicht an. Beweispflichtig dafür, dass eine willkürliche Aufhebung der Verbindung zur Straße vorliegt, ist der Eigentü-

mer des für den Notweg in Anspruch genommenen Grundstücks. Zum Verlust des Notwegrechts nach § 918 Abs. 1 und ergänzend vgl. OLG Celle OLGR 2003, 138.

3. Abs. 2 stellt einen Unterfall des selbstverursachten Bedarfs dar und knüpft ebenfalls an willkürliches Handeln an (OLG München NJW-RR 1993, 474). Die Vorschrift regelt das Notwegrecht für den Sonderfall, dass ein Grundstück geteilt wird und durch die Teilung der veräußerte oder zurückbehaltene Teil von der Verbindung mit einem öffentlichen Weg abgeschnitten wird. In diesem Fall hat der Eigentümer des zurückliegenden Grundstücks nicht das Recht, zu bestimmen, welchen Nachbarn er auf Duldung des Notweges in Anspruch nehmen will (vgl. BGHZ 53, 166). Der Notweg besteht vielmehr nur über den Teil des Grundstücks, über den bisher die Verbindung zum öffentlichen Weg bestand (vgl. Abb. 25). Auch die künftigen Eigentümer der durch

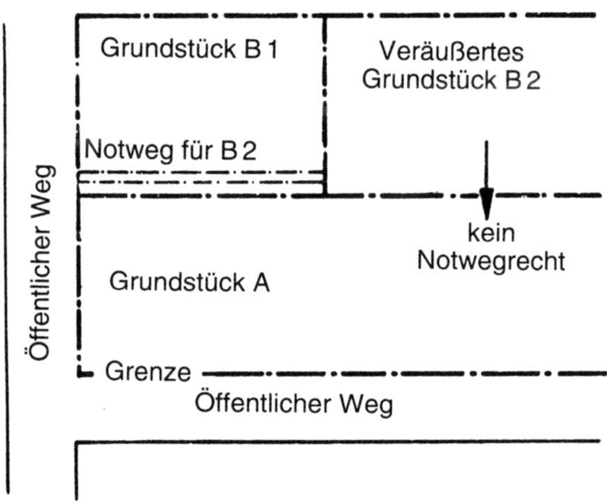

Abb. 25: Notweg nach Veräußerung eines Grundstücksteils (§ 918 Abs. 2 BGB)

Veräußerung getrennten Grundstücke bzw. Grundstücksteile sind daran gebunden. Der rechtsgeschäftlichen Veräußerung steht die Zwangsversteigerung gleich.

4. Der Anspruch aus § 918 Abs. 2 BGB unterliegt nach § 924 BGB nicht der Verjährung.

Grenzabmarkung
§ 919 BGB

(1) Der Eigentümer eines Grundstücks kann von dem Eigentümer eines Nachbargrundstücks verlangen, dass dieser zur Errichtung fester Grenzzeichen und, wenn ein Grenzzeichen verrückt oder unkenntlich geworden ist, zur Wiederherstellung mitwirkt.

(2) Die Art der Abmarkung und das Verfahren bestimmen sich nach den Landesgesetzen; enthalten diese keine Vorschriften, so entscheidet die Ortsüblichkeit.

(3) Die Kosten der Abmarkung sind von den Beteiligten zu gleichen Teilen zu tragen, sofern nicht aus einem zwischen ihnen bestehenden Rechtsverhältnis sich ein anderes ergibt.

Anmerkungen

1. Die §§ 919–923 BGB regeln die Rechtsverhältnisse benachbarter Eigentümer an der Grenze und dienen so der Vermeidung nachbarlicher Streitigkeiten. Die Grenzabmarkung (§ 919 BGB) soll der Verdunkelung einer unstreitigen Grenze vorbeugen, während die Grenzscheidung nach § 920 BGB die Unklarheit über die Grenze beseitigen will. Ein **Grundstück** in diesem Sinne ist die Grundstücksparzelle, die entweder auf einem besonderen Grundbuchblatt oder, wenn mehrere Grundstücke auf demselben Grundbuchblatt stehen, auf diesem unter einer besonderen Nummer des Bestandsverzeichnisses eingetragen ist. Die **Grenzen** eines Grundstücks sind gedachte, von der Vermessungsbehörde festgelegte Linien. Sie sind durch Grenzein-

richtungen (Mauern, Hecken usw., vgl. § 921 BGB) oder meist durch Steine oder Pflöcke kenntlich gemacht.

2. Gegenstand des Abmarkungsverfahrens nach § 919 BGB ist die Festlegung und Sicherung einer **unstreitigen** Grenze und nicht die Ermittlung einer strittigen Grenze. Jeder Nachbar hat einen Anspruch darauf, dass der andere hierbei mitwirkt. Eine Unsicherheit über den Grenzverlauf liegt vor, wenn ein Grenzzeichen verrückt wurde oder unkenntlich geworden ist. Das **Verrücken** des Grenzzeichens kann auf einem Erdrutsch, Bodensenkungen, Bauarbeiten (Abgrabung) o. Ä. beruhen. Ein **Unkenntlichwerden** kann durch Verwitterung oder mechanische Beschädigung verursacht worden sein.
3. **Inhaber** dieses dinglichen Anspruchs ist der Grundstückseigentümer (bzw. Inhaber eines Erbbaurechts). Anspruchsgegner ist der jeweilige Eigentümer des unmittelbaren Nachbargrundstücks. Mieter und Pächter sind dagegen weder aktiv- noch passivlegitimiert.
4. Die **Mitwirkung** kann nur durch eine Klage erzwungen werden. Diese Klage ist auf Duldung der Abmarkung bzw. Zustimmung zum jeweiligen Abmarkungsverfahren gerichtet. Zuständig für die Klage ist nach § 24 ZPO – je nach Streitwert – das Amts- oder das Landgericht, in dessen Bezirk die Grundstücke liegen.
5. In der Regel dürfte einer Klage aber das Rechtsschutzbedürfnis fehlen, da die örtliche Lage von Flurstücksgrenzen auf Antrag (§ 4 Abs. 1 NVermG) durch die Vermessungs- und Katasterbehörden des Landes (§ 6 Abs. 1 NVermG) festgestellt werden. Hierfür hat der Eigentümer das Betreten seines Grundstücks zu dulden (§ 7 Abs. 2 Nr. 1 NVermG).
6. Für das **Abmarkungsverfahren** (Abs. 2) ist in Niedersachsen das Niedersächsische Gesetz über das amtliche Vermessungswesen (NVermG) maßgeblich. Danach sind Flurstücksgrenzen durch Grenzmarken zu kennzeichnen, soweit nicht der Verlauf

durch dauernde Grenzeinrichtungen ausreichend erkennbar ist und dies beantragt wird oder im öffentlichen Interesse erforderlich ist (§ 4 NVermG). Die mit den örtlichen Arbeiten zur Durchführung dieses Gesetzes beauftragten Personen sind berechtigt, Grundstücke und bauliche Anlagen zu betreten und zu befahren, um die erforderlichen Arbeiten durchzuführen. Das Betreten von Wohnungen kann nicht verlangt werden (§ 7 Abs. 2 NVermG).

7. Die **Kosten** der Abmarkung der gemeinsamen Grenze (Abs. 3) haben die beiden Nachbarn zu gleichen Teilen zu tragen, soweit sich nicht aus besonderen Gründen etwas anderes ergibt. Dies ist der Fall, wenn vertragliche Abmachungen bestehen, die Gegenteiliges vorsehen, oder wenn einer der Nachbarn die Grenzzeichen vorsätzlich oder fahrlässig beseitigt oder verrückt, etwa ausgepflügt oder beim Pflügen verschoben hat. Soweit das Grenzzeichen lediglich unkenntlich, aber nicht verschoben war, greift die Kostenregelung des § 919 BGB nicht ein (OLG Celle Nds. Rechtspflege 2006, 344). Die Kosten eines vorangegangenen Rechtsstreits hat allein der zu tragen, dem das Gericht die Kosten des Prozesses auferlegt hat. Eine weitere Kostentragungspflicht kann sich aus § 7 Abs. 1 Satz 2 NVermG ergeben, soweit durch die Vermesungs- oder Katasterbehörden eine Aktualisierung des Nachweises der Liegenschaft veranlasst worden ist.

8. Der Anspruch aus § 919 BGB unterliegt nach § 924 BGB nicht der Verjährung.

9. Die Abmarkung ändert den Grenzverlauf nicht. Sie hat mithin keine konstitutive Wirkung (OLG Brandenburg NJW-RR 2009, 1097, 1098). Daher bleiben auch die Eigentumsverhältnisse und die dinglichen Rechte Dritter unverändert und der wahre Grenzverlauf bleibt bestehen. Einer Abmarkung, auch einem behördlichen Abmarkungsbescheid, kommt im gerichtlichen Verfahren zwar ein erheblicher Beweiswert zu, der zu erschüttern aber möglich ist.

10. Die Vermutung des § 891 BGB über die Richtigkeit des Grundbuchs erstreckt sich lediglich auf die katastermäßige Grenze. Eine Abmarkung widerlegt diese Vermutung, wenn beide nicht übereinstimmen. Die vermarkte Grenze gilt bis zum Beweis des Gegenteils als die richtige, sofern beide Nachbarn die Abmarkung anerkannt haben (Palandt/*Bassenge,* § 919 Rz. 3). Fehlt es an der Anerkennung nur durch einen Nachbarn, so widerlegt umgekehrt die Vermutung des § 891 BGB die Abmarkung.

Grenzverwirrung
§ 920 BGB

(1) Lässt sich im Falle einer Grenzverwirrung die richtige Grenze nicht ermitteln, so ist für die Abgrenzung der Besitzstand maßgebend. Kann der Besitzstand nicht festgestellt werden, so ist jedem der Grundstücke ein gleich großes Stück der streitigen Fläche zuzuteilen.

(2) Soweit eine diesen Vorschriften entsprechende Bestimmung der Grenze zu einem Ergebnis führt, das mit den ermittelten Umständen, insbesondere mit der feststehenden Größe der Grundstücke, nicht übereinstimmt, ist die Grenze so zu ziehen, wie es unter Berücksichtigung dieser Umstände der Billigkeit entspricht.

Anmerkungen

1. Diese Vorschrift regelt nicht wie § 919 BGB die Sicherung einer unstrittigen Grenze. Vielmehr ist der Grenzverlauf **streitig**, das heißt, jeder der Nachbarn nimmt einen bestimmten Grenzstreifen für sich in Anspruch, ohne dass die Wahrheit oder Unwahrheit der sich widersprechenden Behauptungen durch vorhandene Grenzzeichen, anhand des Grundbuchs und dem Liegenschaftskataster oder einer Grenzniederschrift festgestellt werden kann (Grenzverwirrung).
2. Die Nachbarn können sich über den Grenzverlauf gütlich einigen, indem sie z. B. die von der Vermessungsbehörde ermittelte Grenze als bindend anerkennen. Ein solcher eigentlich formfrei

abzuschließender Grenzfeststellungsvertrag (oder -vergleich) wird nach § 311b BGB formbedürftig, wenn mindestens ein Nachbar davon ausgeht, dass er damit eine ihm gehörige Fläche übereignet. Wenn die Nachbarn die Grenze endgültig festlegen möchten, hat der Vertrag konstitutive Wirkung.

3. Jeder der Nachbarn hat zudem die Möglichkeit, auch eine (Leistungs-)**Klage** auf Feststellung der Grenze oder auf Herausgabe des von dem anderen zu Unrecht benutzten Streifens gemäß § 985 BGB zu erheben. Der Kläger muss dann in dem Rechtsstreit die von ihm in Anspruch genommene Fläche bezeichnen und sein Recht beweisen.

4. Kann der Kläger keinen konkreten Grenzverlauf behaupten, so kann er nach § 920 BGB auch Klage auf richterliche Festsetzung der Grenze (**Grenzscheidungsklage**) erheben. Das Gericht verfährt hierbei nach den Richtlinien, die § 920 BGB aufstellt. Das Urteil setzt die Grenzen konstitutiv und bindend fest. Es begründet Eigentum am betroffenen Grenzstreifen, ohne dass eine Auflassung erforderlich wird. Diese Klagemöglichkeit hat aber keine große Bedeutung erlangt, da sich heutzutage in den meisten Fällen die Grenze mit den Hilfsmitteln der modernen Vermessungstechnik feststellen lässt. Zudem ist für die Grenzscheidungsklage kein Raum, solange bei einem eingetragenen Grundstück die Vermutung des § 891 BGB für die Richtigkeit der durch das Katasteramt verzeichneten Grenzen nicht ausgeräumt ist (BGH NJW-RR 2006, 662, 664).

5. Lässt sich die richtige Grenze nicht feststellen, so ist für die Entscheidung in erster Linie der Besitzstand zum Zeitpunkt der Entscheidung maßgebend (Abs. 1 Satz 1). Ist dieser durch verbotene Eigenmacht erlangt (§ 858 BGB), gilt der frühere Besitzstand. Lässt sich ein Besitzstand nicht feststellen, wird die streitige Fläche in gleich große Stücke aufgeteilt (Abs. 1 Satz 2). Dabei kommt es auf den jeweiligen Wert des Bodens nicht an. Zu wählen ist die zweckmäßigste Grenzziehung. Das gefundene Ergebnis ist nach Abs 2 daraufhin zu überprüfen, ob es unter

Berücksichtigung aller ermittelten Umstände der **Billigkeit** entspricht.

6. Die Klage ist nach § 24 ZPO – je nach Streitwert – bei dem Amts- oder dem Landgericht zu erheben, in dessen Bezirk die Grundstücke liegen. Aktiv- und passivlegitimiert sind nur die Eigentümer der betroffenen Grundstücke.
7. Der Anspruch aus § 920 BGB unterliegt nach § 924 BGB nicht der Verjährung.
8. Der Bestand einer Grenze ist zur Wahrung des nachbarlichen Friedens wichtig. Aus diesem Grund ist dieser zusätzlich durch Strafvorschriften geschützt. Wer einen Grenzstein oder ein anderes zur Bezeichnung einer Grenze bestimmtes Merkmal in der **Absicht**, einem anderen Nachteil zuzufügen, wegnimmt, vernichtet, unkenntlich macht, verrückt oder fälschlich setzt, kann nach § 274 Abs. 1 Nr. 3 StGB bestraft werden. Ordnungswidrig handelt nach § 9 NVermG, wer unbefugt Punkte des Landesbezugssystems oder Grenzpunkte kennzeichnet, Kennzeichen verändert, beseitigt oder deren Standsicherheit gefährdet oder Schutzflächen nach § 7 Abs. 2 Satz 1 Nr. 2 NVermG überbaut, abträgt oder sonst verändert.

Gemeinschaftliche Benutzung von Grenzanlagen § 921 BGB

Werden zwei Grundstücke durch einen Zwischenraum, Rain, Winkel, einen Graben, eine Mauer, Hecke, Planke oder eine andere Einrichtung, die zum Vorteile beider Grundstücke dient, voneinander geschieden, so wird vermutet, dass die Eigentümer der Grundstücke zur Benutzung der Einrichtung gemeinschaftlich berechtigt seien, sofern nicht äußere Merkmale darauf hinweisen, dass die Einrichtung einem der Nachbarn allein gehört.

Anmerkungen

1. Oftmals bestehen zwischen zwei Grundstücken Grenzeinrichtungen, die beiden Grundstücken gleichermaßen nutzen, deren

Anlage allerdings so weit zurückreichen kann, dass deren Eigentum sich nicht mehr aufklären lässt. Im Falle eines Konflikts wird daher ein gemeinschaftliches Nutzungsrecht der Nachbarn an allen Einrichtungen vermutet, die zwei Grundstücke voneinander trennen und zu deren beiderseitigen Vorteil dienen. Vielfach ist es zweifelhaft, wo die konkrete Grenze verläuft. Es wird deshalb vermutet, dass die bestehende Grenzeinrichtung die tatsächliche ist. Diese Vermutung kann durch den Nachweis des tatsächlichen Grenzverlaufs oder dadurch widerlegt werden, dass äußere Merkmale für das Alleineigentum eines Nachbarn sprechen (vgl. BGH NJW 2000, 512, 513).

2. Es muss dazu eine **Grenzeinrichtung** vorliegen, die als Anlage – nicht notwendigerweise in der Mitte – von der Grenzlinie geschnitten wird (BGH NJW 2000, 512, 513). Als mögliche Grenzeinrichtungen führt die Vorschrift einen Rain, Winkel, einen Graben, eine Mauer, Hecke oder Planke auf. Dadurch wird deutlich, dass hierunter nicht nur bauliche Anlagen zu fassen sind. Gebäude fallen allerdings nicht darunter. Es ist nicht erforderlich, dass einer der Nachbarn diese Einrichtung hergestellt hat. Allerdings darf diese nicht gegen den Willen eines Nachbarn errichtet worden sein. Als Grenzeinrichtung im Sinne dieser Vorschrift kann auch die auf der Grenze errichtete „gemeinsame Zufahrt“ von der Straße bis zu den aneinandergebauten Grenzgaragen angesehen werden (LG Zweibrücken MDR 1996, 46). Eine solche funktionell beiden Grundstücken dienende Anlage darf nicht ohne Zustimmung des Nachbarn beseitigt oder verändert werden (vgl. hierzu BGH NJW 2003, 1731). Eine **Grenzwand** im Sinne des § 16 NNachbG fällt nicht unter diese Vorschrift. Gleiches gilt für die **Nachbarwand** im Sinne der §§ 3 ff. NNachbG.

3. Die Vermutung des § 921 BGB greift nur ein, wenn festgestellt werden kann, dass es sich um eine Grenzeinrichtung handelt. Wenn eine Hecke vollständig auf einem Grundstück steht und nur deren Zweige auf das Nachbargrundstück ragen, kann der

Nachbar daher keine Ansprüche aus § 921 BGB herleiten (LG Oldenburg WuM 1986, 283). Entscheidend ist, wie sich die Hecke zum gegenwärtigen Zeitpunkt ausgebreitet hat und nicht auf welchem Grundstück sie eingepflanzt worden ist (AG Hannover Nds. Rechtspflege 2010, 125).

4. Wenn die Voraussetzungen des § 921 BGB vorliegen, folgt daraus die Vermutung, dass die Nachbarn im Umfang des § 922 BGB zur gemeinschaftlichen Benutzung berechtigt sind. Die Beweislast liegt bei demjenigen, der das Alleineigentum an der Einrichtung beansprucht.

5. Das **Eigentum** an der Grenzeinrichtung wird durch die Vorschrift nicht geregelt. Daher bleibt jeder Nachbar nach den allgemeinen Regeln weiter Alleineigentümer (§§ 94, 946 BGB) desjenigen lotrecht ermittelten Teils der Anlage, der sich auf seinem Grundstück befindet (LG Oldenburg WuM 1986, 283; BGH NJW 2015, 700). Ideelles Miteigentum nach Bruchteilen ist nur ausnahmsweise möglich, wenn es sich um eine mit dem Grund und Boden nicht fest verbundene Anlage handelt (§ 947 BGB). Ausnahmen zum Alleineigentum bestehen beim Überbau (§ 912 BGB), bei der Nachbarwand (§§ 3 ff. NNachbG), bei der auf der Grenze errichteten Einfriedung (§ 30 NNachbG) und dann, wenn es sich um so genannte Scheinbestandteile im Sinne des § 95 Abs. 1 BGB handelt, also das Bauwerk in Ausübung eines Rechts an einem fremden Grundstück von dem Berechtigten mit dem Grundstück verbunden worden ist.

6. Gebäude fallen nicht unter die in der Norm genannten Einrichtungen. Aus diesem Grund ist § 921 BGB beim Überbau nicht einschlägig: Liegt ein rechtmäßiger **Überbau** durch eine Wand vor, wird der Bauende Eigentümer der gesamten Wand. Er kann diese nutzen, muss sie aber auch unterhalten. Ist der Überbau unrechtmäßig und nicht nach § 912 BGB entschuldigt, fällt dieser dem Eigentum des Nachbargrundstücks zu.

Art der Benutzung und Unterhaltung § 922 BGB

Sind die Nachbarn zur Benutzung einer der im § 921 bezeichneten Einrichtung gemeinschaftlich berechtigt, so kann jeder sie zu dem Zwecke, der sich aus ihrer Beschaffenheit ergibt, insoweit benutzen, als nicht die Mitbenutzung des anderen beeinträchtigt wird. Die Unterhaltungskosten sind von den Nachbarn zu gleichen Teilen zu tragen. Solange einer der Nachbarn an dem Fortbestande der Einrichtung ein Interesse hat, darf sie nicht ohne seine Zustimmung beseitigt oder geändert werden. Im Übrigen bestimmt sich das Rechtsverhältnis zwischen den Nachbarn nach den Vorschriften über die Gemeinschaft.

Anmerkungen

1. Das vom Gesetz gewährte **Mitbenutzungsrecht** kann nicht in das Grundbuch eingetragen werden. Dies ist nur aufgrund besonderer Vereinbarungen zwischen den Nachbarn möglich. § 922 BGB konkretisiert daher die Beziehungen zwischen den Nachbarn. Jeder hat das Recht, die gesamte Einrichtung zu benutzen und nicht nur den auf seinem Eigentum stehenden Teil. Dieses Recht erstreckt sich allerdings nur auf die Einrichtung selbst, nicht auf das nachbarliche Grundstück. Das Recht der Mitbenutzung wird zudem durch den Zweck der Einrichtung und das Recht der Mitbenutzung des anderen Nachbarn begrenzt.
2. Der Zweck der Einrichtung, der sich aus ihren objektiven Merkmalen ergibt, bestimmt und beschränkt den Inhalt des Benutzungsrechts. Der Zweck eines **Zwischenraums** ist das Zuführen von Luft und Licht zu den angrenzenden Gebäuden, die Möglichkeit des Hindurchgehens und des Aufstellens von Leitern und Gerüsten. Ein **Grenzgraben** ist bestimmt zur Aufnahme von Oberflächenwasser, ein **Rain** zum Wenden landwirtschaftlicher Maschinen, eine freistehende **Nachbarwand** zum Scheiden der Grundstücke und zum Sichtschutz (vgl. Staudinger-*Roth*, § 922 BGB, Rz. 3).

3. Die **Unterhaltungskosten** im Sinne des Satzes 2 sind diejenigen Aufwendungen, die erforderlich sind, um die Einrichtung in einer ihrem Zweck entsprechenden Beschaffenheit zu erhalten, z. B. Schneiden einer Hecke, Erneuerung von Zaunpfosten, Ausbesserung einer schadhaften Mauer oder ein neuer Anstrich. Diese Kosten sind nach Satz 2 von beiden Nachbarn zu gleichen Teilen zu tragen, selbst dann, wenn die Einrichtung nur von einem Nachbarn alleine genutzt wird. Die Nachbarn können abweichende Vereinbarungen zur Kostentragung treffen.
4. Die bestehende Einrichtung genießt nach Satz 3 **Bestandsschutz**, solange einer der Nachbarn an ihrem Fortbestand ein Interesse hat. Diese kann daher nur geändert oder entfernt werden, wenn beide Nachbarn damit einverstanden sind. Wenn dies nicht der Fall ist, besteht nach Beseitigung ein Anspruch auf Neuherstellung, z. B. der entfernten Hecke oder Mauer. Die Kosten hierfür hat der Verursacher zu tragen (BGH NJW 1981, 866).
5. Ergänzend greifen vorliegend die Vorschriften über die Gemeinschaften, nämlich § 743 Abs. 1, §§ 744 bis 746 und § 748 BGB. Die Verwaltung der Einrichtung steht z. B. nach § 922 Satz 3 BGB in Verbindung mit § 744 BGB beiden Nachbarn gemeinsam zu. Selbsthilfe ist grundsätzlich nicht erlaubt. Nach § 744 Abs 2 BGB darf aber jeder Nachbar auch ohne Zustimmung des anderen die zur Erhaltung notwendigen Maßnahmen, wie z. B. die Reparatur eines Gartenzaunes, auf beiderseitige Kosten treffen. Der Nutznießer einer Maßnahme hat entgegen § 922 Satz 4 BGB nach §§ 742, 748 BGB deren Kosten alleine zu tragen, wenn er aus der Maßnahme einen weitaus höheren Nutzen als der andere zieht (BGH NJW 2008, 2032, 2033).
6. Gegen die Beeinträchtigung des Mitbenutzungsrechts ist die Klage nach §§ 922 Satz 3, 1004 BGB statthaft (AG Hannover Nds. Rechtspflege 2010, 125, 126). Denkbar ist zudem ein Anspruch wegen Besitzstörung nach §§ 862, 1004 BGB (LG Oldenburg WuM 1986, 283, 284).

Grenzbaum
§ 923 BGB

(1) Steht auf der Grenze ein Baum, so gebühren die Früchte und, wenn der Baum gefällt wird, auch der Baum den Nachbarn zu gleichen Teilen.

(2) Jeder der Nachbarn kann die Beseitigung des Baumes verlangen. Die Kosten der Beseitigung fallen den Nachbarn zu gleichen Teilen zur Last. Der Nachbar, der die Beseitigung verlangt, hat jedoch die Kosten allein zu tragen, wenn der andere auf sein Recht an dem Baume verzichtet; er erwirbt in diesem Falle mit der Trennung das Alleineigentum. Der Anspruch auf die Beseitigung ist ausgeschlossen, wenn der Baum als Grenzzeichen dient und den Umständen nach nicht durch ein anderes zweckmäßiges Grenzzeichen ersetzt werden kann.

(3) Diese Vorschriften gelten auch für einen auf der Grenze stehenden Strauch.

Anmerkungen

1. Voraussetzung für die Anwendung des § 923 BGB ist, dass der Baum oder Strauch auf der Grenze steht, die Grenze ihn also durchschneidet. Maßgebend kommt es hierbei auf den Stamm an der Stelle an, an der er aus der Erde tritt. Gleichgültig ist dabei, ob die Grenze mitten oder seitlich durch den Stamm geht. Wendet sich der Baum unmittelbar nach dessen Austritt schrägliegend von der Grenze ab, ist er kein Grenzbaum (AG Nordenham NJW-RR 1992, 1368).
2. Über die Eigentumsverhältnisse sagt § 923 BGB nichts aus. Jeder Grundstücksnachbar ist daher **Eigentümer** desjenigen Teils des Baums (und der am Baum befindlichen Früchte), der auf seinem Grundstück steht (sog. vertikal geteiltes Eigentum – BGH NJW 2004, 3328). Jedem Grundstückseigentümer obliegt daher die Verkehrssicherungspflicht für den auf seinem Grundstück stehenden Teil des Baumes. Miteigentum besteht nach Satz 1 nur an dem gefällten Baum.
3. Nach § 923 Abs. 1 BGB gehören die vom Baum getrennten **Früchte** sowie nach Abholzung des Baums oder Strauchs den

beiden Nachbarn je zur Hälfte, ohne Rücksicht darauf, ob die Grenze mitten oder seitlich durch den Stamm verläuft. Eine Ausnahme besteht, wenn der auf Beseitigung in Anspruch genommene Nachbar auf sein Recht an dem Stamm verzichtet. Dann wird der andere Alleineigentümer, muss aber auch die Kosten der Beseitigung des Baumes tragen.

4. § 923 Abs. 2 BGB gibt jedem der Nachbarn das Recht, von dem anderen die **Zustimmung** zur **Beseitigung** des Baumes oder Strauches zu verlangen. Die Beseitigung kann jederzeit erfolgen, soweit der Baum oder Strauch nicht als Grenzzeichen dient oder als solches durch ein anderes zweckmäßiges Grenzzeichen ersetzt werden kann. Der Anspruch auf Zustimmung muss notfalls gerichtlich durchgesetzt werden. Dem Beseitigungsverlangen kann nur in Ausnahmefällen (§ 242 BGB) entgegengetreten werden.

5. Der Beseitigungsanspruch unterliegt nach § 924 BGB nicht der **Verjährung**.

6. Die **Kosten** der Beseitigung fallen beiden Nachbarn zu gleichen Teilen zur Last. Eine Ausnahme besteht nur, wenn der auf Beseitigung in Anspruch genommene Nachbar auf sein Recht am Baum oder Strauch verzichtet (Abs. 2 Satz 3). In einem solchen Fall hat der Nachbar, der die Beseitigung verlangt, die Kosten alleine zu tragen. Soweit ein Nachbar den Baum ohne Zustimmung beseitigt, ist der Fällende grundsätzlich schadensersatzpflichtig. Eine solche Pflicht ist aber ausgeschlossen, wenn der Fällende ohnehin einen Anspruch auf Beseitigung des Grenzbaums hatte (OLG Oldenburg MDR 2002, 694).

7. Soweit ein Baum neben der Grenze steht, sind §§ 910, 911 BGB anzuwenden.

Unverjährbarkeit nachbarrechtlicher Ansprüche
§ 924 BGB

Die Ansprüche, die sich aus den §§ 907 bis 909, 915, dem § 917 Abs. 1, dem § 918 Abs. 2, den §§ 919, 920 und dem § 923 Abs. 2 ergeben, unterliegen nicht der Verjährung.

Anmerkungen

1. Die aufgeführten Ansprüche verjähren nicht, da sie stets neu entstehen bzw. sich auf das öffentliche Interesse stützen (§§ 919, 920 BGB).
2. § 912 BGB ist nicht erwähnt, da er ein Recht begründet, welches ohnehin nicht der Verjährung unterliegt.
3. Die in § 924 BGB mit erwähnten Ansprüche aus § 919 Abs. 3 BGB und § 923 Abs. 2 Satz 2 BGB auf Kostenerstattung verjähren hingegen nach § 195 BGB.

Beseitigungs- und Unterlassungsanspruch
§ 1004 BGB

(1) Wird das Eigentum in anderer Weise als durch Entziehung oder Vorenthaltung des Besitzes beeinträchtigt, so kann der Eigentümer von dem Störer die Beseitigung der Beeinträchtigung verlangen. Sind weitere Beeinträchtigungen zu besorgen, so kann der Eigentümer auf Unterlassung klagen.

(2) Der Anspruch ist ausgeschlossen, wenn der Eigentümer zur Duldung verpflichtet ist.

Anmerkungen

1. Der Anspruch auf Störungsbeseitigung steht dem **Eigentümer** zu. Dieser richtet sich gegen den Störer und geht auf Beseitigung der Beeinträchtigung bzw. Unterlassung weiterer Störungen. Jeder Miteigentümer kann seinen Anspruch alleine geltend machen (§ 1011 BGB). Gleiches gilt für den Wohnungs-

eigentümer (§§ 1, 13 WEG), den Erbbauberechtigten (§ 11 ErbbauRG), sowie Dienstbarkeitsberechtigte (§§ 1027, 1090 BGB) und den Nießbraucher (§ 1065 BGB), soweit sie die Beeinträchtigung eigener Rechte geltend machen. Mieter und Pächter können keine Rechte aus § 1004 BGB herleiten, da sie bloß Besitzer sind.

2. Eine **Beeinträchtigung** ist ein dem Inhalt des Eigentums widersprechender Zustand und bezogen auf das Nachbarschaftsrecht jedes Defizit einer auf dem Grundstück befindlichen Sache, ein Nachteil bei Tier, Gewächs oder Pflanze sowie jede Störung des gesundheitlichen oder körperlichen Wohlbefindens einer Person (*Pardey*, § 1004 Rz. 23). Wegen der nachbarlichen Pflicht zur gesteigerten Rücksichtnahme aufeinander muss eine ganz **unwesentliche** Beeinträchtigung hingenommen werden (BGH NZM 2011, 632). Beeinträchtigungen im Sinne des § 1004 BGB sind zudem nur solche, die zumindest mittelbar auf menschliche Willensbetätigung zurückzuführen sind. Ausschließlich durch Naturkräfte ausgelöste Beeinträchtigungen fallen nicht hierunter (*Stadler*, § 1004 Anm. 1). So genannte **negative Einwirkungen**, wie der Entzug von Licht und Luft, wirken nicht direkt auf das Nachbargrundstück ein, sondern führen lediglich durch ihr Vorhandensein zu Beeinträchtigungen des nachbarlichen Grundstücks, weshalb sie auch nicht unter § 1004 BGB fallen. Dies gilt auch für **immaterielle (ideelle)** und **ästhetische** Beeinträchtigungen.

3. Der Eigentümer kann beim Vorliegen der Voraussetzungen des § 1004 BGB z. B. das widerrechtliche Betreten seines Grundstücks, die Zuführung nicht erlaubter Immissionen (§ 906 BGB), gefahrdrohende Anlagen (§ 907 BGB), Vertiefungen (§ 909 BGB) oder Erhöhungen (§ 26 NNachbG), Überhang von Wurzeln oder Zweigen (§ 910 BGB), Überbauungen (§ 912 BGB), den Anbau an eine Nachbarwand (§ 7 NNachbG), Fenster oder Türen (§ 23 NNachbG), Einfriedungen (§ 28 NNachbG) oder das Zuleiten von Traufwasser (§ 45 NNachbG) verbieten

oder die Beseitigung des Anbaus an eine Grenzwand (§ 18 NNachbG), des Überbaus einer Wärmedämmung (§ 21a NNachbG) oder einer unzulässigen Veränderung des Grundwassers (§ 38 NNachbG) verlangen. Siehe hierzu jeweils die Ausführungen zu den einzelnen Vorschriften.

4. Der Anspruch richtet sich gegen den **Störer**. Dies ist derjenige, der durch eine eigene Handlung die Beeinträchtigung eines von § 1004 BGB geschützten Rechts oder Rechtsguts verursacht oder verursacht hat (sog. „**Handlungsstörer**"), bzw. derjenige (sog. „**Zustandsstörer**"), auf dessen Willen die Beeinträchtigung wenigstens mittelbar zurückzuführen ist, weil er die Störungsquelle beherrscht (Erman-*Ebbing*, § 1004 Rz. 108).
5. Ein **Verschulden** des Störers ist nicht erforderlich.
6. Damit der Beeinträchtigte nach § 1004 BGB gegen die Störung vorgehen kann, muss die Beeinträchtigung des Grundstücks oder die Einwirkung auf das Grundstück **rechtswidrig** sein. Rechtmäßige Beeinträchtigungen muss der Berechtigte hinnehmen. Dabei gilt jede Beeinträchtigung als rechtswidrig, soweit nicht eine Duldungspflicht des Berechtigten besteht.
7. Nach Abs. 2 ist der Anspruch ausgeschlossen, sofern der Eigentümer zur **Duldung** der Beeinträchtigung verpflichtet ist. Eine solche Pflicht zur Duldung kann sich aus öffentlich-rechtlichen, zivilrechtlichen oder strafrechtlichen Vorschriften oder aus einer vertraglichen Vereinbarung ergeben. Die Duldungspflicht ist aber auch aus Grundrechten oder einer Rechtfertigung ableitbar. Sie besteht auch, wenn der Berechtigte rechtsmissbräuchlich vorgegangen oder sein Anspruch verwirkt ist oder wenn die Grundsätze des nachbarrechtlichen Gemeinschaftsverhältnis einem solchen Anspruch entgegenstehen (*Pardey*, § 1004 Rz. 56). Die Beweislast trifft den Störer.
8. Der **Beseitigungsanspruch** (Abs. 1 Satz 1) entsteht mit einer gegenwärtigen und andauernden Beeinträchtigung und ist auf Beseitigung der Störungsquelle gerichtet, die den Eigentümer

auf andere Weise als durch Entziehung oder Vorenthaltung seines Besitzes in seinem Eigentum beeinträchtigt. Hierbei bleibt es dem Störer belassen, wie er die Störung beseitigt. Es kommt allein darauf an, dass der Eigentümer nach der Maßnahme nicht mehr beeinträchtigt ist. Ziel des Anspruchs ist die Beseitigung der fortdauernden Störungsquelle, nicht die Beseitigung bereits eingetretener Störungsfolgen, insbesondere nicht die Wiedergutmachung von Schäden (BGH NJW 2005, 1366). Eine solche muss ggf. nach §§ 823 ff., 249 ff. BGB geltend gemacht werden.

9. Der **Unterlassungsanspruch** aus Abs. 1 Satz 2 zielt auf Beeinträchtigungen, deren zukünftiger Eintritt verhindert werden soll. Er entsteht, wenn die Beeinträchtigung durch eine bestimmte Nutzung oder einen bestimmten Zustand des Nachbargrundstücks bereits eingetreten ist oder zumindest konkret droht (BGH NJW 2009, 3787). Hierzu ist keine Verwirklichung der Beeinträchtigung und keine Wiederholungsgefahr erforderlich. Der Anspruch ist bereits entstanden, wenn die Gefahr eines erstmaligen Eingriffs drohend bevorsteht (sog. Erstbegehungsgefahr – BGH NJW 2009, 3787). Er besteht aber nur solange, wie eine konkrete Gefahr der Beeinträchtigung vorhanden ist. Für die Erstbegehungsgefahr ist der Beeinträchtigte darlegungs- und beweispflichtig. Wenn eine rechtswidrige Beeinträchtigung bereits stattgefunden hat, spricht eine tatsächliche Vermutung für eine Wiederholungsgefahr.

10. Die **Kosten** der Beseitigung der Beeinträchtigung hat der Störer zu tragen. Soweit der Eigentümer (berechtigt) die Störung selbst beseitigt hat, kann er den Ersatz der ihm entstandenen Aufwendungen verlangen. Zur Beseitigung ist er aber nur berechtigt, wenn er damit nicht in fremde Rechte eingreift und der Störer die Beseitigung nicht selbst durchführt.

11. Beseitigungs- oder Unterlassungsansprüche aus § 1004 BGB **verjähren** gemäß §§ 195, 199 Abs. 1 BGB in der regelmäßigen Verjährungsfrist von drei Jahren, spätestens zehn Jahre nach

Entstehung des Anspruchs (§ 199 Abs. 4 BGB). Der Anspruch entsteht regelmäßig mit dem Eintritt der Beeinträchtigung. Wenn die Beeinträchtigung wiederholt auftritt, beginnt die Verjährungsfrist jeweils neu zu laufen.

IV. Verfahrensrecht

Niedersächsisches Gesetz zur obligatorischen außergerichtlichen Streitschlichtung (Niedersächsisches Schlichtungsgesetz – NSchlG)

Obligatorische Streitschlichtung
§ 1 NSchlG

(1) In den in Absatz 2 genannten Streitigkeiten ist die Erhebung einer Klage vor den Amtsgerichten erst zulässig, nachdem vor einem Schiedsamt nach dem Niedersächsischen Schiedsämtergesetz (NSchÄG) als Gütestelle nach § 15 a des Gesetzes betreffend die Einführung der Zivilprozessordnung versucht worden ist, die Streitigkeit zwischen den Parteien einvernehmlich beizulegen (obligatorische Streitschlichtung). Der Kläger hat eine vom Schiedsamt ausgestellte Bescheinigung über einen erfolglosen Einigungsversuch mit der Klage einzureichen.

(2) Die obligatorische Streitschlichtung findet statt in Streitigkeiten über Ansprüche

1. nach den §§ 910, 911 und 923 des Bürgerlichen Gesetzbuchs,
2. wegen
   a) der in § 906 des Bürgerlichen Gesetzbuchs genannten Einwirkungen und
   b) der im Niedersächsischen Nachbarrechtsgesetz geregelten Nachbarrechte,

   wenn es sich nicht um Einwirkungen von einem gewerblichen Betrieb handelt,
3. wegen Verletzung der persönlichen Ehre, die nicht in Presse oder Rundfunk begangen worden ist, und
4. nach Abschnitt 3 des Allgemeinen Gleichbehandlungsgesetzes.

(3) Die Absätze 1 und 2 finden keine Anwendung auf

1. **Klagen nach den §§ 323, 323 a, 324 und 328 der Zivilprozessordnung, Widerklagen und Klagen, die binnen einer gesetzlichen oder gerichtlich angeordneten Frist zu erheben sind,**
2. **Streitigkeiten in Familiensachen,**
3. **Wiederaufnahmeverfahren,**
4. **Ansprüche, die im Urkunden- oder Wechselprozess geltend gemacht werden,**
5. **die Durchführung des streitigen Verfahrens, wenn ein Anspruch im Mahnverfahren geltend gemacht worden ist,**
6. **Klagen wegen vollstreckungsrechtlicher Maßnahmen, insbesondere nach dem Achten Buch der Zivilprozessordnung, und**
7. **Klagen, denen nach anderen Rechtsvorschriften ein außergerichtliches Verfahren vorauszugehen hat.**

(4) Die obligatorische Streitschlichtung ist nur erforderlich, wenn die Parteien in Niedersachsen in demselben Landgerichtsbezirk oder in aneinander angrenzenden Amtsgerichtsbezirken eine Wohnung oder ihren Sitz oder eine Niederlassung haben.

(5) Die obligatorische Streitschlichtung ist nicht erforderlich, wenn die Parteien einvernehmlich versucht haben, den Streit vor einer nach § 97 des Niedersächsischen Justizgesetzes anerkannten Gütestelle oder einer sonstigen Stelle, die außergerichtliche Streitbeilegung betreibt, beizulegen. Das Einvernehmen nach Satz 1 wird unwiderleglich vermutet, wenn die Verbraucherin oder der Verbraucher eine branchengebundene Gütestelle, eine Gütestelle der Industrie- und Handelskammer, der Handwerkskammer oder der Innung angerufen hat. Absatz 1 Satz 2 gilt entsprechend.

Anmerkungen

1. Bei nachbarrechtlichen Streitigkeiten ist es in Niedersachsen aufgrund von § 1 NSchlG geboten, vor der Einleitung eines gerichtlichen Verfahrens **obligatorisch** die Möglichkeit einer außergerichtlichen Einigung zu versuchen, da die berechtigte Erwartung besteht, dass die streitenden Parteien auch ohne die

Einschaltung staatlicher Gerichte zu einer für beide Seiten akzeptierten und damit dauerhaften Lösung gelangen (S. 11 der Gesetzesbegründung zum NSchlG, LT-Drs. 16/1475). Weiterer Vorteil einer konsensualen Streitschlichtung ist, dass unter Anleitung eines Dritten selbst gefundene und selbst verantwortete Lösungen oft nachhaltiger sind sowie häufig auch kostengünstiger und rascher erzielt werden als im kontradiktorischen Gerichtsverfahren (S. 8 der Gesetzesbegründung, LT-Drs. 16/1475).

2. Grundsätzlich sind die Parteien einer nachbarrechtlichen Streitigkeit daher vor Anrufung der Gerichte verpflichtet, vor einem **Schiedsamt** zu versuchen, ihren Streit außergerichtlich beizulegen (Abs. 1 Satz 1). Den Parteien ist es aber auch gestattet, eine **anerkannte Gütestelle** oder eine **sonstige Stelle**, die außergerichtliche Streitbeilegung betreibt, mit ihrer Streitbeilegung zu betrauen. Ist ein Streitbeilegungsversuch bei einer solchen Stelle nachgewiesen, ist ein Verfahren vor einem Schiedsamt nicht mehr erforderlich (Abs. 5 Satz 1). Sind mehrere Streitschlichtungseinrichtungen in einem Bezirk vorhanden, kann der Antragsteller wählen, welche er mit seinem Anliegen befassen möchte.

3. Jede Gemeinde in Niedersachsen verfügt über zumindest ein Schiedsamt zur Durchführung des Schlichtungsverfahrens über streitige Rechtsangelegenheiten (vgl. § 1 NSchÄG). Das Verfahren vor dem Schiedsamt bestimmt sich nach dem Niedersächsischen Gesetz über gemeindliche Schiedsämter vom 1. Dezember 1989 (Niedersächsisches Schiedsämtergesetz – NSchÄG). Eine **anerkannte Gütestelle** ist eine natürliche oder juristische Person, die außergerichtliche Streitbeilegung dauerhaft betreibt und vom Oberlandesgericht Braunschweig als solche anerkannt worden ist (§ 97 NJG). Mit einer **sonstigen Stelle**, die außergerichtliche Streitschlichtung betreibt, sind solche Einrichtungen gemeint, die nicht nur einmalig die Aufgabe der Streitschlichtung wahrnehmen, so z. B. freiberuflich arbeitende Mediatoren (Gesetzesbegründung zum NSchlG LT-Drs. 16/1475 S. 12).

4. In den **Anwendungsbereich** der Norm fallen Rechtsstreitigkeiten nach den §§ 910, 911 und 923 des BGB und solche wegen der in § 906 BGB genannten Einwirkungen sowie der im NNachbG geregelten Nachbarrechte, wenn es sich nicht um Einwirkungen von einem gewerblichen Betrieb handelt (Abs. 2 Nrn. 1 und 2). Darüber hinaus sind auch solche Ansprüche davon umfasst, die zwar nicht unmittelbar auf die in Abs. 2 aufgeführten Vorschriften gestützt oder daraus hergeleitet werden, sondern auf die auch andere Anspruchsgrundlagen (z. B. §§ 1004, 823, 812 BGB, Geschäftsführung ohne Auftrag) Anwendung finden, sofern eine enge Verknüpfung mit einer nachbarrechtlichen Streitigkeit besteht (LG Bückeburg 1 S 40/12 vom 07.11.2012 Tz. 19; AG Langen C 913/10 vom 03.02.2011 Tz. 3 – zitiert nach Juris; auch I. 1. der Verwaltungsvorschriften zum NSchlG vom 16.03.2010 Nds. Mbl. S. 422).
5. Aus nachbarrechtlichen Anspruchsgrundlagen abgeleitete **Zahlungsansprüche** sind vom Anwendungsbereich des § 1 nicht umfasst (LG Osnabrück 1 S 498/16 vom 22.11.2017 Tz. 25 unter Verweis auf BGH V ZR 96/15 vom 19.02.2016 Tz. 10 – zitiert nach Juris). Dies ist auch sachgerecht, da Niedersachsen nicht von der Möglichkeit Gebrauch gemacht hat, auch diese Ansprüche der obligatorischen Streitschlichtung zu unterwerfen. Allerdings gehen die Verwaltungsvorschriften zum NSchlG davon aus, dass die obligatorische Streitschlichtung bei den in § 1 Abs. 2 aufgeführten Streitigkeiten unabhängig davon zu erfolgen hat, ob die Streitigkeit vermögensrechtlichen Charakter hat oder nicht (I.1. der VV vom 16.03.2010 Nds. MBl. S. 422). Sind in einem Verfahren schlichtungsbedürftige mit nicht schlichtungsbedürftigen Ansprüchen zusammengefasst, wird das gesamte Verfahren schlichtungsbedürftig (BGH NJW-RR 2010, 1725).
6. Die Erforderlichkeit einer solchen obligatorischen Streitschlichtung begrenzt sich nur auf Parteien in Niedersachsen, die in demselben Landgerichtsbezirk oder in aneinander angrenzenden Amtsgerichtsbezirken residieren (Abs. 4). Das bloße Eigen-

tum an einem der streitbefangenen Grundstücke begründet mithin noch nicht den Anwendungsbereich des Abs. 4, es kommt allein auf die Residenz an.

7. Gemäß § 1 Abs. 1 Satz 1 NSchlG ist die Erhebung der Klage vor den **Amtsgerichten** erst zulässig, nachdem die obligatorische Streitschlichtung durchgeführt wurde. Nach Abs. 1 Satz 2 hat der Kläger daher eine vom Schiedsamt ausgestellte **Bescheinigung** über einen erfolglosen Einigungsversuch mit der Klage einzureichen. Die Bescheinigung der Schiedsperson muss die Namen und Anschriften der Parteien, Angaben über den Gegenstand der Streitigkeit und das Begehren, Angaben über den Zeitpunkt des Eingangs des Antrags und die Angabe des Ortes und des Datums ihrer Ausstellung enthalten und wird mit der Unterschrift der Schiedsperson und dem Dienstsiegel versehen (§ 7 Abs. 3 NSchlG). Aus den Bescheinigungen von anerkannten Gütestellen und sonstigen Streitschlichtungsstellen muss sich außerdem ergeben, dass der Streitschlichtungsversuch einvernehmlich erfolgt ist (§ 7 Abs. 4 NSchlG). Die Erfolglosigkeit wird auch bescheinigt, wenn das Schlichtungsverfahren nicht innerhalb von drei Monaten seit der Stellung des Antrags durchgeführt worden ist (§ 7 Abs. 2 NSchlG).

8. Soweit eine Klage ohne einen Schlichtungsversuch erhoben wird, hat das erkennende Gericht **vor** Zustellung darauf hinzuweisen und der klagenden Partei die Gelegenheit zu geben, dies nachzuholen (AG Stadthagen 41 C 317/11 (VII) vom 01.03.2013 Tz. 31 – zitiert nach Juris). In besonderen Fällen darf die Klage nicht ohne weiteres zugestellt werden (Zöller/*Greger*, § 271 Rz. 6), z.B. wenn der vorgeschriebene Schlichtungsversuch fehlt (Zöller/*Greger*, § 253 Rz. 21a Verweis auf BGH NJW 2005, 437 Tz. 20). Wenn die Klage bereits rechtshängig ist, ist sie als unzulässig abzuweisen (BGH NJW 2005, 437). Einen Schlichtungsversuch nachzuholen, ist dann nicht mehr möglich.

9. Hinsichtlich der **Kosten** des Schlichtungsverfahrens verweist § 3 NSchlG auf die §§ 43 bis 51 des NSchÄG. Für das Schlich-

tungsverfahren erhebt das Schiedsamt in der Regel eine Gebühr von 15 Euro; kommt eine Vereinbarung zustande, so beträgt die Gebühr 25 Euro (§ 47 Abs. 1 NSchÄG). Diese kann höchstens auf 50 Euro erhöht werden (§ 47 Abs. 2 NSchÄG). Wird ein Schlichtungsverfahren vor einer anerkannten Gütestelle oder vor einer sonstigen Stelle, die außergerichtliche Streitbeilegung betreibt, durchgeführt, ergeben sich die Gebühren und Auslagen der Gütestelle aus deren Verfahrensordnung (§ 99 NJG) bzw. aufgrund der Vergütungsordnungen der sonstigen Schlichtungsstellen. Sofern es nach der Durchführung eines Schlichtungsverfahrens zu einem Rechtsstreit kommt, gelten die Kosten des Güteverfahrens als Verfahrenskosten und können im Falle des Obsiegens gegen den Gegner festgesetzt werden (vgl. *Schäfer*, Anh. II Rz. 6 m. w. N.).

Anhang 1
Niedersächsisches Nachbarrechtsgesetz

vom 31. März 1967 (Nds.GVBl. S. 91), geändert durch Art. III des Gesetzes vom 11.04.1986 (Nds.GVBl. S. 103) – betr. §§ 32, 33, 38 –, durch Gesetz vom 19.09.1989 (Nds.GVBl. S. 345) – betr. §§ 52, 55, 61 –, durch Art. 2 des G vom 06.10.1997 (Nds.GVBl. S. 422) – betr. § 28 –, durch Art. I des Gesetzes vom 23.02.2006 (Nds. GVBl. S. 88) – betr. § 2, 11, 54, 63 – und durch Art. I des Gesetzes vom 23.07.2014 (Nds. GVBl. S. 206) – betr. § 21a, 22, 39–44, 49 –

Inhaltsverzeichnis

Erster Abschnitt
Allgemeine Vorschriften

§ 1 Begriff des Nachbarn

Nachbar im Sinne dieses Gesetzes ist nur der Eigentümer eines Grundstücks, im Falle des Erbbaurechts der Erbbauberechtigte.

§ 2 Verjährung

Für die Verjährung von Ansprüchen nach diesem Gesetz gilt Abschnitt 5 des Buches 1 des Bürgerlichen Gesetzbuchs (BGB) entsprechend. In den Fällen der §§ 54, 55 Abs. 1 Nr. 3 und Abs. 2 sowie des § 59 Abs. 2 Nr. 2 tritt die Verjährung jedoch nicht vor Ablauf der dort bestimmten Frist ein.

Zweiter Abschnitt
Nachbarwand

§ 3 Begriff der Nachbarwand

Nachbarwand ist eine auf der Grenze zweier Grundstücke errichtete Wand, die mit einem Teil ihrer Dicke auf dem Nachbargrundstück steht und den Bauwerken beider Grundstücke als Abschlusswand oder zur Unterstützung oder Aussteifung dient oder dienen soll.

§ 4 Einvernehmen mit dem Nachbarn

Eine Nachbarwand darf nur im Einvernehmen mit dem Nachbarn errichtet werden. Für die im Einvernehmen mit dem Nachbarn errichtete Nachbarwand gelten die §§ 5 bis 15.

§ 5 Beschaffenheit der Nachbarwand

(1) Die Nachbarwand ist in einer solchen Bauart und Bemessung auszuführen, dass sie den Bauvorhaben beider Nachbarn genügt. Ist nichts anderes vereinbart, so braucht der zuerst Bauende die Wand nur für einen Anbau herzurichten, der an die Bauart und Bemessung der Wand keine höheren Anforderungen stellt als sein eigenes Bauvorhaben. Anbau ist die

Mitbenutzung der Wand als Abschlusswand oder zur Unterstützung oder Aussteifung des neuen Bauwerkes.

(2) Erfordert keins der beiden Bauvorhaben eine größere Dicke der Wand als das andere, so darf die Nachbarwand höchstens mit der Hälfte ihrer notwendigen Dicke auf dem Nachbargrundstück errichtet werden. Erfordert der auf dem einen der Grundstücke geplante Bau eine dickere Wand, so ist die Wand mit einem entsprechend größeren Teil ihrer Dicke auf diesem Grundstück zu errichten.

§ 6 Ansprüche des Nachbarn

Soweit die Nachbarwand dem § 5 Abs. 2 entspricht, hat der Nachbar keinen Anspruch auf Zahlung einer Vergütung (§ 912 BGB) oder auf Abkauf von Boden (§ 915 BGB). Wird die Nachbarwand beseitigt, bevor angebaut ist, so kann der Nachbar für die Zeitspanne ihres Bestehens eine Vergütung gemäß § 912 BGB beanspruchen.

§ 7 Anbau an die Nachbarwand

(1) Der Nachbar ist berechtigt, an die Nachbarwand nach den allgemein anerkannten Regeln der Baukunst anzubauen; dabei darf er in den Besitz des zuerst Bauenden an der Nachbarwand eingreifen. Unterfangen der Nachbarwand ist nur entsprechend den Vorschriften des § 20 zulässig.

(2) Der anbauende Nachbar hat dem Eigentümer des zuerst bebauten Grundstücks den halben Wert der Nachbarwand zu vergüten, soweit ihre Fläche zum Anbau genutzt wird. Ruht auf dem zuerst bebauten Grundstück ein Erbbaurecht, so steht die Vergütung dem Erbbauberechtigten zu.

(3) Die Vergütung ermäßigt sich angemessen, wenn die besondere Bauart oder Bemessung der Wand nicht erforderlich oder nur für das zuerst errichtete Bauwerk erforderlich ist; sie erhöht sich angemessen, wenn die besondere Bauart oder Bemessung der Wand nur für das später errichtete Bauwerk erforderlich ist.

(4) Steht die Nachbarwand mehr auf dem Grundstück des anbauenden Nachbarn, als in § 5 Abs. 2 vorgesehen ist, so kann dieser die Vergütung um den Wert des zusätzlich überbauten Bodens kürzen, wenn er nicht die in § 912 Abs. 2 oder in § 915 BGB bestimmten Rechte ausübt. Steht die Nachbarwand weniger auf dem Nachbargrundstück, als in § 5 Abs. 2 vor-

gesehen ist, so erhöht sich die Vergütung um den Wert des Bodens, den die Wand andernfalls auf dem Nachbargrundstück zusätzlich benötigt hätte.

(5) Die Vergütung wird fällig, wenn der Anbau im Rohbau hergestellt ist; sie steht demjenigen zu, der zu dieser Zeit Eigentümer (Erbbauberechtigter) ist. Bei der Wertberechnung ist von den zu diesem Zeitpunkt üblichen Baukosten auszugehen und das Alter sowie der bauliche Zustand der Nachbarwand zu berücksichtigen. Auf Verlangen ist Sicherheit in Höhe der voraussichtlich zu gewährenden Vergütung zu leisten, wenn mit einer Vergütung von mehr als 2000 DM zu rechnen ist; in einem solchen Falle darf der Anbau erst nach Leistung der Sicherheit begonnen oder fortgesetzt werden.

§ 8 Anzeige des Anbaues

(1) Die Einzelheiten der geplanten Mitbenutzung der Wand sind zwei Monate vor Beginn der Bauarbeiten dem Eigentümer (Erbbauberechtigten) des zuerst bebauten Grundstücks anzuzeigen. Mit den Arbeiten darf, wenn nichts anderes vereinbart wird, erst nach Fristablauf begonnen werden.

(2) Etwaige Einwendungen gegen den Anbau sollen unverzüglich erhoben werden.

(3) Ist der Aufenthalt des Eigentümers (Erbbauberechtigten) nicht bekannt oder ist er bei Aufenthalt im Ausland nicht alsbald erreichbar und hat er keinen Vertreter bestellt, so genügt statt der Anzeige an ihn die Anzeige an den unmittelbaren Besitzer.

§ 9 Abbruch an der Nachbarwand

Der geplante Abbruch eines der beiden Gebäude, denen die Nachbarwand dient, ist dem Nachbarn anzuzeigen; § 8 gilt entsprechend.

§ 10 Unterhaltung der Nachbarwand

(1) Bis zum Anbau fallen die Unterhaltskosten der Nachbarwand dem Eigentümer des zuerst bebauten Grundstücks allein zur Last.

(2) Nach dem Anbau sind die Unterhaltungskosten für den gemeinsam genutzten Teil der Wand von beiden Nachbarn zu gleichen Teilen zu tra-

gen. In den Fällen des § 7 Abs. 3 ermäßigt oder erhöht sich der Anteil des Anbauenden an den Unterhaltungskosten entsprechend der Anbauvergütung.

(3) Wird eines der beiden Gebäude abgebrochen und nicht neu errichtet, so hat der Eigentümer des abgebrochenen Gebäudes die Außenfläche des bisher gemeinsam genutzten Teiles der Wand in einen für eine Außenwand geeigneten Zustand zu versetzen. Bedarf die Wand gelegentlich des Gebäudeabbruches noch weiterer Instandsetzung, so sind die Kosten dafür gemäß Absatz 2 gemeinsam zu tragen. Die künftige Unterhaltung der Wand obliegt dem Eigentümer des bestehen gebliebenen Gebäudes.

§ 11 Beseitigen der Nachbarwand vor dem Anbau

(1) Der Eigentümer des zuerst bebauten Grundstücks darf die Nachbarwand nur mit Einwilligung des Nachbarn beseitigen. Die Absicht, die Nachbarwand zu beseitigen, muss dem Nachbarn schriftlich erklärt werden. Die Einwilligung gilt als erteilt, wenn der Nachbar dieser Erklärung nicht innerhalb von zwei Monaten schriftlich widerspricht. Für die Erklärung gilt § 8 Abs. 3 entsprechend.

(2) Die Einwilligung gilt trotz Widerspruchs als erteilt, wenn

1. der Nachbar nicht innerhalb von sechs Monaten nach Empfang der Erklärung einen Bauantrag zur Errichtung eines Anbaus einreicht oder die bauaufsichtliche Zustimmung hierfür beantragt oder, falls das Vorhaben weder einer Baugenehmigung noch einer bauaufsichtlichen Zustimmung bedarf, die erforderlichen Unterlagen einreicht,
2. die Versagung der für die Errichtung eines Anbaus erforderlichen Baugenehmigung oder bauaufsichtlichen Zustimmung nicht mehr angefochten werden kann oder
3. nicht innerhalb eines Jahres nach Eintritt der Unanfechtbarkeit der Baugenehmigung oder der bauaufsichtlichen Zustimmung oder, falls das Vorhaben weder einer Baugenehmigung noch einer bauaufsichtlichen Zustimmung bedarf, nach Vorliegen der Bestätigung der Gemeinde nach § 62 Abs. 2 Nr. 3 der Niedersächsischen Bauordnung mit der Errichtung eines Anbaus begonnen wird.

(3) Beseitigt der Erstbauende die Nachbarwand rechtswidrig ganz oder teilweise, so kann der anbauberechtigte Nachbar auch ohne Verschulden des Erstbauenden Schadensersatz verlangen. Der Anspruch wird fällig, wenn das spätere Bauwerk im Rohbau hergestellt ist.

§ 12 Erhöhen der Nachbarwand

(1) Jeder Nachbar darf die Nachbarwand auf seine Kosten erhöhen, wenn der andere Nachbar schriftlich einwilligt; bei der Erhöhung sind die allgemein anerkannten Regeln der Baukunst zu beachten. Die Einwilligung muss erteilt werden, wenn keine oder nur geringfügige Beeinträchtigungen des eigenen Grundstücks zu erwarten sind. Für den hinzugefügten oberen Teil der Nachbarwand gelten die Vorschriften des § 5 Abs. 1 und der §§ 7 bis 11.

(2) Der höher Bauende darf – soweit erforderlich – auf das Nachbardach einschließlich des Dachtragwerkes einwirken; er hat auf seine Kosten das Nachbardach mit der erhöhten Nachbarwand ordnungsgemäß zu verbinden.

(3) Wird die Nachbarwand nicht in voller Dicke erhöht, so ist die Erhöhung, wenn die Nachbarn nichts anderes vereinbart haben, auf der Mitte der Wand zu errichten.

§ 13 Verstärken der Nachbarwand

Jeder Nachbar darf die Nachbarwand auf seinem Grundstück verstärken, soweit es nach den allgemein anerkannten Regeln der Baukunst zulässig ist. Die Absicht der Verstärkung ist zwei Monate vor Beginn der Bauarbeiten anzuzeigen; § 8 gilt entsprechend.

§ 14 Schadensersatz

(1) Schaden, der durch Ausübung des Rechtes nach § 13 dem Eigentümer des anderen Grundstücks oder den Nutzungsberechtigten entsteht, ist auch ohne Verschulden zu ersetzen. Hat der Geschädigte den Schaden mitverursacht, so hängt die Ersatzpflicht sowie der Umfang der Ersatzleistung von den Umständen ab, insbesondere davon, inwieweit der Schaden vorwiegend von dem einen oder anderen Teil verursacht worden ist.

(2) Auf Verlangen ist Sicherheit in Höhe des möglichen Schadens zu leisten, wenn mit einem Schaden von mehr als 2000 DM zu rechnen ist; in einem solchen Falle darf das Recht erst nach Leistung der Sicherheit ausgeübt werden.

§ 15 Erneuerung einer Nachbarwand

Wird eine Nachbarwand, neben der ein später errichtetes Bauwerk steht, abgebrochen und durch eine neue Wand ersetzt, so darf die neue Wand über die Grenze hinaus auf der alten Stelle errichtet werden. Soll die neue Nachbarwand in Bauart oder Bemessung von der früheren abweichen, so sind die §§ 12 bis 14 entsprechend anzuwenden.

Dritter Abschnitt **Grenzwand**

§ 16 Errichten einer Grenzwand

(1) Wer an der Grenze zweier Grundstücke, jedoch ganz auf seinem Grundstück, eine Wand errichten will (Grenzwand), hat dem Nachbarn die Bauart und Bemessung der beabsichtigten Wand anzuzeigen. § 8 Abs. 2 und 3 ist entsprechend anzuwenden. Als Grenzwand gilt auch eine neben einer Nachbarwand oder neben einem Überbau geplante Wand.

(2) Der Nachbar kann innerhalb eines Monats nach Zugang der Anzeige verlangen, die Grenzwand so zu gründen, dass zusätzliche Baumaßnahmen vermieden werden, wenn er später neben der Grenzwand ein Bauwerk errichtet oder erweitert. Mit den Arbeiten darf, wenn nichts anderes vereinbart wird, erst nach Ablauf der Frist begonnen werden.

(3) Die durch das Verlangen nach Absatz 2 entstehenden Mehrkosten sind zu erstatten. In Höhe der voraussichtlich erwachsenden Mehrkosten ist auf Verlangen des Bauherrn binnen zwei Wochen Vorschuss zu leisten. Der Anspruch auf die besondere Gründung erlischt, wenn der Vorschuss nicht fristgerecht geleistet wird.

(4) Soweit der Bauherr die besondere Gründung innerhalb von fünf Jahren seit der Errichtung auch zum Vorteil seines Bauwerks ausnutzt, beschränkt

sich die Erstattungspflicht des Nachbarn auf den angemessenen Kostenanteil; darüber hinaus gezahlte Kosten können zurückgefordert werden.

§ 17 Veränderung oder Abbruch einer Grenzwand

Wer eine Grenzwand erhöhen, verstärken oder abbrechen will, hat die Einzelheiten dieser Baumaßnahme einen Monat vor Beginn der Arbeiten dem Nachbarn anzuzeigen. § 8 ist entsprechend anzuwenden.

§ 18 Anbau an eine Grenzwand

(1) Der Nachbar darf an eine Grenzwand nur anbauen (§ 5 Abs. 1 Satz 3), wenn der Eigentümer einwilligt. Bei dem Anbau sind die allgemein anerkannten Regeln der Baukunst zu beachten.

(2) Der anbauende Nachbar hat dem Eigentümer der Grenzwand eine Vergütung zu zahlen, soweit er sich nicht schon nach § 16 Abs. 3 an den Errichtungskosten beteiligt hat. Auf diese Vergütung findet § 7 Abs. 2, 3 und 5 entsprechende Anwendung. Die Vergütung erhöht sich um den Wert des Bodens, den der Anbauende gemäß § 5 Abs. 2 bei Errichtung einer Nachbarwand hätte zur Verfügung stellen müssen.

(3) Für die Unterhaltungskosten der Grenzwand gilt § 10 entsprechend.

§ 19 Anschluss bei zwei Grenzwänden

(1) Wer eine Grenzwand neben einer schon vorhandenen Grenzwand errichtet, muss sein Bauwerk an das zuerst errichtete Bauwerk auf seine Kosten anschließen, soweit dies nach den allgemein anerkannten Regeln der Baukunst erforderlich oder für die Baugestaltung zweckmäßig ist. Er hat den Anschluss auf seine Kosten zu unterhalten.

(2) Die Einzelheiten des beabsichtigten Anschlusses sind in der in § 16 Abs. 1 vorgeschriebenen Anzeige dem Eigentümer des zuerst bebauten Grundstücks mitzuteilen.

(3) Werden die Grenzwände gleichzeitig errichtet, so tragen die Nachbarn die Kosten des Anschlusses und seiner Unterhaltung zu gleichen Teilen.

§ 20 Unterfangen einer Grenzwand

(1) Der Nachbar darf eine Grenzwand nur unterfangen, wenn

1. dies zur Ausführung seines Bauvorhabens nach den allgemein anerkannten Regeln der Baukunst unumgänglich ist oder nur mit unzumutbar hohen Kosten vermieden werden könnte und
2. keine erhebliche Schädigung des zuerst errichteten Gebäudes zu besorgen ist.

(2) Für Anzeigepflicht und Schadensersatz gelten die §§ 8 und 14 entsprechend.

§ 21 Einseitige Grenzwand

Darf nur auf einer Seite unmittelbar an eine gemeinsame Grenze gebaut werden, so hat der Nachbar kleinere, nicht zum Betreten bestimmte Bauteile, die in den Luftraum seines Grundstücks übergreifen, zu dulden, wenn sie die Benutzung seines Grundstücks nicht oder nur geringfügig beeinträchtigen.

§ 21a Nachträgliche Wärmedämmung einer Grenzwand

(1) Der Eigentümer und der Nutzungsberechtigte eines Grundstücks haben einen Überbau auf das Grundstück durch eine nachträglich auf eine Grenzwand aufgebrachte Außenwandbekleidung, die die Grenze um nicht mehr als 0,25 m überschreitet und der Wärmedämmung eines Gebäudes dient, zu dulden, soweit und solange

1. der Überbau die zulässige Benutzung des Grundstücks nicht oder nur geringfügig beeinträchtigt und eine zulässige beabsichtigte Benutzung des Grundstücks nicht oder nur geringfügig behindert,
2. der Überbau dem öffentlichen Baurecht nicht widerspricht und
3. eine ebenso wirksame Wärmedämmung auf andere Weise mit vertretbarem Aufwand nicht möglich ist.

§ 912 Abs. 2 sowie die §§ 913 und 914 des Bürgerlichen Gesetzbuchs gelten entsprechend.

(2) Der Bauherr hat dem Eigentümer und dem Nutzungsberechtigten des Nachbargrundstücks eine Baumaßnahme nach Absatz 1 Satz 1 spätestens

einen Monat vor Beginn der Arbeiten anzuzeigen. Aus der Anzeige müssen Art und Umfang der Baumaßnahme hervorgehen. § 8 Abs. 1 Satz 2 und Abs. 2 und 3 ist entsprechend anzuwenden.

(3) Jeder Eigentümer und jeder Nutzungsberechtigte des überbauten Grundstücks kann verlangen, dass der durch den Überbau begünstigte Nachbar die Außenwandbekleidung in einem ordnungsgemäßen Zustand erhält.

(4) Der Bauherr hat dem Eigentümer und dem Nutzungsberechtigten des überbauten Grundstücks auch ohne Verschulden den Schaden zu ersetzen, der durch einen Überbau nach Absatz 1 Satz 1 oder die mit seiner Errichtung verbundenen Arbeiten entsteht.

§ 22 Über die Grenze gebaute Wand

Die Bestimmungen über die Grenzwand gelten auch für eine über die Grenze hinausreichende Wand, wenn die Vorschriften über die Nachbarwand nicht anwendbar sind. § 21 a Abs. 1 Satz 1 gilt mit der Maßgabe, dass der gesamte Überbau 0,25 m nicht überschreiten darf. Stimmt der Erbauer einer über die Grenze hinausreichenden Wand auf Wunsch des Nachbarn einem Anbau zu, so gelten die Vorschriften über die Nachbarwand.

Vierter Abschnitt
Fenster- und Lichtrecht

§ 23 Umfang und Inhalt

(1) In oder an der Außenwand eines Gebäudes, die parallel oder in einem Winkel bis zu 75° zur Grenze des Nachbargrundstücks verläuft, dürfen Fenster oder Türen, die von der Grenze einen geringeren Abstand als 2,5 m haben sollen, nur mit Einwilligung des Nachbarn angebracht werden. Das gleiche gilt für Balkone und Terrassen.

(2) Von einem Fenster, dem der Nachbar zugestimmt hat, müssen er und seine Rechtsnachfolger mit später errichteten Gebäuden mind. 2,5 m Abstand halten.

§ 24 Ausnahmen

Eine Einwilligung nach § 23 Abs. 1 ist nicht erforderlich

1. für lichtdurchlässige Bauteile, wenn sie undurchsichtig und schalldämmend sind,
2. für Außenwände an oder neben öffentlichen Straßen, öffentlichen Wegen und öffentlichen Plätzen (öffentlichen Straßen) sowie an oder neben Gewässern von mehr als 2,5 m Breite.

§ 25 Ausschluss des Beseitigungsanspruches

(1) Der Anspruch auf Beseitigung einer Einrichtung nach § 23 Abs. 1, die einen geringeren als den dort vorgeschriebenen Grenzabstand hat, ist ausgeschlossen,

1. wenn die Einrichtung bei Inkrafttreten dieses Gesetzes vorhanden ist und ihr Grenzabstand sowie ihre sonstige Beschaffenheit dem bisherigen Recht entspricht oder
2. wenn der Nachbar nicht spätestens im zweiten Kalenderjahr nach dem Anbringen der Einrichtung Klage auf Beseitigung erhoben hat; die Frist endet frühestens zwei Jahre nach Inkrafttreten dieses Gesetzes.

(2) Wird das Gebäude, an dem sich die Einrichtungen befanden, durch ein neues Gebäude ersetzt, so gelten die §§ 23 und 24.

Fünfter Abschnitt
Bodenerhöhung

§ 26

Wer den Boden seines Grundstücks über die Oberfläche des Nachbargrundstücks erhöht, muss einen solchen Grenzabstand einhalten oder solche Vorkehrungen treffen und unterhalten, dass eine Schädigung des Nachbargrundstücks durch Bodenbewegungen ausgeschlossen ist. Die Verpflichtung geht auf den Rechtsnachfolger über.

Sechster Abschnitt
Einfriedung

§ 27 Einfriedungspflicht

(1) Grenzen bebaute oder gewerblich genutzte Grundstücke aneinander, so kann jeder Eigentümer eines solchen Grundstücks, sofern durch Einzelvereinbarung nichts anderes bestimmt ist, von den Nachbarn die Einfriedung nach folgenden Regeln verlangen:

1. Wenn Grundstücke unmittelbar nebeneinander an derselben Straße oder an demselben Wege liegen, so hat jeder Eigentümer an der Grenze zum rechten Nachbargrundstück einzufrieden. Rechtes Nachbargrundstück ist dasjenige, das von der Straße (dem Wege) aus betrachtet rechts liegt. Dies gilt auch für Eckgrundstücke, auch für solche, die an drei Straßen oder Wege grenzen.
2. Liegt ein Grundstück zwischen zwei Straßen oder Wegen, so ist dasjenige Grundstück rechtes Nachbargrundstück im Sinne von Nr. 1 Satz 2, welches an derjenigen Straße (demjenigen Wege) rechts liegt, an der (dem) sich der Haupteingang des Grundstücks befindet. Durch Verlegung des Haupteingangs wird die Einfriedungspflicht ohne Zustimmung des Nachbarn nicht verändert. Für Eckgrundstücke gilt Nr. 1 ohne Rücksicht auf die Lage des Haupteingangs.
3. Wenn an einer Grenze gemäß Nr. 2 in Verbindung mit Nr. 1 beide Nachbarn einzufrieden haben, so haben sie gemeinsam einzufrieden.
4. An Grenzen, auf die weder Nr. 1 noch Nr. 2 dieses Absatzes anwendbar ist, insbesondere an beiderseitig rückwärtigen Grenzen, ist gemeinsam einzufrieden.
5. Soweit die Grenzen mit Gebäuden besetzt sind, besteht keine Einfriedungspflicht.

(2) Soweit in einem Teil eines Ortes Einfriedungen nicht üblich sind, besteht keine Einfriedungspflicht. § 29 Abs. 2 bleibt unberührt.

§ 28 Beschaffenheit der Einfriedung

(1) Haben die Eigentümer eine Vereinbarung über die Art und Beschaffenheit der Einfriedung nicht getroffen, so kann eine ortsübliche Einfriedung

verlangt werden. Wenn sich für einen Teil eines Ortes keine andere Ortsübung feststellen lässt, kann ein bis zu 1,20 m hoher Zaun verlangt werden.

(2) Die Einfriedung ist – vorbehaltlich des § 30 – auf dem eigenen Grundstück zu errichten. Seitliche Zaunpfosten sollen dem eigenen Grundstück zugekehrt sein.

(3) Darf eine Einfriedung nach der Niedersächsischen Bauordnung in einer bestimmten Höhe an der Grenze errichtet werden, so kann nicht verlangt werden, dass die Einfriedung eine geringere Höhe einhält.

§ 29 Einfriedungspflicht des Störers

(1) Reicht eine den §§ 27 und 28 entsprechende ortsübliche Einfriedung nicht aus, um angemessenen Schutz vor unzumutbaren Beeinträchtigungen zu bieten, so hat derjenige, von dessen Grundstück die Beeinträchtigungen ausgehen, auf Verlangen des Nachbarn die Einfriedung zu verbessern, wenn dadurch die Beeinträchtigungen verhindert oder gemindert werden können.

(2) Gehen von einem bebauten oder gewerblich genutzten Grundstück unzumutbare Beeinträchtigungen aus und ergibt sich aus § 27 keine Einfriedungspflicht, so hat der Eigentümer auf Verlangen des Nachbarn eine Einfriedung zu errichten, die dem Nachbargrundstück angemessenen Schutz gewährt. Für unbebaute Grundstücke in Baulücken gilt das Gleiche.

§ 30 Gemeinsame Einfriedung auf der Grenze

Haben zwei Nachbarn gemeinsam einzufrieden und will keiner von ihnen die Einfriedung ganz auf seinem Grundstück errichten, so ist jeder von ihnen berechtigt, eine ortsübliche Einfriedung auf die Grenze zu setzen; der andere Nachbar ist berechtigt, bei der Errichtung der Einfriedung mitzuwirken. Seitliche Zaunpfosten dürfen auf der Hälfte der Strecke dem Nachbargrundstück zugekehrt auf dieses gesetzt werden.

§ 31 Abstand von der Grenze

(1) Die Einfriedung eines Grundstücks muss von der Grenze eines landwirtschaftlich genutzten Nachbargrundstücks auf Verlangen des Nachbarn 0,6 m zurückbleiben, wenn beide Grundstücke außerhalb eines im Zusam-

menhang bebauten Ortsteiles liegen und nicht in einem Bebauungsplan als Bauland ausgewiesen sind. Der Geländestreifen vor der Einfriedung kann bei der Bewirtschaftung des landwirtschaftlich genutzten Grundstücks betreten und befahren werden.

(2) Die Verpflichtung nach Absatz 1 erlischt, wenn eines der beiden Grundstücke Teil eines im Zusammenhang bebauten Ortsteiles wird oder in einem Bebauungsplan als Bauland ausgewiesen wird.

§ 32 *(aufgehoben)*

§ 33 Ausschluss von Beseitigungsansprüchen

(1) Der Anspruch auf Beseitigung einer Einfriedung, die einen geringeren als den in § 31 vorgeschriebenen Grenzabstand hat, ist ausgeschlossen,

1. wenn die Einfriedung bei Inkrafttreten dieses Gesetzes vorhanden ist und ihr Grenzabstand dem bisherigen Recht entspricht, oder
2. wenn der Nachbar nicht spätestens im zweiten Kalenderjahr nach Errichtung der Einfriedung Klage auf Beseitigung erhoben hat.

Der Ausschluss gilt nicht, wenn die Einfriedung durch eine andere ersetzt wird.

(2) Absatz 1 ist entsprechend anzuwenden, wenn eine Einfriedung die Grenze überschreitet, ohne dass dies nach § 30 statthaft ist.

§ 34 Kosten

Wer zur Einfriedung allein verpflichtet ist, hat die Kosten der Errichtung und der Unterhaltung der Einfriedung zu tragen. Dies gilt auch, wenn die Einfriedung teilweise oder ganz auf dem Nachbargrundstück steht.

§ 35 Errichtungskosten in besonderen Fällen

(1) Haben zwei Nachbarn gemeinsam einzufrieden, so tragen sie – vorbehaltlich des Absatzes 4 – die Kosten je zur Hälfte.

(2) Entsteht die beiderseitige Einfriedungspflicht erst nach Errichtung der Einfriedung, so ist ein Beitrag zu den Errichtungskosten in Höhe des halben Zeitwertes der Einfriedung zu zahlen.

(3) Wird im Falle des § 27 Abs. 1 Nr. 1 oder Nr. 2 das linke Nachbargrundstück erst später bebaut oder gewerblich genutzt, so hat der linke Nachbar eine vom Erstbauenden an der gemeinsamen Grenze errichtete Einfriedung zum Zeitwert zu übernehmen.

(4) Der Berechnung sind die tatsächlichen Aufwendungen einschließlich der Eigenleistungen zugrunde zu legen, in der Regel jedoch nur die Kosten einer ortsüblichen Einfriedung. Höhere Kosten sind nur zu berücksichtigen, wenn eine aufwändigere Einfriedungsart erforderlich war; war die besondere Einfriedungsart nur für eines der beiden Grundstücke erforderlich, so treffen die Mehrkosten den Eigentümer dieses Grundstücks.

(5) Diese Vorschriften gelten auch, wenn die Einfriedung ganz auf einem der beiden Grundstücke errichtet ist.

§ 36 Benutzung und Unterhaltung der gemeinschaftlichen Einfriedung

(1) Haben die Nachbarn die Errichtungskosten einer Einfriedung gemeinsam zu tragen oder hat ein Nachbar dem anderen später einen Beitrag zu den Errichtungskosten zu zahlen, so sind beide Nachbarn zur Benutzung der Einfriedung gemeinschaftlich berechtigt. Für die gemeinschaftliche Benutzung und Unterhaltung gilt § 922 BGB.

(2) Dies gilt auch, wenn die Einfriedung ganz auf einem der beiden Grundstücke errichtet ist.

§ 37 Anzeigepflicht

(1) Die Absicht, eine Einfriedung auf oder an der Grenze oder in weniger als 0,6 m Abstand von der Grenze zu errichten, zu beseitigen, durch eine andere zu ersetzen oder wesentlich zu verändern, ist dem Nachbarn einen Monat vorher anzuzeigen. Bei einer Einfriedung von mehr als ortsüblicher Höhe ist die Anzeige bei einem Grenzabstand bis zu 1,5 m erforderlich.

(2) Die Anzeigepflicht besteht auch dann, wenn der Nachbar weder die Einfriedung verlangen kann noch zu den Kosten beizutragen braucht.

(3) Im Übrigen ist § 8 entsprechend anzuwenden.

Siebenter Abschnitt
Wasserrechtliches Nachbarrecht

§ 38 Veränderung des Grundwassers

(1) Der Eigentümer eines Grundstücks und die Nutzungsberechtigten dürfen auf den Untergrund des Grundstücks nicht in einer Weise einwirken, dass der Grundwasserspiegel steigt oder sinkt oder die physikalische, chemische oder biologische Beschaffenheit des Grundwassers verändert wird, wenn dadurch die Benutzung eines anderen Grundstücks erheblich beeinträchtigt wird.

(2) Dies gilt nicht für Einwirkungen auf das Grundwasser

1. aufgrund einer Erlaubnis oder Bewilligung nach dem Wasserhaushaltsgesetz (WHG) oder aufgrund eines alten Rechts oder einer alten Befugnis nach § 20 Abs. 1 WHG oder
2. durch einen Gewässerausbau, für den ein Planfeststellungs- oder Plangenehmigungsverfahren nach § 68 WHG durchgeführt worden ist, oder
3. durch eine Maßnahme, für die aufgrund des Bundesfernstraßengesetzes, des Niedersächsischen Straßengesetzes oder anderer Gesetze ein Planungsverfahren durchgeführt worden ist, oder
4. aufgrund eines bergrechtlichen Betriebsplanes.

(3) Beeinträchtigungen des Grundwassers als Folge einer erlaubnisfreien Benutzung nach § 46 WHG oder § 86 des Niedersächsischen Wassergesetzes müssen die Nachbarn ohne Entschädigung dulden.

(4) § 89 WHG bleibt unberührt.

§ 39 *(aufgehoben)*

§ 40 *(aufgehoben)*

§ 41 *(aufgehoben)*

§ 42 *(aufgehoben)*

§ 43 *(aufgehoben)*

§ 44 *(aufgehoben)*

Achter Abschnitt
Dachtraufe

§ 45 Traufwasser

(1) Der Eigentümer eines Grundstücks und die Nutzungsberechtigten müssen ihre baulichen Anlagen so einrichten, dass Traufwasser nicht auf das Nachbargrundstück tropft oder auf andere Weise dorthin gelangt.

(2) Absatz 1 findet keine Anwendung auf bei Inkrafttreten dieses Gesetzes vorhandene freistehende Mauern entlang öffentlichen Straßen und öffentlichen Grünflächen.

§ 46 Anbringen von Sammel- und Abflusseinrichtungen

(1) Ist ein Grundstückseigentümer aus besonderem Rechtsgrund verpflichtet, Traufwasser aufzunehmen, das von den baulichen Anlagen eines Nachbargrundstücks tropft oder in anderer Weise auf das eigene Grundstück gelangt, so kann er auf seine Kosten besondere Sammel- und Abflusseinrichtungen auf dem Nachbargrundstück anbringen, wenn damit keine erhebliche Beeinträchtigung verbunden ist. Er hat diese Einrichtungen zu unterhalten.

(2) Für Anzeigepflicht und Schadensersatz gelten § 8 Abs. 2 und 3 sowie die §§ 14 und 37 Abs. 1 Satz 1 entsprechend. Mit den Arbeiten darf, wenn nichts anderes vereinbart wird, erst nach Ablauf der Frist nach § 37 Abs. 1 Satz 1 begonnen werden.

Neunter Abschnitt
Hammerschlags- und Leiterrecht

§ 47 Inhalt und Umfang

(1) Der Eigentümer eines Grundstücks und die Nutzungsberechtigten müssen dulden, dass das Grundstück zur Vorbereitung und Durchführung von Bau- oder Instandsetzungsarbeiten auf dem Nachbargrundstück und im Fall eines zu duldenden Überbaus auf dem eigenen Grundstück vorübergehend betreten und benutzt wird, wenn die Arbeiten anders nicht zweckmäßig oder nur mit unverhältnismäßig hohen Kosten ausgeführt werden

können. Diese Pflicht besteht gegenüber jedem, der nach eigenem Ermessen, insbesondere als Bauherr auf dem Nachbargrundstück solche Arbeiten ausführen lässt oder selbst ausführt. Die Pflicht besteht nicht, wenn dem Verpflichteten unverhältnismäßig große Nachteile entstehen würden.

(2) Das Recht ist so schonend wie möglich auszuüben; es darf nicht zur Unzeit geltend gemacht werden, wenn sich die Arbeiten unschwer auf später verlegen lassen.

(3) Auf die Eigentümer öffentlicher Straßen sind die Absätze 1 und 2 nicht anzuwenden; für sie gilt das öffentliche Straßenrecht.

(4) Für Anzeigepflicht und Schadensersatz gelten § 8 Abs. 2 und 3 sowie die §§ 14 und 37 Abs. 1 Satz 1 entsprechend. Mit den Arbeiten darf, wenn nichts anderes vereinbart wird, erst nach Ablauf der Frist nach § 37 Abs. 1 Satz 1 begonnen werden.

§ 48 Nutzungsentschädigung

(1) Wer ein Grundstück länger als zehn Tage gemäß § 47 benutzt, hat für die ganze Zeit der Benutzung eine Nutzungsentschädigung zu zahlen; diese ist so hoch wie die ortsübliche Miete für einen dem benutzten Grundstücksteil vergleichbaren gewerblichen Lagerplatz.

(2) Nutzungsentschädigung kann nicht verlangt werden, soweit nach § 47 Abs. 4 in Verbindung mit § 14 Ersatz für entgangene anderweitige Nutzung geleistet wird.

Zehnter Abschnitt
Höherführen von Schornsteinen

§ 49

(1) Der Eigentümer eines Gebäudes und die Nutzungsberechtigten müssen dulden, dass der Nachbar an dem Gebäude Schornsteine und Lüftungsschächte eines angrenzenden niederen Gebäudes befestigt, wenn

1. deren Höherführung erforderlich ist und anders nur mit erheblichen technischen Nachteilen oder mit unverhältnismäßig hohen Kosten möglich wäre und
2. das betroffene Grundstück nicht erheblich beeinträchtigt wird.

(2) Der Eigentümer und die Nutzungsberechtigten haben ferner zu dulden, dass höher geführte Schornsteine und Entlüftungsschächte vom betroffenen Grundstück aus unterhalten und gereinigt und die hierzu erforderlichen Einrichtungen auf dem betroffenen Grundstück angebracht werden, wenn diese Maßnahmen anders nicht zweckmäßig oder nur mit unverhältnismäßig hohen Kosten getroffen werden können. Das Durchgehen durch das betroffene Gebäude braucht nicht geduldet zu werden, wenn der Berechtigte außen eine Steigleiter anbringen kann.

(3) Für Anzeigepflicht und Schadensersatz gelten § 8 Abs. 2 und 3 sowie die §§ 14 und 37 Abs. 1 Satz 1 entsprechend. Mit den Arbeiten darf, wenn nichts anderes vereinbart wird, erst nach Ablauf der Frist nach § 37 Abs. 1 Satz 1 begonnen werden.

Elfter Abschnitt
Grenzabstände für Pflanzen, ausgenommen Waldungen

§ 50 Grenzabstände für Bäume und Sträucher

(1) Mit Bäumen und Sträuchern sind je nach ihrer Höhe mindestens folgende Abstände von den Nachbargrundstücken einzuhalten:

a) bis zu 1,2 m Höhe 0,25 m

b) bis zu 2 m Höhe 0,50 m

c) bis zu 3 m Höhe 0,75 m

d) bis zu 5 m Höhe 1,25 m

e) bis zu 15 m Höhe 3,00 m

f) über 15 m Höhe 8,00 m.

(2) Die in Absatz 1 bestimmten Abstände gelten auch für lebende Hecken, falls die Hecke nicht gemäß § 30 auf die Grenze gepflanzt wird. Sie gelten auch für ohne menschliches Zutun gewachsene Pflanzen.

(3) Im Falle des § 31 ist der Abstand so zu bemessen, dass vor den Pflanzen ein Streifen von 0,6 m frei bleibt.

(4) Die Absätze 1 bis 3 gelten auch für die Nutzungsberechtigten von Teilflächen eines Grundstücks in ihrem Verhältnis zueinander.

§ 51 Bestimmung des Abstandes

Der Abstand wird am Erdboden von der Mitte des Baumes oder des Strauches bis zur Grenze gemessen.

§ 52 Ausnahmen

(1) § 50 gilt nicht für

1. Anpflanzungen hinter einer Wand oder einer undurchsichtigen Einfriedung, wenn sie diese nicht überragen,
2. Anpflanzungen an den Grenzen zu öffentlichen Straßen und zu Gewässern,
3. Anpflanzungen auf öffentlichen Straßen und auf Uferböschungen.

(2) Im Außenbereich (§ 35 Abs. 1 des Baugesetzbuchs) genügt ein Grenzabstand von 1,25 m für alle Anpflanzungen über 3 m Höhe.

§ 53 Anspruch auf Beseitigen oder Zurückschneiden

(1) Bäume, Sträucher oder Hecken mit weniger als 0,25 m Grenzabstand sind auf Verlangen des Nachbarn zu beseitigen. Der Nachbar kann dem Eigentümer die Wahl lassen, die Anpflanzungen zu beseitigen oder durch Zurückschneiden auf einer Höhe bis zu 1,2 m zu halten.

(2) Bäume, Sträucher oder Hecken, welche über die im § 50 oder § 52 zugelassenen Höhen hinauswachsen, sind auf Verlangen des Nachbarn auf die zulässige Höhe zurückzuschneiden, wenn der Eigentümer sie nicht beseitigen will.

(3) Der Eigentümer braucht die Verpflichtung zur Beseitigung oder zum Zurückschneiden von Pflanzen nur in der Zeit vom 1. Oktober bis zum 15. März zu erfüllen.

§ 54 Ausschluss des Anspruches auf Beseitigen oder Zurückschneiden

(1) Der Anspruch auf Beseitigung von Anpflanzungen mit weniger als 0,25 m Grenzabstand (§ 53 Abs. 1 Satz 1) ist ausgeschlossen, wenn der Nachbar nicht spätestens im fünften auf die Anpflanzung folgenden Kalenderjahr Klage auf Beseitigung erhebt. Diese Anpflanzungen müssen jedoch, wenn sie über 1,2 m Höhe hinauswachsen, auf Verlangen des Nachbarn zurückgeschnitten werden.

(2) Der Anspruch auf Zurückschneiden von Anpflanzungen (Absatz 1 Satz 2 und § 53 Abs. 2) ist ausgeschlossen, wenn die Anpflanzungen über die nach diesem Gesetz zulässige Höhe hinauswachsen und der Nachbar nicht spätestens im fünften darauffolgenden Kalenderjahr Klage auf Zurückschneiden erhebt. Nach Ablauf der Ausschlussfrist kann der Nachbar vom Eigentümer jedoch verlangen, die Anpflanzung durch jährliches Beschneiden auf der jetzigen Höhe zu halten; im Fall der Klage auf Beschneiden ist die jetzige Höhe die Höhe im Zeitpunkt der Klageerhebung. Der Klageerhebung steht die Bekanntgabe eines Antrags auf Durchführung eines Schlichtungsverfahrens vor dem Schiedsamt oder einer anderen Gütestelle, die Streitbeilegungen betreibt, gleich.

§ 55 Bei Inkrafttreten des Gesetzes vorhandene Pflanzen – Außenbereich

(1) Für Anpflanzungen, die bei Inkrafttreten dieses Gesetzes vorhanden sind und deren Grenzabstand dem bisherigen Recht entspricht, gelten folgende besondere Regeln:

1. Der Anspruch auf Beseitigung (§ 53 Abs. 1 Satz 1) ist ausgeschlossen.
2. Der Anspruch auf Zurückschneiden (§ 53 Abs. 2) ist ausgeschlossen, wenn die Anpflanzung bei Inkrafttreten des Gesetzes über 3 m hoch ist.
3. Anpflanzungen, die bei Inkrafttreten des Gesetzes nicht über 3 m hoch sind, jedoch über die nach § 50 Abs. 1 Buchst. a und b zulässigen Höhen von 1,2 m oder 2 m hinausgewachsen waren, sind auf Verlangen des Nachbarn durch Zurückschneiden auf derjenigen Höhe zu halten, die sie bei Inkrafttreten des Gesetzes hatten; der weitergehende Anspruch auf Zurückschneiden ist ausgeschlossen. § 54 Abs. 2 ist entsprechend anzuwenden.

(2) Absatz 1 gilt entsprechend für Anpflanzungen, deren Standort infolge Veränderung des Außenbereichs (§ 35 Abs. 1 des Baugesetzbuchs) aufhört, zum Außenbereich zu gehören.

(3) Entspricht der Grenzabstand von Anpflanzungen, die bei Inkrafttreten des Gesetzes vorhanden sind, nicht dem bisherigen Recht, so enden die in § 54 bestimmten Fristen frühestens zwei Jahre nach Inkrafttreten dieses Gesetzes.

§ 56 Ersatzanpflanzungen

Bei Ersatzanpflanzungen sind die in den §§ 50 und 52 Abs. 2 vorgeschriebenen Abstände einzuhalten; jedoch dürfen in geschlossenen Anlagen einzelne Bäume oder Sträucher nachgepflanzt werden und zur Höhe der übrigen heranwachsen.

§ 57 Nachträgliche Grenzänderungen

Die Rechtmäßigkeit des Abstandes und der Höhe einer Anpflanzung wird durch nachträgliche Grenzänderungen nicht berührt; jedoch gilt § 56 entsprechend.

Zwölfter Abschnitt
Grenzabstände für Waldungen

§ 58 Grenzabstände

(1) In Waldungen sind von den Nachbargrundstücken mit Ausnahme von Ödland, öffentlichen Straßen, öffentlichen Gewässern und anderen Waldungen folgende Abstände einzuhalten:

mit Gehölzen bis zu 2 m Höhe 1 m

mit Gehölzen bis zu 4 m Höhe 2 m

mit Gehölzen über 4 m Höhe 8 m.

(2) Werden Waldungen verjüngt, die bei Inkrafttreten dieses Gesetzes vorhanden sind, so genügt für die neuen Gehölze über 4 m Höhe der bisherige Grenzabstand derartiger Gehölze, jedoch ist mit ihnen mindestens 4 m Grenzabstand einzuhalten.

(3) Die §§ 51, 56 und 57 sind entsprechend anzuwenden.

§ 59 Beseitigungsanspruch

(1) Gehölze, die entgegen § 58 nicht den Mindestgrenzabstand von 1 m haben oder über die zulässige Höhe hinauswachsen, sind auf Verlangen des Nachbarn zu beseitigen.

(2) Der Anspruch auf Beseitigung ist ausgeschlossen,

1. wenn die Gehölze bei Inkrafttreten dieses Gesetzes rechtmäßig vorhanden waren oder
2. wenn nach Inkrafttreten dieses Gesetzes gepflanzte Gehölze über die zulässige Höhe hinauswachsen und der Nachbar nicht spätestens in dem fünften darauffolgenden Kalenderjahr Klage auf Beseitigung erhebt.

§ 60 Bewirtschaftung von Wald

Bei der Bewirtschaftung von Wald hat der Waldbesitzer auf die Bewirtschaftung benachbarter Waldgrundstücke Rücksicht zu nehmen, soweit dies im Rahmen ordnungsmäßiger Forstwirtschaft ohne unbillige Härten möglich ist.

Dreizehnter Abschnitt
Grenzabstände für Gebäude im Außenbereich

§ 61 Größe des Abstandes

(1) Bei Errichtung oder Erhöhung eines Gebäudes im Außenbereich (§ 35 Abs. 1 des Baugesetzbuchs) ist von landwirtschaftlich oder erwerbsgärtnerisch genutzten Grundstücken ein Abstand von mind. 2 m einzuhalten. Ist das Gebäude höher als 4 m, so muss der Grenzabstand eines jeden Bauteiles mindestens halb so groß sein wie seine Höhe über dem Punkt der Grenzlinie, der diesem Bauteil am nächsten liegt.

(2) Teile des Bauwerks, die in den hiernach freizulassenden Luftraum hineinragen, sind nur mit Einwilligung des Nachbarn erlaubt; die Einwilligung muss erteilt werden, wenn keine oder nur geringfügige Beeinträchtigungen zu erwarten sind.

§ 62 Ausschluss des Beseitigungsanspruches

Der Anspruch auf Beseitigung eines Gebäudes, das einen geringeren als den in § 61 vorgeschriebenen Grenzabstand hat, ist ausgeschlossen,

1. wenn das Gebäude bei Inkrafttreten dieses Gesetzes vorhanden ist und sein Grenzabstand dem bisherigen Recht entspricht,
2. wenn der Nachbar nicht spätestens im zweiten Kalenderjahr nach der Errichtung oder Erhöhung des Gebäudes Klage auf Beseitigung erhoben

hat; die Frist endet frühestens zwei Jahre nach Inkrafttreten dieses Gesetzes.

Vierzehnter Abschnitt
Schlussbestimmungen

§ 63 Übergangsvorschriften

(1) Der Umfang von Befugnissen, die bei Inkrafttreten dieses Gesetzes aufgrund des bisherigen Rechtes bestehen, richtet sich – unbeschadet der §§ 25, 33, 40, 55, 59 und 62 – nach den Vorschriften dieses Gesetzes.

(2) Einzelvereinbarungen der Beteiligten werden durch dieses Gesetz nicht berührt. Die nachbarrechtlichen Bestimmungen in Rezessen und Flurbereinigungsplänen treten außer Kraft, soweit sie diesem Gesetz widersprechen.

(3) Ansprüche auf Zahlung aufgrund der Vorschriften dieses Gesetzes bestehen nur, wenn das den Anspruch begründende Ereignis nach Inkrafttreten dieses Gesetzes eingetreten ist; andernfalls behält es beim bisherigen Recht sein Bewenden.

(4) Geht die Verpflichtung, eine Einfriedung zu unterhalten, mit dem Inkrafttreten dieses Gesetzes von dem einen Nachbarn auf den anderen über, so ist die Einfriedung von dem bisher unterhaltungspflichtigen Nachbarn innerhalb von zwei Jahren in ordnungsmäßigen Zustand zu versetzen. Der bisher Verpflichtete kann sich auf den Übergang der Unterhaltungspflicht erst berufen, wenn er seiner Pflicht nach Satz 1 genügt hat.

(5) Geldansprüche, die am 1. Oktober 2006 noch nicht verjährt sind, verjähren nicht vor Ablauf der nach § 2 Abs. 2 des Niedersächsischen Nachbarrechtsgesetzes in der bis zu diesem Tage geltenden Fassung berechneten Frist.

§ 64 Änderung des Niedersächsischen Wassergesetzes

Das Niedersächsische Wassergesetz vom 7. Juli 1960 (Nieders.GVBl. S. 105) wird wie folgt geändert:

a) § 123 wird aufgehoben.

b) In § 127 wird die Zahl „123“ durch die Zahl „124“ ersetzt.

§ 65 Außerkrafttreten älteren Rechtes

(1) Folgende Vorschriften werden aufgehoben, soweit sie nicht bereits außer Kraft getreten sind:

1. Erster Teil Titel 8 §§ 118 bis 186, Erster Teil Titel 22 §§ 55 bis 62 des Allgemeinen Landrechts für die Preußischen Staaten vom 5. Februar 1794,
2. die §§ 71 bis 75 und §§ 77 bis 80 des Gesetzes, betreffend Bauordnung für das Herzogthum Braunschweig vom 13. März 1899 (Braunschw. GVS. S. 165),
3. die §§ 19 bis 47 der Kurhessischen Bauordnung vom 9. Januar 1784,
4. § 1 Abs. 2 des Gesetzes über die Aufhebung privatrechtlicher Baubeschränkungen in der Provinz Hannover und in der Stadt Frankfurt am Main vom 28. Juli 1926 (Nieders. GVBl. Sb. II S. 472).

(2) Ferner wird alles diesem Gesetz entgegenstehende oder gleichlaufende Recht aufgehoben.

§ 66 Inkrafttreten des Gesetzes

Dieses Gesetz tritt am 1. Januar 1968 in Kraft.

Anhang 2
Nachbarrechtliche Vorschriften des Bürgerlichen Gesetzbuches

§ 226 Schikaneverbot

Die Ausübung eines Rechtes ist unzulässig, wenn sie nur den Zweck haben kann, einem anderen Schaden zuzufügen.

§ 228 (Verteidigungs)**Notstand**

Wer eine fremde Sache beschädigt oder zerstört, um eine durch sie drohende Gefahr von sich oder einem anderen abzuwenden, handelt nicht widerrechtlich, wenn die Beschädigung oder die Zerstörung zur Abwendung der Gefahr erforderlich ist und der Schaden nicht außer Verhältnis zu der Gefahr steht. Hat der Handelnde die Gefahr verschuldet, so ist er zum Schadenersatz verpflichtet.

§ 903 Befugnisse des Eigentümers

Der Eigentümer einer Sache kann, soweit nicht das Gesetz oder Rechte Dritter entgegenstehen, mit der Sache nach Belieben verfahren und andere von jeder Einwirkung ausschließen. Der Eigentümer eines Tieres hat bei der Ausübung seiner Befugnisse die besonderen Vorschriften zum Schutz der Tiere zu beachten.

§ 904 (Angriffs)**Notstand**

Der Eigentümer einer Sache ist nicht berechtigt, die Einwirkung eines anderen auf die Sache zu verbieten, wenn die Einwirkung zur Abwendung einer gegenwärtigen Gefahr notwendig und der drohende Schaden gegenüber dem aus der Einwirkung dem Eigentümer entstehenden Schaden unverhältnismäßig groß ist. Der Eigentümer kann Ersatz des ihm entstehenden Schadens verlangen.

Dazu: **§ 228 BGB** (Verteidigungs)**Notstand**

Wer eine fremde Sache beschädigt oder zerstört, um eine durch sie drohende Gefahr von sich oder einem anderen abzuwenden, handelt nicht widerrechtlich, wenn die Beschädigung oder die Zerstörung zur Abwendung der Gefahr erforderlich ist und der Schaden nicht außer Verhältnis zu der Gefahr steht. Hat der Handelnde die Gefahr verschuldet, so ist er zum Schadenersatz verpflichtet.

§ 905 Begrenzung des Eigentums

Das Recht des Eigentümers eines Grundstücks erstreckt sich auf den Raum über der Oberfläche und auf den Erdkörper unter der Oberfläche. Der Eigentümer kann jedoch Einwirkungen nicht verbieten, die in solcher Höhe oder Tiefe vorgenommen werden, dass er an der Ausschließung kein Interesse hat.

§ 906 Zuführung unwägbarer Stoffe (Immissionen)

(1) Der Eigentümer eines Grundstücks kann die Zuführung von Gasen, Dämpfen, Gerüchen, Rauch, Ruß, Wärme, Geräusch, Erschütterungen und ähnliche von einem anderen Grundstück ausgehende Einwirkungen insoweit nicht verbieten, als die Einwirkung die Benutzung seines Grundstücks nicht oder nur unwesentlich beeinträchtigt. Eine unwesentliche Beeinträchtigung liegt in der Regel vor, wenn die in Gesetzen oder Rechtsverordnungen festgelegten Grenz- oder Richtwerte von den nach diesen Vorschriften ermittelten und bewerteten Einwirkungen nicht überschritten werden. Gleiches gilt für Werte in allgemeinen Verwaltungsvorschriften, die nach § 48 des Bundes-Immissionsschutzgesetzes erlassen worden sind und den Stand der Technik wiedergeben.

(2) Das Gleiche gilt insoweit, als eine wesentliche Beeinträchtigung durch eine ortsübliche Benutzung des anderen Grundstücks herbeigeführt wird und nicht durch Maßnahmen verhindert werden kann, die Benutzern dieser Art wirtschaftlich zumutbar sind. Hat der Eigentümer hiernach eine Einwirkung zu dulden, so kann er von dem Benutzer des anderen Grundstücks einen angemessenen Ausgleich in Geld verlangen, wenn die Einwirkung

eine ortsübliche Benutzung seines Grundstücks oder dessen Ertrag über das zumutbare Maß hinaus beeinträchtigt.

(3) Die Zuführung durch eine besondere Leitung ist unzulässig.

§ 907 Gefahr drohende Anlagen

(1) Der Eigentümer eines Grundstücks kann verlangen, dass auf den Nachbargrundstücken nicht Anlagen hergestellt oder gehalten werden, von denen mit Sicherheit vorauszusehen ist, dass ihr Bestand oder ihre Benutzung eine unzulässige Einwirkung auf sein Grundstück zur Folge hat. Genügt eine Anlage den landesgesetzlichen Vorschriften, die einen bestimmten Abstand von der Grenze oder sonstige Schutzmaßregeln vorschreiben, so kann die Beseitigung der Anlage erst verlangt werden, wenn die unzulässige Einwirkung tatsächlich hervortritt.

(2) Bäume und Sträucher gehören nicht zu den Anlagen im Sinne dieser Vorschriften.

§ 908 Drohender Gebäudeeinsturz

Droht einem Grundstücke die Gefahr, dass es durch den Einsturz eines Gebäudes oder eines anderen Werkes, das mit einem Nachbargrundstücke verbunden ist, oder durch die Ablösung von Teilen des Gebäudes oder des Werkes beschädigt wird, so kann der Eigentümer von demjenigen, welcher nach dem § 836 Abs. 1 oder den §§ 837, 838 für den eintretenden Schaden verantwortlich sein würde, verlangen, dass er die zur Abwendung der Gefahr erforderliche Vorkehrung trifft.

§ 909 Vertiefung

Ein Grundstück darf nicht in der Weise vertieft werden, dass der Boden des Nachbargrundstücks die erforderliche Stütze verliert, es sei denn, dass für eine genügende anderweitige Befestigung gesorgt ist.

§ 910 Überhang

(1) Der Eigentümer eines Grundstücks kann Wurzeln eines Baumes oder eines Strauches, die von einem Nachbargrundstück eingedrungen sind, abschneiden und behalten. Das Gleiche gilt von herüberragenden Zweigen,

wenn der Eigentümer dem Besitzer des Nachbargrundstücks eine angemessene Frist zur Beseitigung bestimmt hat und die Beseitigung nicht innerhalb der Frist erfolgt.

(2) Dem Eigentümer steht dieses Recht nicht zu, wenn die Wurzeln oder die Zweige die Benutzung des Grundstücks nicht beeinträchtigen.

§ 911 Überfall

Früchte, die von einem Baume oder einem Strauche auf ein Nachbargrundstück hinüberfallen, gelten als Früchte dieses Grundstücks. Diese Vorschrift findet keine Anwendung, wenn das Nachbargrundstück dem öffentlichen Gebrauch dient.

§ 912 Überbau; Duldungspflicht

(1) Hat der Eigentümer eines Grundstücks bei der Errichtung eines Gebäudes über die Grenze gebaut, ohne dass ihm Vorsatz oder grobe Fahrlässigkeit zur Last fällt, so hat der Nachbar den Überbau zu dulden, es sei denn, dass er vor oder sofort nach der Grenzüberschreitung Widerspruch erhoben hat.

(2) Der Nachbar ist durch eine Geldrente zu entschädigen. Für die Höhe der Rente ist die Zeit der Grenzüberschreitung maßgebend.

§ 913 Zahlung der Überbaurente

(1) Die Rente für den Überbau ist dem jeweiligen Eigentümer des Nachbargrundstücks von dem jeweiligen Eigentümer des anderen Grundstücks zu entrichten.

(2) Die Rente ist jährlich im Voraus zu entrichten.

§ 914 Rang, Eintragung und Erlöschen der Rente

(1) Das Recht auf die Rente geht allen Rechten an dem belastenden Grundstück, auch den älteren, vor. Es erlischt mit der Beseitigung des Überbaues.

(2) Das Recht wird nicht in das Grundbuch eingetragen. Zum Verzicht auf das Recht sowie zur Feststellung der Höhe der Rente durch Vertrag ist die Eintragung erforderlich.

(3) Im Übrigen finden die Vorschriften Anwendung, die für eine zugunsten des jeweiligen Eigentümers eines Grundstücks bestehende Reallast gelten.

§ 915 Abkauf

(1) Der Rentenberechtigte kann jederzeit verlangen, dass der Rentenpflichtige ihm gegen Übertragung des Eigentums an dem überbauten Teile des Grundstücks den Wert ersetzt, den dieser Teil zurzeit der Grenzüberschreitung gehabt hat. Macht er von dieser Befugnis Gebrauch, so bestimmen sich die Rechte und Verpflichtungen beider Teile nach den Vorschriften über den Kauf.

(2) Für die Zeit bis zur Übertragung des Eigentums ist die Rente fortzuentrichten.

§ 916 Beeinträchtigung von Erbbaurecht oder Dienstbarkeit

Wird durch den Überbau ein Erbbaurecht oder eine Dienstbarkeit an dem Nachbargrundstücke beeinträchtigt, so finden zugunsten des Berechtigten die Vorschriften der §§ 912 bis 914 entsprechende Anwendung.

§ 917 Notweg

(1) Fehlt einem Grundstück die zur ordnungsmäßigen Benutzung notwendige Verbindung mit einem öffentlichen Wege, so kann der Eigentümer von den Nachbarn verlangen, dass sie bis zur Hebung des Mangels die Benutzung ihrer Grundstücke zur Herstellung der erforderlichen Verbindung dulden. Die Richtung des Notwegs und der Umfang des Benutzungsrechts werden erforderlichen Falles durch Urteil bestimmt.

(2) Die Nachbarn, über deren Grundstücke der Notweg führt, sind durch eine Geldrente zu entschädigen. Die Vorschriften des § 912 Abs. 2 Satz 2 und der §§ 913, 914, 916 finden entsprechende Anwendung.

§ 918 Ausschluss des Notwegrechts

(1) Die Verpflichtung zur Duldung des Notwegs tritt nicht ein, wenn die bisherige Verbindung des Grundstücks mit dem öffentlichen Wege durch eine willkürliche Handlung des Eigentümers aufgehoben wird.

(2) Wird infolge der Veräußerung eines Teiles des Grundstücks der veräußerte oder der zurückbehaltene Teil von der Verbindung mit dem öffentlichen Wege abgeschnitten, so hat der Eigentümer desjenigen Teiles, über welchen die Verbindung bisher stattgefunden hat, den Notweg zu dulden. Der Veräußerung eines Teiles steht die Veräußerung eines von mehreren demselben Eigentümer gehörenden Grundstücken gleich.

§ 919 Grenzabmarkung

(1) Der Eigentümer eines Grundstücks kann von dem Eigentümer eines Nachbargrundstücks verlangen, dass dieser zur Errichtung fester Grenzzeichen und, wenn ein Grenzzeichen verrückt oder unkenntlich geworden ist, zur Wiederherstellung mitwirkt.

(2) Die Art der Abmarkung und das Verfahren bestimmen sich nach den Landesgesetzen; enthalten diese keine Vorschriften, so entscheidet die Ortsüblichkeit.

(3) Die Kosten der Abmarkung sind von den Beteiligten zu gleichen Teilen zu tragen, sofern nicht aus einem zwischen ihnen bestehenden Rechtsverhältnisse sich ein anderes ergibt.

§ 920 Grenzverwirrung

(1) Lässt sich im Falle einer Grenzverwirrung die richtige Grenze nicht ermitteln, so ist für die Abgrenzung der Besitzstand maßgebend. Kann der Besitzstand nicht festgestellt werden, so ist jedem der Grundstücke ein gleich großes Stück der streitigen Fläche zuzuteilen.

(2) Soweit eine diesen Vorschriften entsprechende Bestimmung der Grenze zu einem Ergebnisse führt, das mit den ermittelten Umständen, insbesondere mit der feststehenden Größe der Grundstücke, nicht übereinstimmt, ist die Grenze so zu ziehen, wie es unter Berücksichtigung dieser Umstände der Billigkeit entspricht.

§ 921 Gemeinschaftliche Benutzung von Grenzanlagen

Werden zwei Grundstücke durch einen Zwischenraum, Rain, Winkel, einen Graben, eine Mauer, Hecke, Planke oder eine andere Einrichtung, die zum Vorteile beider Grundstücke dient, voneinander geschieden, so wird vermutet, dass die Eigentümer der Grundstücke zur Benutzung der Einrichtung gemeinschaftlich berechtigt seien, sofern nicht äußere Merkmale darauf hinweisen, dass die Einrichtung einem der Nachbarn allein gehört.

§ 922 Art der Benutzung und Unterhaltung

Sind die Nachbarn zur Benutzung einer der im § 921 bezeichneten Einrichtungen gemeinschaftlich berechtigt, so kann jeder sie zu dem Zwecke, der sich aus ihrer Beschaffenheit ergibt, insoweit benutzen, als nicht die Mitbenutzung des anderen beeinträchtigt wird. Die Unterhaltungskosten sind von den Nachbarn zu gleichen Teilen zu tragen. Solange einer der Nachbarn an dem Fortbestande der Einrichtung ein Interesse hat, darf sie nicht ohne seine Zustimmung beseitigt oder geändert werden. Im Übrigen bestimmt sich das Rechtsverhältnis zwischen den Nachbarn nach den Vorschriften über die Gemeinschaft.

§ 923 Grenzbaum

(1) Steht auf der Grenze ein Baum, so gebühren die Früchte und, wenn der Baum gefällt wird, auch der Baum den Nachbarn zu gleichen Teilen.

(2) Jeder der Nachbarn kann die Beseitigung des Baumes verlangen. Die Kosten der Beseitigung fallen den Nachbarn zu gleichen Teilen zur Last. Der Nachbar, der die Beseitigung verlangt, hat jedoch die Kosten allein zu tragen, wenn der andere auf sein Recht an dem Baume verzichtet; er erwirbt in diesem Falle mit der Trennung das Alleineigentum. Der Anspruch auf die Beseitigung ist ausgeschlossen, wenn der Baum als Grenzzeichen dient und den Umständen nach nicht durch ein anderes zweckmäßiges Grenzzeichen ersetzt werden kann.

(3) Diese Vorschriften gelten auch für einen auf der Grenze stehenden Strauch.

§ 924 Unverjährbarkeit nachbarrechtlicher Ansprüche

Die Ansprüche, die sich aus den §§ 907 bis 909, 915, dem § 917 Abs. 1, dem § 918 Abs. 2, den §§ 919, 920 und dem § 923 Abs. 2 ergeben, unterliegen nicht der Verjährung.

§ 1004 Beseitigungs- und Unterlassungsansprüche

(1) Wird das Eigentum in anderer Weise als durch Entziehung oder Vorenthaltung des Besitzes beeinträchtigt, so kann der Eigentümer von dem Störer die Beseitigung der Beeinträchtigung verlangen. Sind weitere Beeinträchtigungen zu besorgen, so kann der Eigentümer auf Unterlassung klagen.

(2) Der Anspruch ist ausgeschlossen, wenn der Eigentümer zur Duldung verpflichtet ist.

Sachregister

Die Zahlen geben die Seiten an.

F

G

H

I

K

L

M